KB036812

대한민국의 설계자들

대한민국의 설계자들

학병세대와 한국 우익의 기원

김건우

느티나무책방

차례

일러두기

1 맞춤법과 외래어 표기는 국립국어원 규정에 따랐다. 본문에 쓰인 기호는 책명, 전집, 단행본, 총서 이름은 『 』, 개별 작품, 논문, 기사는 「 」, 신문, 잡지는 《 》이다.
2 본문에 인용한 문헌 내용은 원문 그대로를 살리되 현대어로 표기했고, 주석은 책 뒤에 후주로 실었다.
3 본문 관련 사진을 쓸 수 있도록 허락해 준 동아일보사, (재)여해와함께, 무위당기념관에 감사드리며 각 단체로부터 받은 사진 쪽수는 다음과 같다. 동아일보사 70, 77, 82, 86, 90, 96, 102, 109, 115, 120, 133, 141, 163, 169, 185, 223, 228, 239, 247쪽. (재)여해와함께 190, 195쪽. 무위당기념관 213쪽. 미처 허락을 받지 못한 사진이 있다면 관례에 따라 처리할 것이다.

서장
해방된 청년들, 새로운 세상을 꿈꾸다

오늘의 대한민국을 설계하고 만든 사람들은 누구인가. 이 질문
으로부터 이야기는 시작된다. 이승만—장면—박정희 등으로 이어
지는, 해방 후 정치권력의 최고 정점들이 한국을 만들었으리라는
생각은 말할 것도 없이 지나치게 단순 소박하다. 그렇다고 한국의
경제를 좌우해 온 대자본들, 이병철—정주영 등의 최고 재벌들이
지금의 한국을 이루어 냈다고 말할 수도 없다. 대한민국과 자본 자
체를 등치시키지 않는 한 이런 식의 대답도 성립하지 않는다.

대한민국의 설계자나 건설자를, 정치권력을 잡거나 자본 운용을
주도한 이들로 한정하는 한 과거의 대한민국도 오늘의 대한민국도
껍질과 뼈만 남게 된다. 오늘 이 나라의 모습을 '괴물'의 형상으로
보는 사람이든, '세계 속의 자랑스러운 조국'으로 보고 싶은 사람
이든, 지금의 한국을 만든 수없는 밑그림들과 골격들이 어떻게 그
려지고 갖추어졌는지를 먼저 살필 수 있어야 한다.

지난 몇 년 사이 '산업화 세력'과 '민주화 세력'의 양분, 대립, 화해 등에 대한 논의가 있었다. 산업화와 민주화 운동을 오늘의 한국에 이르기까지 각각의 역할론으로 보고 싶은 이들이 적지 않은 듯하다. 그렇지만 '산업화 세력'과 '민주화 세력'이라는 용어를 사용하는 자체가 현대 한국사회의 기원을 이원론적으로 접근하는 문제를 안고 있다. 대한민국을 처음 설계한 이들이 기획한 '현대 한국의 상'은 산업화와 민주화를 분리할 수 있는 형태가 아니었다.

대한민국의 설계자는 누구인가

'설계자', '건설자'라고 했을 때, 대개의 사람들은 현대 한국사회의 경제 성장을 주도한 이들을 떠올리는 경향이 있다. 그러나 한두 가지 예를 들어 보자. 1960년대 경제개발계획은 온전히 공화당 정권의 전유물일까. 밑그림을 처음 그린 사람은 누구인가. 1970년대 농촌 사회를 바꾸어 나간 '새마을운동'은 어디에서 누구의 그림으로부터 비롯된 것일까. 그것들은 어떻게 변형되었으며 변형의 공적과 과실은 무엇인가.

다른 각도에서 문제 하나를 던져 보자. 오늘날 상당수 사람들의 통념이기도 한, 진보와 좌파, 보수와 우파를 동일시하는 생각은 근거가 있는 것일까. 한국사회의 진보 진영은 모두 좌파인가, 같은 맥락에서 우파는 다 보수 진영에 속하는가.

대한민국 정부 수립 이후, 한국사회에서 분단의 고착화와 함께 사라졌던 좌파 민족주의가 새롭게 다시 등장한 것은 1960년대 초중반 무렵이었다. 잡지《청맥》을 매체로 하여 등장한 이 그룹은, 그리 규모가 큰 세력은 아니었다. 좀 더 명확한 '이념'에 기초하여 좌파가 어느 정도 규모로 세력화하여 나타난 것은 훨씬 뒤인 1980년대에 이르러서였다.

그렇다면 다음과 같은 질문들이 가능하다. 한국의 현대사에서 '민주주의'라는 기본 구도를 실제로 만들어 낸 이들은 누구인가. 1950년대 후반 자유당 정권이 독재로 달려갈 때, 자유와 민권을 주장하며 대항 진영을 구축한 사람들은 이념적으로 어디에 속한 그룹인가. 1970년대 유신 정권에 저항하여 소위 '민주화 진영'을 구축한 중심인물은 또 누구이며, 굳이 갈라놓아야 하겠다면, 이들은 좌파인가 우파인가. 그들의 이념 밑바탕에서, 산업화와 민주화는 서로 대립된 개념일까. 이들이 한 역할을 단지 기존 건설자들에 저항한 것으로만 보아야 할까. 1960~1970년대에 걸친 한국의 산업화 시대에, 정부 정책을 주도한 사람들이나 민주화 진영에서 저항했던 사람들이나 모두 이념적으로는 하나의 뿌리에서 나온 가지들이라는 사실을 이해할 수 있는가.

대한민국을 설계하고 건설한 이들은, 정치나 경제를 넘어 매우 폭넓은 영역에 걸쳐 존재하면서 통념보다 훨씬 많은 것들을 기획하고 실행했다. 그 결과는, 성공적이든 미흡하든 지금 이 나라의 모습에 남아 있다. 이들이 누구이며 무엇을 하였는지, 앞으로 이 책이

다룰 문제이다.

'세대'의 문제

일제 시기 독립운동 지도자들의 이념과 활동에 대해 많은 연구
가 있지만, 이런 접근들이 오늘날 대한민국의 밑바탕을 해명해 주
지는 못한다. 박헌영과 김일성 등 좌익 지도자들은 배제해야 하겠
지만, 일제 시기 우익과 중도파의 지도자들도 실제 대한민국을 설
계할 수 있는 위치에 있지 못했다. 모두 아는 바와 같이 안창호는
해방 전에 사망했고, 여운형과 김구는 대한민국 정부 수립을 전후
해 암살되었다. 단 한 사람 이승만이 남았으나, 대한민국의 초대 대
통령이라는 상징성을 제외하면, 이 인물이 오늘날 대한민국 건설
에 구체적으로 어떤 역할을 했는지는 여전히 불분명하다.

무엇보다 이들 '거물급' 지도자들은 남북한 사회에 '커다란' 이
념을 제시한 존재들이지만, 실제 사유의 그물을 짜고, 구체적인 설
계도를 그리고, 일할 사람들의 조직을 만들고, 행동에 나선 이들은
더 아랫세대 사람들이다. 해방 조국의 감격을 안고 새롭게 삶의 정
향을 잡았던 '젊은이들'이었다. 이들 중에는 일제 말 '학병(學兵)'
으로 일본군에 끌려가야 했던 세대도 있고, 조금 더 위로는 대학이
나 전문학교를 졸업하고 일선 현장에 막 진출하여 삼십대의 나이
로 해방을 맞이한 사람들도 있다. 그 아래로는 어떤 삶을 살아야 할

지를 막 고민하는 십대 후반에 민족의 광복을 목도한 이들도 있다. 1920년을 전후로 태어난 이 세대의 범위를 좀 더 좁히면, 그 의미 심장함이 확연히 드러난다. 한국 정치 구조의 정점을 기준으로 할 때, 1917년생 박정희가 이 세대의 첫머리에, 1924년생 김대중이 그 끝자락에 있다.

1945년 8월 15일. 해방은 되었으나 엄밀히 말해 '독립'이라고 할 수는 없었다. 좌우익 모두 각각의 구상은 있었지만, 당장의 어떤 설계도도 갖지 못한 상태에 있었고 곧바로 미군정 통치가 이어졌다. 1948년 대한민국 정부 수립은 분명 독립을 의미했지만, 두 해도 채 안 지나서 남북 간에 전쟁을 치러야 했다. 미국과 소련의 냉전(冷戰)을 배경으로 한반도는 열전(熱戰)에 돌입한 셈인데, 뜨거운 전쟁의 열기가 다소 가라앉았던 1950년대 초중반이 되어서야 비로소 본격적인 '국가 건설'이 시작되었다. 고등교육을 받은 삼십대 청장년들은 윗세대에 의존하지 않고 스스로 국가 건설의 주체가 되고자 했고, 이십대의 많은 젊은이들도 자신의 삶과 이 나라의 새로운 건설을 분리해서 생각하지 않았다.

'남쪽'을 선택한 사람들

해방이 조선 민족의 힘에 의해서가 아니라 일본의 패전에서 비롯된 것이었던 만큼, 새롭게 건설할 나라의 모습에 대해 어떤 합의

된 밑그림도 가지지 못했다. 더구나 식민지 시기 항일 투쟁 노선에서 좌우익 간의 오랜 대립이 있었고, 그 연장선에서 해방기 좌우익은 각각 '나라 만들기'의 다른 그림을 제시했다.

수많은 사람들의 노력에도 좌우 대립은 끝내 분단을 결과했다. 분단과 함께 진영 재편이 있었다. 좌익은 물론 수많은 중도파 지식인이 북으로 넘어갔다. 마찬가지 논리로 남으로 내려온 사람들이 있다. 평안도와 황해도(좁은 의미의 서북 지방)를 주요 근거지로 하던 우익 기독교인들과 지주, 상공인이 대거 월남했다. 간도(동만주)와 함경도를 근거로 하던 우익 민족주의자들도 내려왔다. '대한민국의 설계자들'을 이야기할 때, 가장 먼저 다루어야 할 이들이 바로 이 사람들이다. 이들은 남에 남아 있던 이들과 결합하여, 이후 한국사회의 여러 부문을 설계하고 직조했다. 오늘의 대한민국을 이해하기 위해서는 우선 월남 지식인들에게 주목할 필요가 있다.

월남 지식인들이 가졌던 의식의 가장 근저에 있는 감각이 '반공'이라는 사실도 언급해 두어야겠다. 남한 사회에서 '반공'이 '생리적 감각'으로 고착화된 것이 한국전쟁 이후였다면, 이미 이들이 전쟁 이전에 공산주의와 '전쟁'을 겪었다는 점은 확실히 문제적이다. 그들은 지주, 상공인 집안의 자식들이었고, 대개 기독교인들이었으며, 신의주 학생 사건 등에서 보듯 월남 이전에 해방기 북한에서 기독교와 공산주의 간의 '전쟁'을 충분히 보았던 터였다. 또한 이들 중 많은 수가 일제 시기 평양을 근거지로 하던 도산 안창호의 '실력양성론'에 사상적으로 이어져 있다는 점도 강조할 필요가 있다.

교육과 계몽을 통해 민족의 힘을 기르는 것, 일제 시기 독립의 방략으로도 제시되었던 이 모델이 새로운 나라 만들기의 중요한 밑그림 중 하나가 되었다.

안창호는 끝내 해방을 보지 못했지만 그의 후예들은 한국사회 각 방면으로 진출했다. 안창호의 '오른팔'이었는데도 일제 말 훼절하여 새로운 건국의 주체가 될 수 없었던 이광수 같은 인물들도 있다. 그렇지만 어떤 식으로든 일제에 협력하지 않은 사람들, 특히 젊은 세대의 인물들은 당당히 건국의 주체가 되고자 했고 실제로 그렇게 했다. 대표적 인물들만 거론해 본다. 장준하, 김준엽, 지명관, 서영훈, 장기려, 선우휘, 김성한, 양호민 등이다.

그리고 남쪽 출신이지만 학교를 매개로 이들과 이어졌던 류달영 같은 인물들, 사상의 계보로는 다르지만 정확히 학병세대의 중심에 있는 종교인 김수환, 지학순, 문인 조지훈, 김수영, 더하여 세대는 훨씬 위이지만 '우익 진보 진영'에 적지 않은 영향을 미친 류영모, 함석헌, 김재준 같은 종교 사상가들과 그 제자들, 또한 비교적 아랫세대로 해방을 맞이했지만 오늘날 언론계와 학계의 밑그림 하나를 놓았던 천관우, 이기백 등. 정치, 언론, 교육, 종교, 학술, 사상 각계에서 오늘날 대한민국의 기초를 놓은 이들이다.

앞으로의 글은 이들에 대한 이야기이다. 이 사람들을 만든 배경, 이 사람들이 했던 활동과 생각을 살핀다. 종합적으로 이 책은 '대한민국의 설계자들'에 대한 이야기이자 한편으로 '남쪽을 선택한 지식인들'에 대한 이야기이다. 또한 부분적으로는 '학병세대에 대한 보고서'에 해당한다. 인물에 대한 열전이면서 세대에 대한 평전이기도 한 이 책이, 어떤 독자들에게는 '한국 우익의 기원'에 대한 이야기로 읽힐 수도 있다.

또한 이것은 일종의 '비평'이자 역사 서술이다. 따라서 가끔은, 이들이 벌인 활동의 모순과 사유의 한계도 지적될 것이다. 이런 방식의 논의는 당연히 까다롭고 논쟁적인 문제도 포함할 수밖에 없다. 인물에 대한 기존의 통념을 흔드는 경우 특정 독자에게는 당혹감을 안길 수도 있다. 이 모든 것은 '해방 후 한국 지성의 역사'의 굵은 맥락 하나를 서술하는 작업이다. 해방 후 지성사를 서술한다는 말의 의미는, 이 일이 해방 70년을 넘어가는 지금의 대한민국을 이해하고 반성하는 작업의 일환이라는 것을, 즉 역사를 '다시 쓰는' 일임을 뜻한다.

1
학병세대가 서 있던 자리

70여 년 전, 일제로부터 해방된 직후로 돌아가서 생각한다. 새로운 나라를 건설할 자격이 누구에게 주어졌을까. 식민 통치라는 기존 건물은 무너졌고 그 자리에 완전히 새로운 건물을 세워야 했다. '완전히 새로운', 어떻게 그것이 가능할까. 과거 일제 통치에 협력한 이들이 새로운 건물을 세울 자격이 있을까. 소위 '친일'의 문제가 여기에 따른다. 잘 알려져 있듯, 한국의 해방 후 역사에서 친일 청산은 이루어지지 못했다. 대한민국의 해방 후 역사는 친일 기득권자들이 여전히 득세하고 변신하는 과정이었다.

새 국가 건설의 자격이 누구에게 있는가

해방기 새로운 나라 만들기의 주체를 세울 때, '친일' 여부의 문제는 대단히 중요했던 것으로 보인다. '민족에 반역하고 친일을 했던 이들에게는 새 나라의 주체가 될 자격이 없다'는 공감대가 있었다. 문제는 너무 많은 이들이 일제의 식민 통치에 협력했다는 것, 긴급한 나라 만들기의 과제를 당장 수행해야 하는데도 '몸을 더럽히지 않은' 이들을 찾기가 힘들었다는 것, 이 지점에서 새로운 세대가 주목받은 것은 자연스러웠다. 좌우익을 막론하고 어느 쪽이든 '준비된 젊은이들'이 필요했던 것이다.

'학병세대'가 총아로 등장했다. 일제 말 전쟁에 동원되어 자기 의사와 무관하게 전쟁터로 끌려갔던 사람들, 제국 최고의 고등 교육을 이수했지만 친일 전력이 없는 이들, 정확히는 친일을 요구받기에 너무 '젊었던' 이들이다. 대표적인 좌익계 문인 지식인이었던 김남천은 이런 사정을 해방 직후 소설에 담아냈다. 1945년 10월《자유신문》에 연재한 장편『1945년 8·15』에서, 김남천은 학병세대 인물을 주인공으로 내세우고 이들의 입을 통해 다음과 같이 말했다.

8월 15일 뒤에 자기가 앞으로 건설될 나라를 위하여 어떠한 방식으로 이바지할 것인가 하는 생각은 누구나 가지고 있을 줄 압니다. 무엇을 할 것인가. 건국 사업에 바치는 가장 바른 봉사요 노력을, 나는 이 불행하였던 나라의 젊은 청년이 마땅히 가져야 할 가장 정당하고 또 아름답고 순수한 애국심만을 가지고 이 길을 선택하고 이 길을 실행에 옮기려는 것입니다.[1]

이 대사의 키워드는 '건국'과 '청년'이다. 젊은 청년이 건국 사업에 자신을 바쳐야 할 사명을 품고 있다는 이야기인데, 청년이라고 하여 모두가 건설될 나라를 위해 이바지할 주체가 되는 것은 아니었다. 최고 고등 교육을 받은 사람들, 대다수가 소학교도 다니지 못했던 현실에서 대학 고등 교육을 받은 청년들이라면 새 나라를 만들 능력을 갖추었다고 할 만했다.

최근에 황용주(박정희의 대구사범학교 동기이자 학병의 한 사람이었던)에 대한 평전을 낸 안경환은, 학병세대의 중요성을 다음과 같이 언급했다. 학병세대는 해방 후 나라의 사회적 중추 기능을 맡아온 실세로 각계에 진출하여 사회 기반을 형성했다. 무엇보다도 "학병은 일제 말기 조선의 최고 청년 지식인 집적체였다. 엄연한 대일본

1945년 귀국하기 직전의 광복군 모습. 일본군에서 탈출한 학병들도 있었다. 학병은 일제 말 조선의 최고 지식인 집적체였다. 친일에 연루되지 않은 이들은 대한민국의 건국 및 발전 과정에서 중대한 역할을 했다.

제국의 지적 수준을 고스란히 투영하고 있던 집단"[2]이었다.

학병세대의 범위는 어떻게 될까. 규모는 어느 정도이고, 연령대는 어떻게 되는가. 학병 대상이 되었던, 일제 말 대학을 다니던 연령층은 위로 1917년생부터 아래로 1923년생까지 1920년을 전후해 약 6~7년에 걸쳐 태어난 이들이었다. 정확하게 말하면, 1923년 12월 1일 이전에 출생한 학생들이 '학병' 모집 대상이 되었다. 그후 출생한 학생들은 만 20세부터 '징병' 대상이 되었다. 1944년 당시 고등 교육을 받는 조선인 학생의 숫자는 약 7200명 정도로 추산된다. 당대 최고의 재원들이었다.

이 세대는 실제 남북한 건국과정에서 많은 일을 했다. 북으로 넘어간 사람들 가운데에는, 주체사상을 이론적으로 확립한 황장엽 같은 이들이 있다. 그렇다면 남을 선택한 사람들은 어떤 이들인가.

장준하와 김준엽, 일본군을 탈출하다

현재 남아 있는 조선인 학병에 대한 기록들 중 가장 유명한 것은 고려대 총장을 지냈던 김준엽의 수기 『장정』 두 권과, 일반 대중에게 박정희 시대 민주화 운동가로 주로 기억되는 장준하가 쓴 『돌베개』다. 이 두 사람의 수기가 유독 돋보인 것은 기본적으로 양자 모두 일본군 '탈출기'인 까닭이었다. 말하자면 민족의 편에 서 있다는 것, 일본군으로부터 탈출해 광복군으로 편성되었고 민족의 적자(嫡子)로서 정통 대한민국 임시정부의 맥을 잇고 있다는 자부심이 두 수기의 바탕에 있기 때문이었다.

장준하와 김준엽이 학병으로 징집되는 과정을 살펴보면, 당시 그 대상자들이 처했던 상황을 조금 이해할 수 있다. '반도인학도특별지원병제'가 공포된 것은 1943년 10월이었고, 이에 따라서 사범계와 이공계를 제외한 대학생과 전문학교생이 학병으로 전선에 나가야 했다. 대학 및 전문학교에 재학 중인 징집 대상 조선인 학생 약 5000명 가운데 학병으로 일본군에 입대한 사람들 숫자는 4385명이었다. 학도병지원병제가 공포된 일제 말기, 장준하는 1941년 유학 차 일본으로 건너가서 도요(東洋)대학 예과를 거쳐 1942년 장로교 계통의 일본신학교에 입학해 있었다. 장준하의 일본신학교 재학 당시, 김준엽은 게이오(慶應)대학에 재학 중이었다. 두 사람은 각각 신변을 정리하고 1944년 1월 20일 입대했다. 징집된 조선인 학병들에게는 어떤 형태로든 각자 사정이 있었을 것이다. 입대 직전 장준하는, 평안도 정주 신안소학교 교사 시절 하숙집 딸이자 제자인 김희숙과 결혼했다. 눈여겨보던 제자의 정신대 징발을 막기 위해서였다고 한다. 장준하의 나이 스물일곱 살, 김희숙은 열일곱 살이었다. 결혼식은 1944년 1월 5일, 불과 입대 보름 전이었다. 다들 절박한 상황이었다.

장준하와 김준엽의 두 책은 서술 대상으로 삼는 시기와 내용 면에서 거의 겹쳐 있다. 김준엽 스스로 「서문」에서 "나와 장형(張兄)의 연인과 같은 우정의 기록"이라고 한 『장정』 1, 2권은 장준하의

『돌베개』와 동일한 시기에, 동일한 경험을 대상으로 하는 또 하나의 기록이다. 김준엽과 장준하의 첫 대면은 일본군 진지에서 탈출하는 과정에서 이루어졌다. 두 사람 모두 이십대 젊은이들이었다. 김준엽은 첫 만남의 인상을 다음과 같이 전한다.

> 세 사람 가운데 처음부터 장(張) 형이 가장 인상적이었다. 하얗고 깨끗한 얼굴에 매사에 침착하였다. 그는 무슨 이야기든지 차분한 목소리로 조리 있게 이야기하는 것이 내 마음에 꼭 들었다. 이로부터 그와 나는 친형제 이상으로 가깝게 지냈으며, 그가 1975년 8월 별세할 때까지 연인처럼 일생 고락을 함께 하였다.[3]

　1920년생으로 장준하보다 두 살 아래였던(『장정』에는 자신이 네 살 아래라고 기록하고 있다.) 김준엽은 장준하에게 '귀인(貴人)'이라 할 만한 인물이었다. 학병 탈출 때에는 그를 도와서 임시정부가 있던 중국 충칭(重慶)으로 길을 이끌었고, 한참 시간이 흐른 1959년에서 1961년 사이에는 4·19 혁명 전후의 가장 긴박한 시기에 장준하가 발행하던 잡지《사상계》의 주간을 맡아 주었다.
　장준하와 김준엽의 수기에는, 학병세대가 자신들의 윗세대, 즉 일제시기에 활동했던 선배 세대에 대해 어떤 정서를 품었는지를 추측하게 하는 서술이 등장한다. 장준하는『돌베개』의「부치는 말」에서, 이 수기의 핵심 메시지를 "한국 '학병'들의 저항정신"과 "'못난 조상이 또다시 되지 말아야 한다.' 나라를 빼앗긴 우리의 못난 조상에 대한 한스러움과 다시는 후손에게 욕된 유산을 물려주지 않으려는 우리의 단호한 결의"라고 요약했다.[4] 김준엽 역시 『장정』에서 이렇게 쓰고 있다. "나라 잃은 젊은이들의 고생을 생각할수록 나라를 빼앗긴 못난 조상이 원망스러웠고, 나는 그런 못난 조상이 되어서는 안 되겠다는 생각이었다."[5]

광복군의 적통, 우익 민족주의의 적자

학병세대는 스스로를 어떻게 생각했을까. 김준엽의 기록에 따르면, 학병세대는 해방 후 자신들의 할일을 "건국 사업", 즉 "정치뿐만 아니라 경제, 문화, 사회, 군사에 걸친 제반 건설 사업"이라고 생각했음이 분명하다.[6] 자신들이 건국과 건설의 주체가 될 수 있는 자격은 다른 무엇보다 고등 교육을 받은 지식인이라는 데 있었다. 이러한 자기 인식은 상당 부분 '객관적'이었다. 외부에서도 이들 '엘리트'를 특별하게 대우했다.

단적인 예가 있다. 장준하, 김준엽 등이 해방 전 광복군 시절에 미군의 OSS(미 전략정보기관, CIA의 전신) 훈련을 받았다는 것은 훗날 분단 후 한국의 운명 한 가닥을 징조로 보여 준다는 점에서 의미심장하다. 당시 OSS는 식민지 출신의 청년 지식인들을 전략 요원으로 활용했다. 유한양행의 설립자로 유명한 유일한 박사도 태평양전쟁 시기 미국에서 OSS 한국 담당 고문으로 활동했다. 장준하와

오른쪽부터 장준하, 김준엽, 노능서. 광복군 제2지대 소속으로, 미군의 도움을 받아 국내 진입작전을 계획 중이었다. 해방 후 한반도 남쪽을 택한 이들이야말로 광복군의 적통이자 공산주의자들과 대립했던 임시정부 우익 민족주의의 적자였다.

김준엽이 OSS 훈련 후 연합군의 한반도 상륙 작전의 일원이 되었던 것도, 이들이 일본에서 대학을 다니다 온 학병 출신의 '인텔리'였기 때문에 가능했다.

　해방기는 물론이고 이후로도 내내 장준하와 김준엽은 자신들이 광복군의 '적통(嫡統)'이라는 생각을 품었던 것으로 보인다. 해방 후 일본군에서 해산된 조선인 출신 학병들이 광복군으로 포섭되는 일이 있었는데, 두 사람은 이들 일본군 패잔병 출신과 자신들을 구분했다.

　　일본이 항복하기 직전까지 통역을 했거나 아니면 일선 지구를 돌아다니는 아편 장사나 일군 위안소의 포주를 하던 사람들까지도 하루아침에 광복군 모자 하나씩을 얻어 쓰고 독립운동가, 망명가, 혁명가를 자처하는 목불인견의 꼴이었다. 사실 임시정부나 광복군도 그 이름에 비해 기구나 인원이 너무 약했던 것은 부인할 수 없는 사실이다. 영도급 인물들은 그런 대로 있었지만, 청년층의 인재는 정말 과부족 상태였다.[7]

두 사람이 당당히 학병 탈출기를 쓸 수 있었던 배경도 여기에 있다. 장준하와 김준엽은 광복군의 중심이 자신들이 속해 있던 이범석 부대에 있으며, 이념으로는 임시정부의 우익 민족주의에 이어진다고 생각했다.

이런 까닭에 광복군의 또 다른 지대장 김원봉은 항상 의혹 대상이 되었다. 장준하는 김원봉을 명확히 공산당 노선에 서 있는 인물로 보았다. 해방 직후 김원봉 휘하로 편입된 일본군 출신들도 경계 대상이었다. 장준하의 수기에는, 광복군 3개 부대(제1지대, 제2지대, 제3지대) 사이에 세력 다툼이 있었으며 제1지대장 김원봉이 해방 직후, 일본군 육군 소위 출신으로 "일군 출신 부대의 책임자 격으로 있던 황모"와 손을 잡고 광복군과 임정에 대해 백해무익한 작당을 하여 임정 반대파를 만들었다는 기록이 있다.[8] 이 기록에서 '황모'란 황용주(박정희의 대구사범 동기)를 가리킨다. 장준하 등에게 황용주 같은 인물들은 우익 학병들과 계통을 전혀 달리하는, 그 이념성이 의심되는 존재였다. 장준하와 김준엽 등은 스스로를 우익 민족주의의 적자로 인식했던 것이다.

2
장준하, 우익 반공주의에서 통일 지상주의로

중국 안후이 성(安徽省) 린취안(臨泉)에서 광복군에 편입된 탈출병 일행이 접한 광복군 신병 교육은 매우 실망스러운 것이었다. 총도 없고 "형식적인 도수제식 교련이 고작"이었다. 이 훈련 과정은 "졸업할 적까지 되풀이되었다."[9] 사실 이는 광복군 자체의 지리멸렬함을 보여 주는 것이었다.

중국 쉬저우(徐州)에서 일본군을 탈출한 장준하 일행이 린취안을 거쳐 충칭 대한민국 임시정부에 도착했을 때는 그 숫자가 쉰 명가량으로 불어나 있었다. 일본군 부대 탈출로부터 충칭까지 이르는 과정에서 이미 이들은 임시정부 내의 세력 다툼을 감지하고 있었다. 라오허커우(老河口)에 있던 김원봉 계열 부대가 세력 확장을 위해 탈출병 쉰 명을 붙잡아 두려고 시도했던 것이다. 곡절 끝에 충칭 임시정부에 도착한 일행의 소감을, 장준하는 "기대와는 다른 현실에 대한 실망"이라고 기록했다.[10] 임시정부의 상황이 초라하기 이를 데 없었던 것이다.

임시정부 청사 난입 사건

우익 민족주의자로서 확고한 사명 의식을 가지고 있던 장준하가
해방 직전에 벌인 흥미로운 사건 하나가 기록으로 남아 있다. 당시
충칭 임시정부는 파벌 난립으로 인해 연립 정부 형태를 취하고 있
었다. 상하이를 떠난 후 임시정부는 파벌별로 흩어져 있다가 중국
정부의 요청으로 겨우 모양만 통합을 이룬 상태였다. 파벌들은 각
자 정당을 만들어 놓고 있었다. 김구와 조소앙의 한국독립당, 김규
식과 김원봉의 조선민족혁명당, 신익희의 한국청년당, 그 밖에도
서너 정당이 난립 중이었다.

조직도 제대로 갖추지 못한 이름뿐인 정당들이었으므로 '쉰 명
이나 되는' 장준하 일행의 등장에 반색할 수밖에 없었다. 각 파벌
들이 장준하 일행에 대해 자파 포섭 공작을 벌이는 상황이 벌어졌
고, 이때 장준하와 김준엽 등의 '돌발' 행동이 일어났다. 장준하가
충칭 시 교포 모임에서 임정의 분열상과 졸렬함을 지적하며 "다시
일본군에 돌아가 항공대에 지원, 중경 임정 청사를 폭격하고 싶다."
라는, 말 그대로 '폭탄' 발언을 하여 물의를 일으킨 것이다. 이에 그
치지 않고, 또 다른 임정 내 정당을 만들려고 기획된 경비 조달용
댄스파티에 각목과 화약을 들고 들어가서 파티를 무산시키는가 하

면, 장준하 일행의 일부를 자파로 포섭하려는 신익희 내무부장에게 폭력을 행사하려고 '몽둥이'를 든 일행 스무 명 남짓을 이끌고 임정 청사에 직접 난입하는 사태를 일으키기도 했다.[11]

김준엽의 『장정』에는 임정 청사 난입 사건의 사정이 좀 더 정확하게 설명되어 있다. 이범석을 따라 시안(西安)으로 가게 된 장준하와 김준엽 등 열아홉 명이, 중경까지 오는 길을 함께 했던 대원들 사이의 단결을 깨트린 신익희 내무부장을 '규탄'하고자 했다는 것이다.[12] 이범석의 만류로 복귀했지만, 일종의 폭력 행사라고 할 수 있었다. 이후 이들은 이범석을 따라 시안의 광복군 제2지대로 가게 된다.

장준하와 김준엽 등이 벌인 임시정부 난입 사건은 매우 흥미로우면서도, 몇 가지 의문을 품도록 만든다. 먼저, 일제 말 임시정부가 고작 쉰 명 정도 인원에도 동요하고 우왕좌왕할 만큼 이름뿐인 조직이었는지, 그리고 한국 독립운동사와 정치사에 남아 있는 쟁쟁한 명사들이 아무 경력도 없는 이들 젊은 청년에게 왜 이렇게 '꼼짝하지' 못했는가 하는 점이다. 확실한 것 중 하나는, 이들이 '보통 청년'이 아니라 '학병', 즉 젊은 엘리트였다는 점이다. 특히 우익 학병은, 궤멸에 가까운 상태였던 일제 말 우익 민족주의 독립운동의 상황에서 상당히 강력한 영향력을 가진 존재였다는 사실이다.

그런데 이런 문제들을 젖혀 두더라도 난감한 지점은 남는다. 장준하와 김준엽 등의 물리력 행사 자체를 어떻게 보아야 할 것인가 하는 점이다. 당시 이들이 군 소속이었다는 사실에 더 큰 문제가 있다. 쉬저우에서 충칭에 이르는 6000리 도보 행군은 후일 김준엽이 마오쩌둥의 장정(長征)에 비유한 것처럼 그 자체로 놀라운 의지의 소산이며, 그 의지는 임시정부에 대한 기대와 민족 독립운동에 대한 자기 사명감을 보여 주는 것임에 분명하다. 그리고 기대와 사명 감이 컸던 만큼 실망과 분노가 작지 않았을 것임도 짐작할 수 있다. 하지만 이들이 정식 '군인' 신분이었다는 점은 확실히 문제적이다. 이 시기 광복군은 중국군 작전권 아래 있었으며, 소속과 계급으로 표현하면 '중국 육군 소위'였다. 광복군의 소속은 임시정부 예하였지만, 실제로는 장개석의 중국군 지휘 아래 있었던 것이다. '정치적 혼란과 분열이 군인들의 물리력 행사를 정당화할 수 있는 가'라는 매우 예민한 문제를 이들의 행동은 안고 있는 것이다.

우익 반공 국가주의의 선봉에 서다

여러 자료들을 근거로 해서 종합해 볼 때, 해방 전후의 장준하는 전형적 '기독교 반공 우익'에 '국가주의자'의 면모까지 가지고 있었다. 장준하를 백범의 계보를 잇는 존재로 흔히 평가하지만, 해방과 귀국 당시의 장준하는 이범석계가 분명했다. 우선, 장준하와 '형제 같은' 사이였던 김준엽이 가장 확실한 이범석계였다. 중국 시안의 광복군 제2지대에서 김준엽은 이범석의 부관으로 근무했다. 김준엽은 언제나 가장 가까운 친구로 장준하를, 가장 존경하는 선배로 이범석을 꼽았다.

해방 후에 장준하가 김구의 비서 자격으로 환국(還國)한 사실을 들어 장준하를 김구계로 분류하는 경우가 있다.(후일, 장준하 스스로 이 계보를 자처한 면이 있다.) 하지만 사실 김구와 환국하는 것은 장준하의 원래 의도가 아니었다. 해방 직후인 1945년 8월 18일 장준하는 김준엽과 함께 이범석을 수행하여 여의도 비행장에 내렸다가 일본군 반발로 돌아간 일이 있었다. 김구와 같이 환국한 것은 그로부터 한참 후에 벌어진 일이었다. 이범석, 장준하, 김준엽 세 사람은 해마다 8월 18일이면 '환국'을 기념하는 술자리를 가지곤 했다. 장준하와 김준엽은 자신들의 '공식' 환국일을 이범석과 함께 시도했던 1945년 8월 18일로 하고 싶어 했다.[13]

1946년 여름, 이범석이 귀국해서 조선 민족청년단(족청)을 조직하자 장준하는 김구의 비서직을 떠나 이범석에게 갔다. 장준하는 즉시 족청에 가담했다. 족청 연구자로 알려진 후지이 다케시에 따르면, 광복군 제2지대장이었던 이범석이 귀국 후 구상했던 것은 건군(建軍)이었다.[14] 민족청년단 조직도 그 일환으로 볼 수 있는데, 해방 이전에 이미 이범석 휘하에 있었던 장준하가 족청의 조직과 운영에 가담한 것은 자연스러운 일이었다.

이 시기 장준하의 족청 활동은 단순한 가담 수준이 아니었다. 1946년 10월 9일 조선 민족청년단(족청) 발기인 대회 창립 선언문을 장준하는 송면수와 함께 기초했다. 장준하는 족청의 핵심 기관인 중앙 훈련소의 중심인물 중 하나였다.[15] 당시 족청 중앙 훈련소

김구, 김규식, 신익희, 이시영 등 대한민국 임시정부 요인들이 1945년 11월 3일 환국을 앞두고 기념사진을 찍었다. 사진 위 '대한민국 27년'이라는 글자가 선명하다. 이들에게 대한민국은 1919년부터 이미 존재한 나라였다.

의 교무처 요원으로 근무했던 서영훈의 회고에 따르면, 장준하가 초대 교무처장 송면수에 이어서 중앙 훈련소 제2대 교무처장으로 왔다고 되어 있다.[16] 공식 문서 기록과 다소 차이가 있지만, 이는 조직 내에서 장준하의 실질적 비중이 컸음을 증언하는 것이다. 해방기 장준하가 '민족 지상 국가 지상'을 최고 이념으로 하는 족청의 중앙 훈련소 교무처장이었다는 사실은 중요하게 짚어 둘 사실이다.

족청 시절 장준하에 대한 서영훈의 회고를 보자. "훈련생들이 무기명으로 쓴 논문의 필적을 조사해 누구누구가 공산당 같다고 할 정도로 기독교 신앙과 극우익 사상을 가지고 있었다."[17] 이런 성향이기에, 족청의 세력 확장 과정에서 상당수 좌익이 들어가자 장준하는 족청을 이탈했다. 족청에 좌익들이 들어가게 된 것은 족청이 민족의 이름으로 좌익도 포섭해야 한다는 입장이기 때문이었다.[18] 1947년 5월경 장준하는 족청을 떠났다. 김준엽의 회고에는, 해방기 장준하가 이범석의 족청으로부터 이탈한 이유가 구체적으로 서술되어 있다. "청년단 내의 좌익분자들에 대한 처리 문제로 철기(이범석)와 의견이 맞지 않아 그만두었다고 하는데, 장 형의 말에 의하면 좌익 불순분자들에게 철기가 포위되어 있다는 것이었다."[19]

장준하를 김구 계열로 보기 어려운 이유는 1948년 남한 단독 정부 수립 과정에서도 나타난다. 장준하와 김준엽은 남한 단독 정부 수립에 찬성했다. 그들은 김구와 김규식의 관점, 즉 "대한민국 정부의 수립으로서 분단이 굳어진다는 논리는 찬성할 수가 없었다."[20] 해방기 장준하가 김구의 단정 반대 노선에 서지 않은 것은 분명하다. 역사학자 강만길은, 장준하의 삶 전체를 놓고 볼 때 "민족통일관 및 대북한관에서 상당한 기간 화해주의적 김구 노선이 아닌 대결주의 이승만 노선에 섰다"고 평했다.[21]

　해방 후 오랜 시간이 지나기까지 장준하에게는 반공 국가주의자의 일면이 있었다. 장준하가 우익 반공주의라는 포괄적 이념의 우산에서 점차 벗어나기 시작한 것은 대략 1960년대 중반부터였다. 이 시기에 이르러서야 그는 함석헌이나 한신(韓神, 한국신학대학) 계열 인사들의 생각에 공감하면서, 그리고 뒤로 갈수록 백기완과 6·3세대 청년들에게 조금씩 견인된 것으로 보인다.

1946년 겨울 서울 우이동에서 김구를 중심으로 김상덕, 엄항섭, 선우진 등이 모였다. 김구 뒷줄 오른쪽에 안경 쓴 청년이 장준하다. 그러나 이 시기 장준하는 이범석의 '족청'에 가담해 건군 작업에 열중하고 있었다.

반공에서 통일 지상주의로 이동하다

견고한 우익 반공주의자의 면모가 있었던 장준하가 생각의 변화를 확실히 노출한 것은 한참 시간이 흐른 후인 1970년대에 들어서였다. 계기는 7 · 4 남북공동성명이었다. 1972년 7 · 4 남북공동성명 직후 장준하는 분명한 중도 통일 노선을 표명했다. 해방기 정치 노선들을 평가하면서 "몽양 여운형과 우사 김규식의 합작운동(1946)은 효과적인 노력, 그 후 백범의 통일운동은 우리 민족이 가야 할 가장 순결하고 애국적인 길이었다."라고 했다.[22] 7 · 4 남북공동성명 직후 장준하가 남긴 다음과 같은 유명한 언급이 있다.

> 모든 통일은 좋은가? 그렇다. 통일 이상의 지상명령은 없다. 통일로 갈라진 민족이 하나가 되는 것이며, 그것이 민족사의 전진이라면 당연히 모든 가치 있는 것들은 그 속에 실현될 것이다. 공산주의는 물론 민주주의, 평등, 자유, 번영, 복지 이 모든 것에 이르기까지 통일과 대립되는 개념인 동안은 진정한 실체를 획득할 수 없다. 모든 진리, 모든 도덕, 모든 선이 통일과 대립하는 것일 때는 그것은 거짓 명분이지 진실이 아니다.[23]

민족의 통일 속에 '모든 가치 있는 것'이 실현된다는 말은, 남북의 통일 자체가 지상 과제이자 최우선 과제가 됨을 뜻한다. 후일 역사에서 밝혀진 것처럼, 1972년 7 · 4 남북공동성명은 뒤이어 있을

'10월 유신'을 정당화하려는 사전 장치에 불과했다. 통일이 지고지상의 과제가 되면 한국과 북한 사회의 민주화는 나중의 문제가 된다. 장준하의 생각은 말하자면 이런 것이었다. '일단 통일하고 볼 일이다.' 역사학에서 '선 통일 후 민주론'으로 분류되는 이러한 생각은, 그러나 현실적이기도 어려울 뿐만 아니라 논리 이전의 '정언명령'으로서 오늘날의 관점에서는 수긍하기 어려운 것이다. 하지만 '모든 통일은 좋은 것'이라 한다면 '통일'이 '반공'보다 상위 가치에 놓이는 셈이며, 이는 이 시기에 이르러 장준하가 반공주의로부터 벗어났음을 보여 주는 표지라는 점에서 큰 의미가 있다.

그 이전인 1960년대에 장준하가 품었던 생각을 보자. 4·19혁명 이후 혁신 세력의 '중립화 통일론'에 대해 장준하는 "여하한 형태의 중립주의도 용납될 수 없다"고 했다.[24] 7·4 남북공동성명 다섯 해 전인 1967년까지도 장준하의 이런 생각은 변함이 없었다. 가령, 다음과 같은 언급이 있다.

우리는 지금 북의 공산주의와의 대결 하에 있다. 북괴의 공산 독재를 공개 비판할 충분한 환경과 조건을 우리가 갖지 못한다면 우리는 공산주의를 배격할 수 있는 민족적 명분을 상실할 우려도 없는 것은 아니다. 가장 모범적인 민주주의 이념과 민주주의 체제를 분할된 채로나마 남쪽의 이 영토 위에 아름답게 구현시킴이 가장 시급한 민족적 과제이다.[25]

북한을 명백한 적으로 인식하고 있음은 다음으로 놓더라도, 민주주의와 민족 통일의 과제 가운데 당연하게도 우선하는 것은 한국 사회의 민주화로 제시되어 있다. 1967년이라면 장준하가 반독재 전선의 가장 첨예한 자리로 나오고 있을 때였다. 이것은 장준하의 민주화 투쟁이 좌파 민족주의와는 전혀 무관한 자리에서 전개되었음을 말해 준다.

확고한 우익 반공주의자였던 장준하가 어떤 계기로 이렇게 변화한 것일까. 장준하의 변화는 백기완과 6·3세대들이 견인한 것으로 보인다. 7·4 남북공동성명 직후에 나온 장준하의 "모든 통일은 좋은 것"이라는 생각에 대해, 6·3세대 청년 그룹의 일원이었던 김도현은 "이것은 선생님의 생각이었음은 물론이지만 젊은 우리들과의 많은 토론과 번민 끝에 나온 것"이라고 했다.[26] 장준하의 생각 변화에는 6·3세대 청년들과 함께 백기완의 영향도 컸다. 장준하와 백기완은 '백범사상연구소'를 함께 만들기도 했다.

요컨대 말기의 장준하는, 한반도 모든 모순의 근원이 분단에 있으며, 따라서 분단 체제의 모든 가치와 논리를 반성해야 한다는 생각이었다. 일종의 '분단 체제론'에 입각한 현실 인식이었다. 장준하는 이렇게 생각했다. '한국인이면 그뿐이지, 공산주의면 어떻고 자유주의면 어떻고 모든 것이 다 포괄될 수도 있지 않은가.' 훗날, 장준하와 젊은 시절을 함께했던 지명관은 이런 생각을 "짙은 민족적 이상주의"라고 평했다.[27] 장준하는 같은 우익 학병세대의 감각으로부터 떨어져 혼자 멀리 나아간 것이었다.

3
서북 지역주의와 도산 안창호

두 20대 청년 장준하와 김준엽의 '운명적' 만남과 서로에 대한 이끌림에는 하나의 중요한 요소가 작용했다. 두 사람은 출신 지역과 성장 환경에서 유사한 점이 많았다. 장준하는 평안북도 의주에서 태어나 바로 옆에 붙어 있는 삭주군에서 유년을 보냈다. 평양 숭실중학교 교사로 재직하던 부친을 따라 열여섯 살 때 숭실중에 입학했다가 1학년을 마친 후 역시 부친을 따라 평북 선천 신성중학교로 전학했다. 두 학교는 모두 미국 기독교 북장로교 재단의 미션 스쿨이었다.

김준엽은 장준하의 고향인 의주에서 꽤 떨어져 있는 평안북도 강계에서 태어났지만 신의주에서 10대 학창시절을 보냈다. 열네 살이 된 1933년, 신의주고보(1938년에 신의주동중(東中)으로 개칭)에 입학하여 중학 시절을 보내면서 압록강 건너 중국 안둥(지금의 단둥)으로 자주 다녔다. 이것이 후일 중국사를 전공한 동기 중 하나가 되었다고 한다.

장준하와 김준엽 두 사람의 유소년기를 보면 이 지역의 특성 한두 가지를 금세 알아챌 수 있다. '기독교'와 '접경 지역'이다.

차별과 착취의 땅 서북에서 새로운 국가상이 싹트다

먼저 생각해 볼 문제가 있다. 국가와 지역(지방)의 관계라는 다소 까다로운 문제이다. 오늘날 한국 사회의 지역주의는 국가 경영에 폐해로 작용하고 있다고 해도 큰 무리가 없을 것이다. 그렇다면 모든 지역주의는 정말 '나쁜' 것일까. 특정 지역의 성향이 정치적 형태로 나타난다는 것 자체가 잘못되었다고 할 수 있을까.

'대한민국의 설계를 이야기하면서 왜 지역을 거론해야 하는가'라는 문제부터 해명할 필요가 있겠다. 전근대사회에서 근대사회로의 전환 같은 거대한 사회변동 시기에 한국사에서 '지역'은 시사점이 아주 크다. 지역에 따라 근대 지향성에 차이를 보였기 때문이다. 특히 주목해야 할 곳이 평안도다.

함석헌이 자신의 출신 지역 평안도에 대해 여러 차례 자부심을 가지고 언급한 것은 잘 알려져 있다. "평안도는 민중의 나라다. 평안도는 백 년을 상놈으로 내려왔지만, 그것은 맨 사람, 참 민중을 얻자는 하늘 뜻 아닐까?" "나는 다른 것은 다 몰라도 평안도에 나고 상놈으로 난 것은 자랑이다."[28] 함석헌은 평안도에서 난 것을 자랑으로 여길 근거로 평안도가 '민중', '상놈'의 땅이라는 점을 들었다. 이것은 무슨 뜻일까?

김준엽은 『장정』에서, 자신의 고향과 유년기에 대해 회고하는 가운데 평안도에 대해 다음과 같이 말한 바 있다. "평안도는 조선조 내내 차별을 받은 지역이다. 근대 이후 기독교의 세가 전국에서 가장 강했던 것도 기독교를 조선조 통치 이념인 주자학에 대항하는 가치관으로 인식했기 때문이다."[29] 김준엽의 말에는 평안도의 특성뿐 아니라 '그 지역민이 자기 출신 지역을 어떻게 인식하는지'가 드러나 있다.

평안도를 중심으로 하는 서북 지방이 조선시대 내내 차별을 받은 것은 객관적 사실이다. '평안감사도 제 싫으면 그만'이라는 속담이 말하는 바와 같이, 서북 지방은 차별에 그치지 않고 가혹한 착취의 대상이 되기도 했다. 근대 이후 서북인들도 그 사실을 잘 알았다. 자신들 역사를 서술할 때 자주 19세기 홍경래의 난을 앞에 내세웠던 이유도 여기에 있다.

그런데 조선의 이념인 성리학을 중심에 놓았을 때에는 평안도가 변방의 가장 낙후한 지역이었지만, 유교적 질서에 반하는 것을 '진보'로 상정하면 오히려 가장 앞선 지역일 가능성이 있었다. 조선 후기 실학에서 북학파나 서학파가 가졌던 진보성을 생각해 보면, 평안도는 바깥 세계로 이어지는 관문이라는 점에서 지정학적으로도 유리한 지점에 위치해 있었다. 평안도를 중심으로 하는 서북 지방 일대에서 상공업이 일찍 성장한 배경이었던 이런 상황은, 개화계

몽기에 개신교가 이 지역에 일찍 수용된 배경이기도 했다. 개화계 몽기 이후 이 지역에서 바로 그 '진보'의 매개가 된 것이 기독교였던 것이다.

김상태의 연구에 따르면, 미국 북장로교 소속 선교사들은 평안도가 가진 지역적 특성을 이미 파악하고 있었으며 이에 따라 선교 사업을 위한 최적지로 서북 지방을 지목했다고 한다. 결과적으로 평안도와 황해도는 한국 장로교의 핵심 근거지가 되었고, 한국 기독교의 서북 주도 양상은 일제강점기 내내 지속되었다.[30]

기독교를 통한 서북의 개화는 사립학교 설립을 통한 교육 사업으로 눈에 띄게 나타났다. 일제 말 전국 각종 사립학교 중 약 70퍼센트 가량이 관서와 관북 지역(넓은 의미의 서북)에 집중되었으며 대부분이 기독교 계열 학교들이었다.

서북인 입장에서는 이런 모든 상황을 과거 조선과는 근본적으로 다른 새로운 사회 건설의 기회로 파악했을 것이다. 근대 서북의 두 거두, 도산 안창호와 남강 이승훈이 중심이 되어 1907년에 만든 운동체 이름이 신민회(新民會)였음은 이들이 과거와 단절된 '새로움'을 얼마나 갈망했는지를 잘 말해 준다. 기본적으로 이들은 과거 유교 국가인 조선이라는 나라를 회복할 생각이 없었다. 그들은 완전히 새로운 근대 국가를 건설하고자 했다. 서북의 후예인 장준하가 훗날 1945년 8·15를 광복(光復)이 아니라 신생(新生)이라고 했던 이유도 여기에 있다. 민족은 해방과 함께 새롭게 태어난 것이지 빛을 되찾은 게 아니라는 것, 말하자면 '다시 찾을 빛'은 없었다는 것이다.

근대 서북인들이 벌인 새 문화 건설 운동의 좋은 예가 있다. 한국 현대문학을 최초로 성립시킨 문인들은 모두가 평안도 출신이다. '서북 로컬리티' 연구자인 정주아에 의하면, "이광수, 김동인, 주요한, 전영택, 김억, 김소월 등 근대문학사의 외연을 만들어 낸 주요 작가들이 평안도의 평양, 정주 등에서 출생했고, 문학 활동을 포함하여 정치사회적 활동에서도 서로 영향을 주고받은 흔적"이 있다.[31]

그 배경에 도산 안창호가 있음을 언급해 두자. 실제로 한국 근대 문학의 대문을 열어젖힌 두 작가, 이광수와 주요한은 각각 도산의

1935년 대전형무소에서 출옥한 도산 안창호와 그를 마중 나온 몽양 여운형. 차별과 착취의 땅인 서북 출신의 안창호는 봉건 조선과는 완전히 다른 새로운 근대 국가를 건설하고자 했다. 남강 이승훈이 세운 오산학교를 연결고리로 해서 이광수, 김억, 김소월, 주요한 등에 이어 장준하, 김준엽, 함석헌 등 '대한민국의 설계자들'이 그와 이어져 있었다.

'오른팔'과 '왼팔'에 해당했다. 이들 문인에게 '문학한다는 것'은 문화 운동의 일종이었고 나아가 사회 계몽운동과 직결되었다. 1931년부터 시작된《동아일보》의 브나로드 운동(1934년까지 4회 실시, 1935년 조선총독부의 명령으로 중지)의 뒤에는 도산의 흥사단 국내 조직 '수양동우회'가 있었다. 당시《동아일보》편집국장은 이광수, 편집국장 대리가 주요한이었다.[32] 이광수는《동아일보》편집국장으로 있던 1932년, 농촌계몽 소설 「흙」을 같은 신문에 연재하기도 했다.

서북파와 기호파의 갈등

도산 안창호는 개화계몽기와 일제강점기에 걸쳐 서북 지식인들의 정신적 지주이면서 조직의 중심이었다. 서북 출신의 지식인들은 안창호를 중심으로 강하게 결집했으며, 이러한 강한 결집력은 종종 다른 지식인 집단과 불편한 관계를 만들었다. 대표적인 예가 이승만을 중심으로 하는 기호파(경기 충청 출신)와의 갈등이다. 김상태에 의하면, 미국의 한인 및 유학생 사회가 갈등의 대표적 공간이었다고 한다. 대체로 하와이나 미국 동부 지역에서는 이승만을 중심으로 하는 기호 세력이, 로스앤젤레스(LA)와 샌프란시스코 등 미국 서부 지역에서는 안창호를 중심으로 하는 서북 세력이 강했다고 하는데, 이들 두 세력이 부딪쳤던 것이다. 1920년대 이후에는

국내 우파 민족주의 지식인층에서도 기호 세력과 서북 세력의 대립이 본격화되었다.[33]

김상태가 편역하고 논평한『윤치호 일기』에는 서북파와 기호파와의 대립과 지역감정이 적나라하게 드러나 있다. 대표적인 부분을 인용한다.

안창호 씨가 지역감정의 소유자여서, 기호인들의 노력으로 독립을 얻을 것 같으면 차라리 독립되지 않는 게 낫다고 생각하고 있다는 얘기를 여러 차례 들었다. 서북인들은 기호인들에 대해 커다란 적대감을 가지고 있다.(1920년 8월 30일)

이조 500년 동안 서북인들은 정치적 박대와 모욕적인 차별을 받아왔다. 서북인들이 기호인들, 특히 지배 계층으로 군림했던 기호인들을 증오하는 건 당연하다. 그러나……(1921년 6월 4일)

두 파벌이 이제는 서울에서 더욱더 적대적인 양상을 연출해 가고 있다. 서북파의 지도자인 안창호 씨가 이런 말을 했단다. "먼저 기호 사람들을 제거하고 난 후에 독립해야 합니다." 도저히 믿을 수 없는 얘기다.(1931년 1월 8일)

오후에 안창호 씨가 수감되었다. 김활란 양이 내가 안 씨 석방을 위해 당국자들과 접촉하고 있다는 소문에 분개하고 있는 모양이다. 이승만계와 서북파를 이끌고 있는 안창호계 간의 볼썽사나운 다툼이 마침내 서울까지 다다른 것 같다.(1932년 7월 15일)[34]

실제 안창호가 강한 지역감정을 품었는지는 확인이 쉽지 않다. 그렇지만 서북파 지식인들과 기호파 지식인들 사이에 갈등과 대립이 심했던 것은 분명한 사실이다. 해방이 된 후 서북 출신의 홍사단계 인맥들은, 이승만이 자유당 정권을 구축하는 과정에서 제거되어 야당을 이루었다. 1950년대 이들은 주로 민주당 신파의 중심 세력이 되었다.

안창호는 해방 전 서거했고 이광수는 전쟁 중 사라졌지만, 이 세력의 중심에는 주요한이 남아 있었다. 주요한은 해방 이후 홍사단 재건에 주력했고 정치계에 뛰어들어 1950년대 후반에는 민주당 국회의원이 되었다. 4·19혁명 이후 장면 내각에서는 상공부 장관을 맡기도 했다. 어떤 의미에서 보면, 1950년대 주요한을 비롯한 민주당 인사와 이승만 정부 사이의 갈등은 해방 이전 안창호와 이승만 사이에 벌어졌던 세력 갈등, 또는 서북파와 기호파 사이의 지역 갈등의 연장으로 이해할 수도 있다.

그렇다면 이렇게 되물어 볼 수 있다. "모든 지역주의는 상대적인 것인가." 당연하지만 지역이 가진 특성이 지역주의로 환원되지는 않는다. 또한 지역주의 자체도 그것이 등장하는 맥락을 살펴야 할 필요가 있다. 중요한 것은 지역성이 정치 이념의 형태로 나타날 때 그 이념과 성격이 갖는 현실 적합성과 가치를 판단할 수 있어야 한다는 점이다. 근대 서북의 이념은 조선조와 비교했을 때 확실히 새로운 것이었고 또 진보적인 것이었다. 서북인들의 변혁 운동을 단순히 서북인들의 원한 감정이나 변방으로부터 벗어나려는 갈망에서 나온 것으로 치부하기는 어렵다. 그렇다면 서북인들의 변혁 운동은 구체적으로 어떤 성격과 방향을 가졌던 것일까.

개인의 정신 개조를 통한 사회 변혁

안창호는 정치 상황을 변화시키는 것보다 민족의 힘을 기르는 방향으로 나아가고자 했다. 더하여 민족의 힘은 개개인의 역량을 강화하는 데에서 시작해야 한다고 생각했다. 또한 개인의 역량 강화를 위해 가장 기본으로 확고한 정신성, 도덕성이 뒷받침되어야 한다고 믿었다. 흥사단 입단 문답에는 그런 생각이 잘 나타나 있다.

"흥사단은 정권과는 상관이 없다고 생각합니다. 언제까지나 수양 단체로 있어야 한다고 생각합니다." "정치보다도 수양이 근본이 됩니다."[35]

개인의 확고한 정신성을 확립하는 것이 식민지 현실에서 독립운동의 방략이 되기는 어렵다는 데 이 노선의 문제가 있다. 실력을 양성한다고 했을 때, 그 '실력'은 실제로 어떤 힘을 가리키는 것인가. 일제강점기 안창호의 독립운동 노선이 가진 문제점에 대해서는 널리 인지되어 있다. 민족 주권을 제국이 침탈한 상태에서 '힘을 기르자'는 논리는 자칫, 그 힘의 원천이 제국의 선진화된 제도와 문

1916년 흥사단 연례회의를 기념해서 찍은 사진이다. 앞줄 왼쪽에서 네 번째 인물이 도산 안창호다. 안창호는 수양을 통해 개인 역량을 강화함으로써 궁극적으로 민족의 힘을 기를 수 있다고 보는 '실력 양성론'의 중심에 있었다. 교육을 받고 실력을 갖춘 사람이 일제의 협력자가 될 위험이 있었으나, 새로운 국가 건설은 이들 엘리트 집단 없이 불가능했다는 점에서 '대한민국의 설계'에서 그 영향을 무시하지는 못한다.

물에 있는 까닭에 결과적으로 식민 제국에 동화되는 상황을 낳기 쉽다.

그렇지만 안창호의 생각은 해방 이후에도 서북 출신 지식인들에게 오래도록 남아 있었다. 박정희 정권에 가장 비타협적 태도를 취했던 함석헌조차도 이 계열에 있었다. 교육을 통한 '정신 개조'라는, 일제강점기 안창호로 대표되는 우파 준비론자 계보에 함석헌도 이어져 있었던 것이다. 1987년 당시 오산학교 동창회장으로서 함석헌은 『오산 팔십년사』 서문에 일제 시기 독립운동 노선에 대해 다음과 같이 이야기했다.

만주에 가서 독립군이 된다든지, 임시정부를 조직해서 싸울 기회를 기다린다든지 하는 것도 물론 할 수 있는 일이지만 오늘에 와서 지나온 길을 돌이켜보며 생각할 때 갖은 고통을 겪으면서도 역시 나라 안에 남아 있어, 정치적, 군사적으로 투쟁하는 것보다는 교육을 통해 정신 운동을 한 것이 보다 더 크게 공헌한 것임을 알 수 있다.[36]

4

월남 지식인들, 《사상계》를 만들다

분단과 전쟁 과정에서 진영의 재편이 이루어지면서 수많은 이북 출신 지식인들이 월남하거나 고향인 북으로 가기를 포기하고 남쪽에 남았다. 한국전쟁이 막바지로 가면서 진영의 재편이 끝나 가던 1953년, 북에서 내려온 패기만만한 30대 젊은 지식인들이 잡지 하나를 만들기 시작했다. 《사상계(思想界)》라는 이름의 월간지였다.

해방 후 매체의 역사에서 지식인 사회에 가장 큰 영향력을 가졌던 잡지가 《사상계》라는 사실에는 별 이론의 여지가 없다. 2만 정기구독자와 함께 4·19를 전후한 시기에는 최대 7만여 부까지 발행했다. 1950년대 후반이 되면 "사상계를 들고 다녀야 대학생 행세를 하던 풍속"이 생겨나기도 했다.[37]

지난 10여 년간 학계에서는 전후 지성사에서 《사상계》가 갖는 중요성을 인식하고 집중 연구를 벌여 왔다. 이에 따라 《사상계》가 전후 지식인의 집적체이고, 단순한 잡지 차원을 넘어 1950~1960년대 대한민국의 싱크 탱크 역할을 했음이 드러났다. 단적인 예로, 5·16 쿠데타 직후, 국가재건최고회의 산하의 자문 단체인 기획위원회를 구성하려고 당시 군정 세력들이 《사상계》를 펴놓고 필요한 인물을 망라해 위원으로 충당하는 일도 있었다.[38] 《사상계》 필진들이 당대 지식인 사회를 주도하던 최고 엘리트라는 인식이 당시에도 광범위하게 존재했던 것이다.

그런데 《사상계》가 처음부터 오늘날 알려진 형태로 등장한 것은 아니었다. 발행인도 장준하가 아니었고 순수 민간 잡지도 아니었다. 처음 장준하가 만든 것은 문교부 산하 기관의 기관지 《사상(思想)》이었다.

장준하와 서영훈, 《사상》을 만들다

《사상계》의 전신인 《사상》은, 부산 피란 시절 문교부 산하에 국민사상연구원이 설치된 후 그 기관지 형태로 발간되었다. 한국전쟁 중인 1952년 4월, 부산 광복동 다방에서 장준하와 서영훈이 만난 자리에서 장준하의 제의로 탄생했다. 장준하와 서영훈, 온전히 두 사람이 잡지를 만들었다. 장준하는 국민사상연구원 일을 총괄해야 했던 까닭에 서영훈이 원고를 교섭하고 편집하는 일을 맡았다. 서영훈은 당시의 장준하에 대해 말한다. "그는 쉴 줄을 몰랐다. 그는 일을 위해 태어난 사람이었다."[39] 창간호인 1952년 9월호가 국판 144쪽으로 나왔다. 창간사는 이교승 명의로 서영훈이 썼다. 두 사람은 여덟 달 동안 같이 일하면서 월간으로 네 번 책을 냈다.

장준하와 서영훈이 함께 일한 것은 이때가 처음이 아니었다. 서영훈은 장준하보다 다섯 살 아래인 1923년 평안남도 덕천 생으로, 해방 후 한 해쯤 지난 1946년 단신으로 월남했다. 훗날 흥사단에 깊숙이 관여하고 도산을 재발견한 서영훈은, 월남 당시에는 톨스토이와 간디의 사상을 흠모하던 청년이었다. 어린 시절 한학을 공부한 서영훈은 정규 교육을 거의 받지 않은 것으로 알려져 있다. 홀로 사상서와 사회과학 서적을 섭렵했다.

서영훈이 월남 직후 찾아간 곳이 이범석의 조선 민족청년단이었다. 족청에서 머물렀던 기간이 약 두 해였는데, 족청 중앙 훈련소 교무처에서 간부 요원으로 근무하면서 2대 교무처장으로 온 장준하를 처음 만났다. 서영훈은 장준하와 족청에서만 다섯 달을 같이 근무했다. 문서나 글을 쓸 일이 생기면 주로 서영훈에게 맡겼다고 한다. 이 시기 장준하의 인상을 서영훈은 다음과 같이 묘사했다. "첫인상은 너무 차가웠다. 술 먹는 자리에서 성경책을 꺼내 술상에 놓는 사람이었다. 냉철하고 자기 일에 철두철미했다."[40]

시간이 지나《사상》을 만들던 때에도 장준하의 성격이 그대로였는지는 알기 어렵지만, 철두철미한 일처리가 변하지 않은 것은 분명해 보인다. 국민사상연구원의 책임자였던 장준하는《사상》이 '관제' 사상지라는 인상을 주지 않도록 세심하게 신경을 썼다. 발행인과 발행처가 정부가 아닌 민간이었던 것도 그런 까닭이었다.

장준하가 쓴 《사상》 창간호 '편집후기'에는 《사상》의 편집 방향
이 잘 나타나 있다.

이 겨레의 활로를 개척함에는 선인들의 경험과 아울러 새롭고 또는
넓고 깊은 세계적인 사고가 요청된다. 《사상》은 그 편집에 있어서 특
히 연구적이며 이념적인 것에 치중하였다.[41]

이 언급에는 《사상》이 지식인 잡지로 기능하기를 바라는 면이 분
명히 드러나 있으며, 또 전통보다는 '세계주의'를 지향한다는 것이
암시되어 있다. 조선조 이래 서북인들의 지역적 특수성과 관련해
서 이해될 수도 있는 이 '세계주의' 지향은, 그렇지만 적어도 당시
의 한국 상황을 고려한다면 실제로는 '미국'을 떠올릴 수밖에 없게
한다.

실제 《사상》의 발간에 미국 공보원(후일 미국 문화원)이 용지를 무
상으로 공급했다. 배본은 《리더스 다이제스트》가 맡았다. 미국 공
보원의 후원은 잡지 《사상》이 한국 정부의 기관지 성격을 띠었기
때문만은 아니었다. 미국 공보원은 당시 한국의 여러 잡지에 용지
를 원조했고, 《사상》의 발간이 네 호만에 중단되고 장준하 단독으
로 《사상계》를 발간했을 때에도 여섯 달 분량의 용지를 무상으로
기증하겠다는 제안을 하여 초기 《사상계》가 자리를 잡는 데 크게
기여했다.

《사상》의 폐간과 백낙준의 후원

《사상》은 매우 우연한 사건을 계기로 폐간되었다. 서영훈이 원고 청탁을 위해 전쟁 중 부산으로 내려와 있던 이화여대 임시 교사(校舍)로 철학과 고형곤 교수(전 국무총리 고건의 부친)를 찾아갔다가 "문리대 학장이라는 중년 여성"과 우연히 대화를 나눈 게 문제가 되었다. 학장은 "《사상》이 무엇 하는 잡지인지"를 캐물었는데, 갓 서른 살의 서영훈이 정치적 이해관계를 파악했을 리 없었기에 묻는 대로 대답한 것이 사단을 만들었다. 학장은 이기붕의 부인 박마리아였다. 박마리아가 이승만 대통령을 만나 "백낙준 박사가 흥사단과 서북 세력을 규합해 자기 세력을 만들려고 잡지를 내고 있다."라고 악의적으로 고자질한 것이다.[42]

홍사단계를 예의주시하던 이기붕과 박마리아가 정부 내 흥사단계 대표 인물이었던 백낙준을 경계했고, 박마리아가 이승만에게 《사상》을 흥사단 계열 사람들이 만드는 잡지라며 못 내게 해야 한다고 이야기한 것이 폐간을 가져왔던 것이다.

백낙준이 거론된 데에는 설명이 필요하다. 장준하가 문교부 산하 국민사상교육원에서 《사상》을 처음 발행하던 1952년 9월, 백낙준이 문교부장관으로 있었다. 《사상》 창간호에는 발행인 이교승의 창간사 외에 문교부장관 백낙준의 축사가 실려 있다. 창간호에 글을 실은 이병도, 김기석, 김재준 등은 모두 백낙준과 친분이 있던 인물이었다. 백낙준의 장관 재임 기간은 1950년 4월부터 1952년

10월까지로,《사상》창간 후 두 달 만에 장관직에서 물러났다. 장준하가《사상》을 만들던 시기, 배후에 문교부장관 백낙준이 있었던 것이다.

백낙준은 오늘날 일반에 그리 알려지지 않았지만 한국 현대사에서 중요한 역할을 한 인물이다. 그는 평안북도 정주 출신으로 장준하의 선천 신성중학교 선배였다. 신성중학교 교장 맥큔(George S. McCune, 한국명은 윤산온(尹山溫)임) 선교사의 도움으로 유학하여 미국 파크 대학교에서 역사학을 전공하고 프린스턴 신학교, 프린스턴 대학교 대학원을 거쳐 한국인 최초로 예일 대학교에서 철학박사 학위를 받았다. 서른세 살의 백낙준은 1927년, 미국으로 떠난 지 열네 해 만에 귀국하여 연희 전문에 성경 교수로 부임했다. 귀국 직전에 목사 안수를 받았고 귀국 후에는 조선기독교서회와 YMCA에 깊이 관여하였다. 서북 출신의 백낙준은 흥사단계 우익 민족주의 운동에 참여하기도 했다. 백낙준은 미국에서 이미 안창호의 흥사단에 입단한 바 있었다. 귀국 후 수양동우회 회원으로 활동했다.

백낙준은 1928년 연희 전문 문과 과장이 되어 정인보, 최현배, 백남운 등을 지원하면서 조선학 운동을 전개했다. 일제 시기 1930년대에 전개된 이들의 조선학이 해방 후 국학의 사실상 기원이 되었다는 것은 학계의 상식이다. 백낙준은 경성제대와 마찬가지로 연희 전문에도 조선어, 조선사를 교과 과정에 두도록 했고, 해방 후에는 '동방학 연구소'(현 연세대 국학 연구원)를 설립하여 국학 연구 전통을 이어가고자 했다. 1946년 연희 전문이 연희대학교로 승격했을 때 초대 총장으로 취임했고, 이때 신과(神科)대학을 설립했다. 총장 취임과 함께 국내 최초로 남녀 공학제를 실시했다.

오랫동안 한국 교육 이념의 근간이 되었던 '홍익인간'은 백낙준이 미군정 시절에 안출한 것이다. 백낙준은 1945년 12월 미 군정청 한국교육심의회에서 '홍익인간'을 교육 이념으로 제안하여 채택하도록 했다. 정부 수립 후 대한민국 최초의 교육법 제1조는 이렇게 나왔다.[43]

교육은 홍익인간의 이념 아래 모든 국민으로 하여금 인격을 완성하고 자주적 생활 능력과 공민(公民)으로서의 자질을 공유케 하여 민주국가 발전에 봉사하며, 인류 공영의 이상 실현에 기여하게 함을 목적으로 한다.

백낙준은 다음처럼 말했다. "한국의 교육 이념으로 이 '홍익인간'을 삼고자 하는 것은 인류에 공헌한다는 세계 공통적인 이념에 부합하는 것이라고 생각합니다."[44] 요컨대 '홍익인간'의 이념은 상당히 세계주의적이고 보편주의적 가치관에 기초한 것이었다. 국가주의를 강조하는 훗날의 '국민교육헌장'과는 분명한 차이가 있었다. 백낙준은 세계 공동체를 향한 개방성을 전제하고 보편적 가치에 대한 학문적 지향성을 강조한 세계주의자였다. "그는 범세계적 문화주의를 믿고 있었다."[45]

백낙준은 한국의 대학 정책에도 흔적을 남겼다. 오늘날 각 도마

1951년 부산항에서 당시 문교부장관 백낙준이 미국의 아시아재단이 기증한 인쇄 용지 앞에 서 있다. 백낙준은 세계주의를 상징하는 '홍익인간'을 대한민국의 교육 이념으로 제안한 인물이다. 그는 장준하의 중학교 선배로서《사상》과《사상계》의 창간을 후원했다.

다 하나씩 국립대학을 두는 방식은 백낙준이 문교부 장관을 하던 1952년에 시작된 것이다. 전쟁 중 백낙준이 설치한 전시 연합 대학의 경험을 모태로 하여 부산, 경북, 전남, 전북에 하나씩 네 군데 지방 국립대학이 설립되었다.

여러 기록을 고려할 때 백낙준은 장준하를 "무척 아낀" 듯하다. 《사상》이 종간된 이듬해 장준하가 "순수 민간지"로《사상계》를 시작할 때 많은 뒷바라지를 해 주었다. 휴전 후 서울로 올라온 사상계사에 공간도 지원했다. 사상계사가 들어선 종로 보신각 뒤의 한청 빌딩은 연세대 재단 소유 건물이었는데 총장 직권으로 이 건물 4층을 제공했다. 이곳은 독특한 이력이 있었다. 일제 말에는 문인 보국회가 있던 곳이었고, 해방기에는 문학가 동맹의 사무실로 쓰이기도 했다. 그랬던 것이 전쟁 후 사상계사의 사무실이 된 것이었다. 1953년 11월, 서울에 올라온 사상계사는 이곳에서 12월호 발간을 준비했고 훗날《사상계》의 판권이 부완혁에게 넘어가기까지 십수 년 동안 여기서 모든 사업을 진행했다.

언론과 학술 운동에 관심이 많던 백낙준은 시종 물심으로 장준하를 지원했다.《사상》폐간 후 장준하가《사상계》를 만들 때 판권 확보를 위해 은행 잔고 증명서를 만들어 준 사람도 백낙준이었다. 또한 연세대 동방학 연구소의《동방학지》가 처음 발행된 곳도 사상계사였다. 이를 계기로 사상계사는 진단학회의《진단학보》, 국어국문학회의《국어국문학》, 한국철학회의《철학》의 발행까지 맡아 한국학계의 문사철(文史哲)을 아우르는 허브가 될 수 있었다. 결과적으로, 해방 후 한국학의 시작이 사상계사를 매개로 전개된 셈이었다. 백낙준은 장준하에게 은인이었다.

장준하는 훗날「브니엘」에서 백낙준에 대해 이렇게 기술했다. "친부모처럼 느껴지는 이 어른, 단명한 잡지였지만《사상》을 하였던 것도 그 어른의 그늘 밑에서였고《사상계》를 시작한 것도 이 어른의 격려와 지원에 절대적인 힘을 얻었다." 또한 장준하는 백낙준에 대한 감동을 다음처럼 담담히 표현하기도 했다. "선배 된 자가 후배를 아끼고 그 하는 일을 격려함은 다만 한 인간관계로 끝나는 것이 아니라 그것이 곧 애국의 길이며 그 사회를 발전시키는 가장 현명하고도 가까운 지름길이다."[46] 장준하는 1955년 11월 백낙준의 환갑 기념 논문집 『국학논총』을 사상계사에서 간행했다.

서영훈, 장준하를 떠나 적십자사로

대한민국 역사에서 서영훈의 역할에 대해서는 조금 더 서술될 필요가 있다. 《사상》이 폐간된 후, 서영훈은 해운공사에서 잠시 근무하다 1953년 3월 적십자사에 들어갔다. 이후 거의 평생을 적십자에서 일했다. 적십자사 청소년 국장으로 있을 때 청소년적십자(RCY)를 만들기도 했다.

대한적십자사의 중요성은, 남북한 화해와 통일 논의가 있을 때 항상 '매개'로 작용했다는 데서 확연히 나타난다. 분단 이후 초기 남북 당국 간 접근은 으레 '남북 적십자 회담'을 첫머리에 세우곤 했다. 1971년 8월 남북 적십자 회담 제의, 9월 예비회담, 1972년 7·4 남북공동성명 이후, 8월 29일 평양에서 본 회담(서영훈도 대표단 중 일원이었다) 개최 등은 그 예들이다.

한국 현대 지성사의 맥락에서 보면, 서영훈 역시 도산 안창호의 후예로 분류할 수 있다. 서영훈이 흥사단의 단원이 된 것은 다소 늦은 1966년이었다. 일제 시기부터 흥사단 핵심이던 주요한의 딸이 적십자 국제 대표였던 인연이 있었고, 또 이전부터 잘 알던 안병욱의 권유가 있었다. 이런 인연은 후일 서영훈이 흥사단 이사장으로 선출되는 결과로 나타났다.

1953년 이후, 서영훈은《사상계》발간과 무관한 자리에 놓여 있었지만, 서영훈의 흥사단 활동은 여전히 그가《사상계》지식인들과 깊은 관계를 맺고 있었음을 말해 준다. 1963년 부활한 흥사단 아카데미 운동은《사상계》주간 출신인 안병욱의 노력으로 활발해지는데, 안병욱 등 과거《사상계》를 매개로 형성됐던 흥사단계 인맥이 자연스럽게 서영훈의 흥사단 활동을 이끌었던 것으로 보인다.

흥사단 아카데미 진영은 1970년대 반정부 세력이 되었으나(아카데미 출신자들 중 이상수, 황우여, 설훈 등 이후 여야를 아울러 정계에 진출하는 이들이 나왔다), 서영훈은 정치 운동과는 조금 떨어진 자리에서 진지하게 흥사단 활동을 이어갔다. 서영훈은 전두환 정권 시기인 1983년 1월 흥사단 이사장이 된 후 동숭동 흥사단 본부의 강당을 개방하여 민주화 운동 단체의 집회에 제공하기도 했다. 김대중, 문익환, 김근태 등 야권과 재야인사를 안 것이 이 시기였다고 한다. 그렇지만 이때 이미 그는 환갑의 나이였다.

기본적으로 서영훈은 여야나 진보·보수 등 정치 진영과 무관한 사람이었다. 또한 이북 출신으로는 보기 드물게 맹목적 반공 의식을 노출하지도 않았다. 남북 적십자 회담 한국 측 대표로 참가한 당시에, 1970년대라는 엄혹한 시대였으나 "북한에게 배울 건 배워야 한다"라고 말하기도 했다. 그 서영훈이 단 한 번 현실 정치에 관여한 일이 있다. 2000년 1월 새천년민주당 대표가 된 일로, 서영훈이 집권당 대표를 맡던 이 시기에 6·15 남북 공동 선언이 있었다. 그렇지만 서영훈의 짧은 정치 활동을 여야의 진영 논리로 해석할 수 없다. 이북 출신들에게 통일은 논리 이전에 언제나 마음의 가장 밑바닥에 자리한 무엇이었다.

결과적으로 서영훈은 적십자사를 통해, 또 이후로도 남북 평화 통일의 토대를 마련하는 데 기여한 셈이 되었다. 짧은 정치 활동을 마치고 2001년 대한적십자사 총재로 취임했을 때 신문들은 "고향에 돌아왔다"라고 표현했다.

서영훈은 많은 이들이 추구하는 주류의 길을 가지 않았다. 공부는 하되 학력에 무관심했고, 사상을 추구하되 화려한 것에 끌리지 않았다. 류영모―함석헌과 닿아 있음이 이를 증명한다. 서영훈이 함석헌과 그 스승 류영모로부터 영향을 받은 것은 나이 30대 후반부터였다. 장준하의 소개로 함석헌을 알고, 또 함석헌의 소개로 종로 YMCA에서 매주 금요일 사경회(查經會)를 이끌던 류영모를 만났다. 1963년부터 남산 적십자사 사택에서 류영모의 강의를 매주 일요일 세 시간씩 세 해 동안 들었다.[47] 훗날 함석헌과 류영모의 영향을 깊이 받았다고 스스로 밝힌 서영훈은 민족주의자라기보다 세계주의자였고 진정한 의미의 평화주의자였다.

5
《사상계》그룹, 근대화의 모델을 제시하다

《사상》이 종간된 이듬해인 1953년 4월, 곡절 끝에 민간 잡지《사상계》가 창간되었다.《사상》발간 시기 서영훈이 중요한 기여를 했다면,《사상계》창간 초기인 1953~1954년에는 강봉식(후일 고려대 영문과 교수)과 전택부(후일 서울 YMCA 총무)가 장준하를 도와 편집에 큰 역할을 했다. 특히 전택부는《사상계》가 1955년 자리를 잡기 이전까지 많은 일을 했다.

《사상계》창간 초기에는 잡지 인지도가 높았을 리 없으므로, 필자들이 대개 장준하와 면식 관계로 섭외된 듯하다. 장준하가 일제 말 학병으로 끌려가기 직전 다녔던 일본 신학교는 후일 문익환, 문동환 등 한신(韓神)계 인사를《사상계》와 연결하는 고리가 되었다. 해방 전인 1942년 장준하가 일본 신학교에 들어갔을 때, 그곳 이 년 과정의 예과에 전택부, 문익환, 문동환, 전경연, 박봉랑 등이 다니고 있었다. 전택부가 초기《사상계》에서 장준하를 도운 것은 이 인연에서 비롯했다.

함경남도 문천 출신인 전택부는, 십대 후반에 함흥 영생고보를 도중에 그만두고 만주 은진 중학으로 진학해서 한 해 후배인 윤동주, 문익환 등과 학교를 같이 다녔다. 1937년 다시 영생고보에 복귀해서 졸업 후 일본 신학교에 입학했다. 바로 이곳, 일본 신학교에서 문익환과 재회하고 장준하를 만난 것이었다.

천진한 영혼을 가졌던 전택부는 자기 이름 한 글자(오리 부(鳧))를 따서 '오리'로 호를 지을 정도로 순우리말을 사랑하고 어린이와 청년을 좋아하는 신앙인이었다. 1952년 어린이 잡지《새벗》주간을 하다 장준하의 요청으로 1954년부터《사상계》일을 도맡게 되었다. 회고록에서 전택부는《사상계》에 열성을 쏟아 붓던 1954년에 사상계 '주간'을 맡았다고 이야기한 적 있지만[48] 이는 착오로 봐야 한다.《사상계》의 정식 '주간'은 1955년 1월 편집위원회 발족과 함께 만들어진 자리이므로 공식 직함은 아니었을 것이다. 그렇지만 이 시기 전택부는 사실상 주간에 해당하는 역할을 다했다. 특히, 1954년 9월호 '한글 간소화안' 찬반 특집 등, 전택부가《사상계》에 몰두하던 시절 '한글 운동'은 중요한 업적 중 하나가 분명하다.

후일 전택부는 전후 한국 YMCA를 재건하는 데 주요한 역할을 했다. 지금의 서울 기독교 청년 회관은 전택부가 YMCA 사무국장을 하던 때부터 서울 YMCA 총무를 하던 시기에 걸쳐 재건된 것이다. 오늘날 그는 '영원한 YMCA맨'으로 기억된다.

백낙준의 도움도 여전했다. 연세대 총장 백낙준은 장준하와《사상계》를 시종 지원했다.《사상계》초기 백낙준의 영향은, 김준엽이 《사상계》그룹에 합류하기 전까지는 필자 대다수가 연세대 교수들 이었다는 점에서도 뚜렷이 감지된다.

1955년 3월 고려대 교수 김준엽의 가세 덕분에, 필자가 고려대와 서울대 교수로 확대되었다. 그해 2월 대만 대학에서 네 해 동안 연 구를 마치고 고려대에 복직한 김준엽은 곧바로《사상계》에 참여했 다. 김성한에 따르면, 김준엽의 귀국은《사상계》분위기를 크게 진 작하여 발전의 전기가 되었다고 한다. 김준엽은 편집위원회에서 사 회과학 부문 책임을 맡았다.

《사상계》편집위원을 지냈던 정명환은 "1960년을 전후한 10년 간은《사상계》가 문자 그대로 우리나라의 사상계를 지배하던 시대" 였다고 한 바 있다.[49] 이 언급은 오늘의 시점에서 역사적으로 평가 해 보더라도 상당히 정확한 표현이다. 1955~1965년은《사상계》의 전성기이면서 이 잡지가 한국 공론장의 중심에 있던 시기였다.

《사상계》그룹, 서북 출신에 편중되다

1955년은《사상계》그룹이 본격적으로 형성되던 첫 해였고 동시 에 잡지로도 완전히 자리를 잡는 시기였다. 그러나 문제가 있었다. 《사상계》의 5대 주간 지명관은 재임 시절 가장 고민스러웠던 문제 로 편집위원의 지역 편중을 들었다. "이북 사람들이 하는 잡지가 아

니냐 하는 말을 듣는" 것이었다. 장준하도 편집위원을 선택할 때마다 이 문제를 고민했다고 한다.[50]

지명관은 1964년에《사상계》그룹에 결합하였으며, 이때는《사상계》가 점차 말기로 접어들 때였다. 그룹의 초반 형성기, 중반 전성기를 지나 말기에 들어설 때조차 지역성 문제를 해결하지 못했던 것이다. 1964년 10월부터 시작하여《사상계》발행인이 부완혁으로 넘어가기 직전인 1967년까지, 그러니까 마지막으로《사상계》주간을 맡았던 지명관 본인도 평안도 정주 출신이었다.

정권의 탄압으로 모두《사상계》를 떠나던 1964년, 지명관이《사상계》주간을 맡은 계기는 "지나치리 만큼" 개인적 인연에 의한 것이었다. 일제 말기 정주의 신안 소학교에서 교사 생활을 했던 지명관은 장준하의 직장 후배인 셈이었다. 또 이런저런 인연으로 선우휘를 위시해《사상계》쪽 사람들하고 가까웠다. 인연이 있었다 하나, 하필 그 어려운 때 장준하를 도운 까닭은 무엇일까.

지명관은 말한다. "중요한 이유 하나는, 장준하의 처제가 내가 이북에서 소학교 때 가르친 애였어요."[51] 해방되던 해, 지명관은 신의주 사범을 거쳐 고향 모교인 정주 보통학교에 부임했고, 5학년 여자 반을 담임했을 때 반 학생으로 장준하의 큰 처제 김은숙(훗날 유경환의 부인)을 지도했던 것이다.[52] 다소 '어처구니없는' 이런 진술은《사상계》그룹이 매우 끈끈한 지맥과 인맥으로 연결된 집단임을 짐작케 한다.

결과적으로, 초대 주간 김성한(1955년 1월~1958년 4월 재임)으로부터 시작하여 2대 주간 안병욱(1958년 5월~1959년 9월), 3대 주간 김준엽(1959년 10월~1961년 1월), 4대 주간 양호민(1961년 2월~1964년 9월), 5대 주간 지명관(1964년 10월~1967년 말)에 이르기까지 말하자면《사상계》에서 주간을 했던 다섯 사람 모두 이북 출신이었고, 김성한을 제외하곤 다 평안도 출신이었다. 주간뿐 아니라 편집위원으로《사상계》그룹을 형성한 이들 상당수가 서북 출신 지식인들이었음도 흥미롭다.

어쨌든 1955년은《사상계》가 완전히 자리 잡고 도약을 시작한 해로 기억할 만하다. 정식 주간과 편집위원회 체제를 도입해, 1월에 소설가 김성한이 초대 주간으로 취임하고, 엄요섭, 홍이섭, 정병욱, 정태섭, 신상초, 강봉식, 안병욱, 전택부로 초대 편집위원회를 구성했다.

한국 현대지성사에 큰 영향을 미친《사상계》 창간호 표지 사진. 김성한, 안병욱, 김준엽, 양호민, 지명관 등 서북 출신 지식인들은 이 잡지의 주간을 차례로 역임하면서 '국가와 민족의 근대화'를 위한 청사진을 제시했다.

특히 초대 주간 김성한의 역할이 돋보였다. 김성한 역시 일제 말 학병으로 끌려갔다 해방이 되고 복귀한 케이스였다. 《사상계》초기 장준하를 가장 가까이에서 지켜보았던 안병욱은 다음과 같이 이야기한다. "장준하는 글 쓰는 일은 능하지 못했다. 가끔 권두언을 쓰는 일이 있었지만 힘들어 하였다. 장준하라는 기명으로 나간 글도 십중팔구는 작가 김성한 씨의 글이다."[53] 김성한은 달필이었고 글도 명문이었다.

1955년을 기점으로 《사상계》 그룹이 중요하게 삼은 목표는 '새 세대 육성'이었다. 편집위원회는 이런 지향을 명확히 공표하려고 '사상계 헌장'을 만들어 8월호부터 권두에 실었다. 주간 김성한이 작성하고 장준하 명의로 발표한 이 헌장은, "못난 조상이 되지 않기 위하여" 자유와 민주의 사회를 건설하는 데 매진하고자 한다는 점을 강조했다. 무엇보다 민족의 현 문제를 해결하고 미래를 개척할 주체가 "청년, 학생, 새로운 세대"임을 명확히 선언했다.[54] 또한 이 해에는 사실상 한국 최초의 문학상이라 할 수 있는 '동인 문학상'을 제정하고 논문상과 번역상 제도도 만들었다. 3000~4000천 부에 머물던 발행 부수가 처음으로 1만 부를 돌파한 것도 이 해였다.

초대 편집위원회는 《사상계》의 편집 방향을 다음 다섯 가지로 확정했다. '민족의 통일', '민주사상', '경제발전', '새로운 문화 창조', '민족적 자존심'이다. '민족 통일'과 '민족적 자존심'은 분단 극복과 식민 잔재 청산의 과제를 가리킨다. 나머지 세 항목, 이것은 《사상계》의 지향이 한국 사회의 총체적 근대화에 있음을 의미한다. 정치적 근대화에 해당하는 것이 민주화라면, 경제적 근대화는 경제 발전(산업화)으로, 문화적 근대화는 새 문화 창조로 구체화되었다. 근대화의 개념을 정치 경제 사회 문화를 포괄하는 넓은 의미로 설정했던 것이다.

《사상계》가 꿈꾼 근대화

《사상계》의 전성기인 4·19 전후에 주간을 맡았던 김준엽은,《사상계》발간을 중국 근대화에서 빼놓을 수 없는 잡지《신청년(新青年)》에 비교하면서 "잡지를 위한 게 아니라 근대화 운동을 했다고 생각"한다고 했다.[55] 김준엽의 생각은 전혀 과장이 아니었다.《사상계》지식인 그룹이 1950년대 중반에서 1960년대 초까지 표방했던 지향은 명확히 '국가와 민족의 근대화'였다.

이때의 '근대화' 개념은 민주화를 당연히 포함한다. 한국 현대사에서 정치권력이 민주화 세력을 탄압하기 위한 빌미로 '반공'을 사용한 예는 모두가 알듯이 너무나 빈번했다. 그런데《사상계》그룹에게 근대화는 반공과 "논리적으로" 함께 가는 개념이었다. 공산주의의 침투를 막기 위해서는 사회를 민주화해야 한다는 논리였다. 민주화는 곧 정치적 근대화이며, 한국 사회의 근대화를 이룩해야만 공산주의의 침투를 방지할 수 있다는 생각이 바탕에 있었다. 실제로 1950년대 이승만 정권 시기에《사상계》그룹은 공산주의를 막기 위해 이승만 정권의 독재를 저지해야 한다고 주장했다.

1960년대 중반 무렵《사상계》의 박정희 정권 비판도 같은 논리의 맥락에 있었다. 이 시기 주간을 했던 지명관은 최근 2012년 국사편찬위원회와 했던 구술에서 이렇게 말했다.

민주적인 발전은 안 하려고 하니까 거기에 대한 비판이지. '근대화의 바른 길을 가지고 있지 못하다. 저건 저러다가 파탄되는 정부다.' 이런 식으로 생각하는 거죠. '근대화 노선은 같지만, 박정희 정권이 가는 길이 바른 근대화를 하고 있지 못하다.' 이렇게 해서 이제 저항을 하죠.[56)]

민주화는 확실히 근대화 차원에서 이해되었던 것이다. 1950년대《사상계》지식인 집단의 이념을 지성사 계보에서 일제강점기 안창호 등의 우파 민족주의, 문화주의의 '연장'으로 파악한다면, 이 계보를 역사적으로 어떻게 평가해야 할 것인가의 문제가 중요해진다.

그런데 평가에서 당연히 고려해야 할 점이 있다. 그것은 1950년대가 1920~1930년대와는 다른 역사적 조건에 놓여 있다는 사실이다. 안창호와 이광수의 시대에는, 근대화라는 반봉건 과제와 민족 독립이라는 반제 운동 과제를 동시에 충족하는 원리가 필요했다. 많은 사람들이 이해하는 것처럼, 일제강점기 반제 반봉건이라는 이중의 요청에 답할 수 있는 원리는 현실적으로 존재하지 않았다. 오히려 '민족 독립'과 '근대화를 위한 노력'은 모순되기까지 했다.

그렇지만 해방이 되고 국가 건설이 본격화된 1950년대에는 상황이 달랐다. 해방으로 말미암아 일제로부터의 독립이라는 과제가 소멸하고 분단으로 말미암아 좌익과의 투쟁이라는 현실적 과제도 소멸한 1950년대 후반에 와서는, 우파 민족주의 계보 지식인이 최대 과제로 삼았던 민족의 '근대화'가 적어도 남한의 상황에서는 더욱 적실한 목표가 될 수 있었다.

더구나 대한민국 건국사에서 1950년대라는 시기는 교육 기관의 증가로 지식층이 급격히 확대되던 때였다. 안창호, 이광수 등 계몽주의자들이 활발히 움직이던 1920년대에는, 지난 시대를 청산하고 새 시대로 나아가야 할 과제를 수행할 수 있는 '조선인'의 수효가 객관적으로 많지 않았다. 그 시대에는 '근대화'라는 새로운 윤리를 담당할 사회 계층 또는 지식인층이 사실상 결여되었던 것이다. 어떤 면에서 보자면 일제 시기 우파 민족주의자들의 이념은 분단 후 한국의 1950년대에 와서야 비로소 현실화될 수 있는 기반이 마련되었다고 할 수 있다.

《사상계》그룹이 목표하는 근대화한 국가상이 정치적으로 민주화되고, 경제적으로 발전된 사회였다는 것은 모델이 서구 사회였음을 뜻한다. 그렇다면 이런 생각을 '민족주의'라고 할 수 있을까. 서구를 모델로 근대화로 달려가겠다는 《사상계》지식인 집단의 생각은, 제2차 세계대전 이후 신생국 지식인의 성향에 대한 미국 학자들의 분석을 떠올리게 한다. 얼핏 상충되어 보이는 두 요소, 즉 서구 지성에 대한 매혹과 민족주의 성향이 이들에게는 밀접히 연결되어 있다는 분석이다.[57] 한국 사회에서 반식민주의적 민족주의가 등장하는 1960년대 중반 이전까지는 적어도, 서구 사회에 대한 열망과 민족주의가 하등 모순되지 않았다. 이들의 생각은 다음과 같은 하나의 문장으로 요약될 수 있다. '민족을 위해 과거를 버리고 서구를 향해 나아간다.'

미국의 지원과 유도

《사상계》지식인들은 국가 이념의 모델로 서구 자유민주주의를 설정했다. 이는 《사상계》그룹이 사실상 미국적 자유주의에 경사되었다는 사실을 뜻한다. 미국 쪽에서도 이 점을 파악하고 있었다.

미국의 시각에서 당시 한국 사회에서 《사상계》가 가지는 전략적 중요성은 1962년 주한 미 공보원(USIS, 미 문화원)의 보고서에서도 나타난다. 《사상계》지식인들이 당시 '오피니언 리더'에 해당하는 대학 교수들 집단이었다는 의미에 더해, 한국의 대학 교수 집단 자체가 정치, 경제, 사회 전 영역에 걸쳐 한국의 '철학'을 만들어 내는 데 가장 중요한 역할을 한다는 내용이었다.[58] 실제 당시 주한 미 대사관은 《사상계》편집진의 움직임을 예의주시한 것으로 보고된 바 있다. 전후 사회를 세계 차원에서 재편하고 있던 미국이 《사상계》그룹의 움직임을 포착한 것은 어느 면에서 당연했다.

1960년대 후반, 장준하는 박정희 노선의 가장 강력한 비판자로 변신했다. 경제발전에만 치중한 박정희 정권과 달리《사상계》그룹은 정치적 근대화에 해당하는 민주화, 경제적 근대화에 해당하는 산업화, 문화적 근대화에 해당하는 새 문화 창조를 포괄하는 대한민국의 전면적 근대화를 꿈꾸었다.

정일준에 따르면, 1950년대 후반 이후 1960년대에 걸쳐 "주한미 공보원(미 문화원)은 한국 지식인들에게 근대화론을 소개하는 데 핵심적 역할을 수행했다."[59) 미국 서적의 번역과 학자 간 교류가 대표적 활동이었다. 미국은《사상계》그룹에 우호적이었고 그에 따른 지원을 공식, 비공식적으로 수행했다. 미 공보원은 사상계사에 교양 문고 발간을 위한 용지를 공급했다. 은연중 지원도 있었다. 사상계사는 미국 잡지인《타임》과《라이프》의 총판도 맡고 있었다.

심지어 미 공보원은 사상계사가 번역해서 출판할 도서를 추천하기도 했는데, 1960년대 한국 지식 사회와 정치계에 가장 큰 영향을 끼쳤던 로스토(W. Rostow, 미 행정부 정책 고문)의 근대화론도 이렇게 번역되었다. 1950년대 중반 이후 한국 사회의 각종 정책에 끼친, 로스토로 대표되는 미국 사회과학과 근대화론의 영향은 말할 수 없을 정도로 컸다. 박태균 교수는 『원형과 변용』에서 그 정황에 대해 다음처럼 상세히 설명했다.

> 저개발 국가 경제개발론은 지역학의 발전과 결합하면서 새로운 대외 정책의 틀을 만들어 냈고 그 중심에 로스토가 있었다. (《사상계》에도 번역 소개된) 로스토의 『경제발전의 제 단계 : 비공산주의 선언』은 경제 발전의 단계를 체계화함으로써 후진국들의 발전 전략에 많은 영향을 미쳤다. 실제 로스토는 1960년대 미 행정부 내 대외정책 전문가로서 활동을 했다. 로스토는 공산주의를 일종의 전염병으로 생각하고 있었으며 1950년대를 통해 이 전염병의 창궐을 어떻게 효과적으로 막을 것인가를 연구했다. 로스토는 1950년부터 MIT의 국제학연구소에서 교수로 활동했는데 이 연구소 활동은 미 중앙정보부(CIA)와 연결되어 있었다. CIA는 각 대학의 지역 전문 연구소와 연결을 통해 해당 지역에 대한 정보를 수집했다.[60]

요컨대 로스토의 근대화 이론은 미국의 제3세계 정책과 맞물려 현실 정치에 활발히 적용되었다. 남한 사회는 미국 제3세계 정책의 가장 중요한 초점일 수밖에 없었고, 이런 배경에서 미국이 《사상계》 그룹에 관심을 쏟는 것은 당연한 일이었을 것이다. 지명관은 아주 오랜 시간이 흐른 후인 2012년, 이렇게 당시를 회고했다. "USIS(미 문화원) 사람이 왔어요."[61]

사실 이 시기 한국 지식 사회에 대한 미국의 지원은 사상계사에 국한된 것만은 아니었다. 미국의 포드 재단이 김준엽이 세운 고려대 아세아 문제 연구소(이하, 아연)를 지원한 것은 가장 유명한 사례이다. 포드 재단은 아연에 1962년부터 1967년 사이 약 70만 달러라는 막대한 자금을 지원했다. 이미 1960년, 포드 재단은 당대 최고의 동아시아 연구자인 페어뱅크와 라이샤워를 아연의 초빙 형식으로 한국을 방문하도록 후원했다. 말하자면, 아연은 한국 내에서 미국의 근대화론을 전파하는 중요한 연구 기관 역할을 한 셈이었다.[62] 그런데 '공교로운' 것은, 이 시기 아연을 만들고 이끌던 고려대 교수 김준엽이 사상계사의 주간이자 부사장이기도 했다는 사실이다.《사상계》그룹은 미국의 '타깃'이었다.

6
제2공화국과 국토건설본부의 구상

《사상계》지식인 그룹이 형성되어 맹렬히 활동하던 1955~1965
년 사이 10년은 4·19혁명이나 5·16쿠데타 같은 굵직한 사건을
언급하지 않더라도 한국 현대사에서 대단히 중요한 시기였다. 이
시기에 비로소, 오늘날에 보이는 현대 한국 사회의 모습들이 기반
과 방향을 잡았다. 특히 경제개발의 방향이 집중적으로 입안되었
음은 눈여겨 볼 일이다.

1960년대 이후 한국의 경제개발계획에 대해 온전히 5·16쿠데
타 이후 공화당 정권의 업적으로 생각하는 경향이 있다. 그렇지만
최근 학계에서는 1950년대 후반 이미 경제개발계획이 입안되었으
며, 5·16 군사 정부의 계획은 그 내용의 상당 부분을 이어받은 것
으로 본다. 5·16 군정 이전 민주당 신파가 집권했던 제2공화국 시
기의 경제개발계획은 특별히 관심의 대상이 될 만한데,《사상계》
지식인 그룹이 직접 관여했기 때문이다.

박태균 교수의 연구에 의하면, 1950년대를 통해 가장 두드러지는 경제개발계획론은 자유주의 경제 이론에 근거하는 '민간 주도형' 경제개발론이었다. 경제개발계획은 필요하지만, 정부는 시장 체제를 보조하는 역할만 하고 민간 기업이 계획을 주도해야 한다는 내용이었다.《사상계》그룹과 민주당 신파들이 이를 주장한 대표적 진영으로, 이들은 이승만 정부의 강력한 경제 통제에 대항하는 수단으로 이 이론을 내세웠다. 민간 주도형 경제개발의 필요성을 주장했던《사상계》경제 정책 이론가로는 성창환, 이정환, 이동욱 등이 있었고, 민주당 신파로는 김영선과 주요한이 있었다. 박태균은 민주당 신파의 핵심이던 주요한이, 과거 안창호의 핵심 측근으로서 실력양성론을 여전히 근대화의 기본 철학으로 견지했다고 해석한다.[63]

《사상계》, 현실로 뛰어들다

《사상계》그룹의 리더 장준하는 정치를 통해 자신의 생각을 직접 현실화해 보고 싶은 욕망이 있었다.《사상계》주간을 했던 지명관은 훗날 그 시기를 떠올리면서 "장준하 씨는《사상계》를 자기가 이념 하는 정치로 나가는 매개로 생각했다"고 말했다.[64] 이런 판단이 사실이라면, 장준하가 했다는 "나는 독립 운동, 혁명 운동을 하는 마음으로 사상계를 만든다.""나는 가정보다도《사상계》를 더 사랑한다."[65] 같은 말들이 다소나마 이해된다.

그런데 장준하의 이런 꿈은《사상계》그룹의 다른 핵심 멤버들과 갈등할 소지를 내포했다. 잡지《사상계》가 확고히 자리를 잡게 되는 1950년대 후반, 편집위원회의 삼인방 김성한, 안병욱, 김준엽이 구상했던《사상계》의 진로는 일본의 이와나미쇼텐 출판사를 모델로 했던 것으로 보인다. 이와나미쇼텐은 오랜 기간 일본 지식인 사회에 엄청난 영향력을 발휘했던 출판사로, 일제 고등 교육을 받은 이들 세대는 출판의 파괴력을 잘 알았고, 이런 모델을 한국에서도 만들고 싶었던 듯하다. 안병욱은 말한다. "《사상계》를 한국의 이와나미처럼 만들고 싶었다. 일본의 이와나미 문화가 있었던 것처럼 우리가《사상계》 문화를 키웠어야 했다."[66]《사상계》의 마지막 주간인 지명관의 회고를 참고하면, 1960년대 중반까지도 편집위원들의 이런 꿈은 포기되지 않았다.[67]

편집위원들의 이런 꿈이 사실 장준하가 애초에《사상계》를 시작할 때 꾸던 꿈과 크게 배치되는 것은 아니었다. 1953년에 장준하는 원래 백낙준 밑에서 내던《사상》을 그대로 속간하고자 했으나 발행인 이교승이 판권을 내주지 않는 문제에 봉착했다. 사상계사에서 오래 근무했으며 장준하에 대한 최초의 평전을 저술한 박경수에 의하면, 장준하는《사상》이라는 이름에 연연했다고 한다.《사상》 판권을 사고자 했으나 협상이 실패했고, 할 수 없이 '계' 자 하나를 붙여 잡지를 시작했던 것이다.[68]

이런 사정은《사상계》의 원 모델이 일본 지성계를 대표하는 이와

나미쇼텐 출판사의 학술 저널 《사상》이었음을 방증한다. 실상, 평생에 걸쳐 물욕과는 전혀 무관했던 장준하가 끝내 애착을 놓지 못하던 물건이 '이와나미 문고'였다. 이 이와나미 문고 전질을 장준하는 1974년 미대 입시를 준비하던 고3 재학 중인 딸의 지도비를 위해 국회 도서실에 매각할 수밖에 없었다는 일화가 전한다.[69]

어찌 되었든 《사상계》 그룹이 이후 한국 사회의 온갖 모습을 좌우할 정책 브레인들을 배출했다는 점에서 훗날 장준하의 생각이 결과적으로 더 '현실에 가까운 것'이었을 수 있다. 《사상계》 편집위원 중에서 후일 국무총리가 여럿 나왔다. 김상협, 현승종, 유창순 등이다. 초기 《사상》을 만들었던 서영훈조차도 오랜 시간이 지나 김대중 정부에서 집권당 대표가 되었다.

《사상계》 그룹의 장면 정부 참여를 이야기하기 전에, 그 전사에 해당하는 이승만 정부 시절 야당인 민주당의 구성을 언급해 둘 필요가 있다. 배경은 해방기로 거슬러 올라간다. 원래 서북 출신의 우익 엘리트는 이승만 세력, 한국민주당(한민당) 등과 함께 남한 단독 정부 수립을 주도한 세력이었다. 그러나 이승만은 대통령으로 취임한 후 서북 출신, 특히 흥사단계 인맥을 제거한다. 결국 서북 출신 인사들은 야당 세력으로 밀려나 민주당 신파의 중심 세력을 이루었다.

4·19 혁명을 통한 자유당 정권의 붕괴가 특정 정치 지도자 그룹이 이끈 것이 아니었음은 한국 현대사의 불행 중 하나일지 모른다. 4·19 혁명은 자유당 정권 시기 야당이던 민주당에게 자연스럽게

권력을 '배달'하는 결과를 낳았다. 장면과 주요한 등 민주당 신파가 쉽게 권력을 잡은 것이다.

이들 선배 서북 인사들에 대해《사상계》그룹의 삼십대 젊은 엘리트들은 어떤 태도였을까. 대체로 서북 출신이 강한 결집력을 보인 것은 사실이지만, '젊은' 월남 지식인들은 기성세대 서북 지식인들에 대해 어떤 '불신'을 품고 있었다. 이념의 줄기로 볼 때 장준하를 위시한《사상계》지식인 집단이 서북 선배 세대의 영향을 강하게 받은 것은 사실이다. 그러나 기성 서북 지식인들이 일제 말 친일로 선회한 일들, 나아가 새로운 국가를 건설하는 데 확고한 청사진을 제시하지 못하는 점 등은 확실히 문제로 보였고, 이에 따라 삼

4·19 혁명 이후,《사상계》그룹은 장면 정부에 적극적으로 참여해 대한민국 근대화 건설의 밑그림을 그렸다. 장준하가 주도한 국토건설본부에는 이만갑(사진 왼쪽), 유익형(사진 오른쪽), 신응균, 박경수 등《사상계》관련 인사들이 참여했다.

십대《사상계》지식인들은 서북 근대화 이념의 새로운 실현에 자신들이 새롭게 주체가 되어야 한다는 일종의 소명 의식을 품은 것으로 보인다.

자유당 정권이 무너지고 선배 세대를 중심으로 장면 정부가 성립하자,《사상계》그룹은 적극적으로 정치에 참여하고자 했다. 우선 그들은 자신 있게 근대화의 모델을 제시했다. 1960년대 초반까지도 한국 사회 지식인층의 주요 의제가 정치, 경제, 문화 전반의 근대화 '건설'이었음은 분명하다. 1961년, 4·19 혁명 이후 첫 삼일절을 맞이해 장준하는《사상계》권두언 「3·1 정신은 어떻게 계승되어야 할 것인가」를 통해 다음과 같이 주요 의제를 요약했다.

> 자유는 정치적인 면에서 경제적, 사회적으로 확대하지 않으면 안 되며 그 물질적 기반으로서 힘찬 경제적 건설이 수반되어야 하고 그 정신적 토대로서 국민의 기강이 확립되어야 함은 물론이다. (중략) 이것(우리의 3·1 정신)은 후진성 극복의 열의와 결부되어야 하며[70]

후진성을 벗어나 근대화를 이룩해야 한다는 이런 주장에서 우리가 눈여겨볼 부분은 "자유의 경제적 확대", 즉 경제 건설의 강조이다. 이 부분을 이해하려면 당시 상황을 참고할 필요가 있다. 4·19 혁명과 함께 일차적으로 정치적 근대화, 즉 정치 영역의 자유 확보가 토대를 마련했다는 것, 따라서 1961년의 국면에서 다음으로 요청되는 것은 경제적 근대화, 다시 말해 경제적 후진성의 극복이라는 것이다.

요컨대 장면의 제2공화국 성립과 함께, '비판자'가 아니라 '건설자' 장준하가 등장했다. 장면 정부에서 장준하가 했던 역할을 살펴보자.

경제개발계획과 국토건설본부

훗날 유경환 같은 장준하 측 인사들은 5 · 16 군사 정부의 초기 경제개발계획이 제2공화국 시기 장준하의 플랜을 그대로 "베낀" 것이라고 주장했다. 이것이 사실일까.

1960년 당시 남한의 일인당 국민소득은 북한의 60퍼센트 정도에 불과했고, 이는 북과 대결하는 남한 체제를 심각하게 위협하는 요인이었다. 따라서 제2공화국 장면 정부는 경제개발을 가장 우선시할 수밖에 없었다. 제2공화국은 '경제 제일주의'를 분명하게 내걸었다. 경제개발의 방법론을 떠나 적어도 경제개발 자체를 최우선에 두는 정책 방향 면에서 볼 때, 이후 박정희 정권의 경제개발 드라이브는 새로운 발상이 아니었다.

장준하는 평양 숭실중학교 재학 시절, 1930년대 초반《동아일보》가 벌인 농촌 계몽운동인 '브나로드 운동'에 참여한 바 있다. 심훈의 『상록수』를 읽고 감동하기도 했다고 전한다. 이 경험들은 지식인 중심의 농민 계몽운동에 대한 꿈으로 내재해 있었다. 그런데 이 꿈이 장면 정부의 경제 우선 정책과 맞아떨어지는 상황이 도래한다.

장면 정부가 '경제 우선 정책', 그중에서도 가장 열의를 쏟았던 것이 국토건설단 사업이었고, 장준하는 그 실질적 책임자가 되었다. '경제개발 5개년 계획'의 수립과 그 기반 사업인 '국토건설사업'이 이렇게 진행되었다. 제2공화국의 집권 민주당은 이 국토건설단 사업을 제1차 경제개발계획 5개년 계획의 실질적인 출발로 간주했다. 국토건설단 사업을 "민주당 정부의 운명을 건" 사업이라고 했다.

국토건설본부의 핵심 인사들은 국무총리 장면을 제외하고 모두 《사상계》 사람들이었다. 장면 총리를 본부장으로 하고 기획, 관리, 기술, 조사연구의 네 부서로 이루어진 이 조직에서 장준하는 핵심 조직인 기획부장을, 나머지 세 부서장도 《사상계》 그룹의 인물이 맡았다. 장준하 외에도 편집위원이던 신응균과 이만갑이 부서를 하나씩 책임졌고, 편집국의 유익형과 박경수도 각각 부장과 간사로 참여하였다. 《사상계》 그룹을 국토건설본부의 핵심으로 끌어들인 사람은 당시 재무부 장관 김영선이었다.

국토건설본부 조사연구부장을 담당했던 이만갑의 증언에 따르자면, "국토건설본부를 실제로 대표하는 사람은 장 기획부장이었다. 정책과 기타의 중요한 문제는 장준하 씨가 김영선 재무부장관과 직접 협의하여 결정"했다고 한다.[71]

장준하는 경제개발계획이 실행되려면 가장 먼저, 전국 행정 단위에서 그러한 계획을 추진할 수 있는 요원들이 확보되어야 한다고 보았다. 이에 따라 국토건설본부에서 해야 할 최우선의 일이 국토 건설 요원 양성이었다. 장준하와 국토개발단 일을 함께 했던 유익형(후일 범문사 회장)에 의하면, 국토건설 요원 훈련 시에 장준하가 저녁마다 서너 시간씩 특강을 할 정도로 정력과 애착을 쏟았다고 한다.[72]

국토건설본부는 국토건설 요원 2066명을 공무원 신분으로 채용하여 전국의 읍면 단위로 파견했다. 유상수의 최근 연구에 따르면, 당시 국토건설 요원 채용은 고등고시를 제외하고 건국 이후 공무원 공개 채용(공채)의 실질적인 효시였다고 한다. 그전까지 일반 공무원 공채는 제1공화국 말 재무부에서 결원 보충으로 백여 명을 뽑은 것이 전부였다. 이 대한민국 최초의 공채 공무원은 군사 정부에서도 신분을 보장받았다.[73]

5 · 16 이후의 경제개발계획은 독자적인 것인가

최근 학계에서는 5 · 16 군사 정부의 경제개발계획이 독자적인 것이라고 할 수 있는지에 관해, 군사 정부가 장면 정부의 경제정책을 훔쳤다는 주장을 둘러싸고 논쟁이 있었다. 그런데 현대 한국의 경제개발계획 연구자로 잘 알려진 박태균의 정리에 따르면, 실제로 장면 정부의 경제개발계획 방안은 1961년 5월 15일에 내용이

5 · 16 쿠데타 이후 들어선 군사 정부는 경제개발계획을 발표하면서 근대화에 나섰
다. 그러나 이는 박정희 정권의 독자 계획이 아니라 장면 정부 당시 기획했던 미실행
의 경제개발계획과 유사한 부분이 많았다는 지적이 있다.

확정되었는데, 바로 다음날 5 · 16 쿠데타가 발발하여 발표되지 못
했다고 한다. 군사 정부는 정변 후 몇 달 지나지 않은 1962년 1월,
경제기획원을 통해 제1차 경제개발 5개년 계획을 발표했다. 박태
균은 이 계획안이 기본적으로 민주당 정부 경제개발계획안을 토대
로 하여 최고회의안과 박정희 명의의 지침으로 기본 골간을 이루
었다고 분석한다.[74]

정말 1960년대 박정희 정권의 경제개발계획이 장면 정권의 것
을 베낀 것일까. 분명한 것은 5 · 16 군사 정권이 장면의 민주당 정
권이 추진하던 경제개발 5개년 계획을 이어 진행하였다는 사실이

다. 새롭게 수정된 것이라면 수출 지향 경제 성장 전략 정도였다. 그 전략의 차이를 떠나, 장면 정권이 표방한 경제 제일주의를 5·16 군정 세력도 이어갔다는 점은 다시금 지적해 둘 필요가 있다. 당대 한국의 정책 입안자들과 지식인들 사이에서는 누구랄 것 없이 경제개발계획에 대한 공감대가 형성되어 있었다.

무엇보다 경제개발계획 자체가 대한민국만의 것이 아니었다. 수많은 아시아 국가들이 경제개발계획을 입안하고 추진했다. 아시아 국가들의 계획은 대부분 1950년대에 시작했다. 인도는 1951년부터, 사회주의권인 중국은 1952년, 심지어 북한도 1957년부터 시작했던 정책이었다.

《사상계》그룹을 위시한 한국 지식인들은 1950년대 다른 신생국의 경제개발계획을 이미 연구하고 있었으며 한국 사회에 실현할 방법을 고민 중이었다. 장면 정부의 경제개발계획은 그런 고민의 결과물 중 하나였다. 장면 정부는 실행을 준비했으며 그 직전 단계까지 갔다. 장면 정부를 통해 자신의 원대한 꿈 하나를 실현해 보던 장준하의 계획은 5·16 쿠데타로 무산되고 말았다. 말하자면, 5·16 쿠데타는 장준하 '개인'으로서도 하나의 좌절을 의미했다.

7

《사상계》그룹의 와해와 대학의 변화

제2공화국 시기 미국은 민주당 정부 정책 중 국토건설단 사업을 특별히 긍정적으로 평가했다. 따라서 사업을 이끌던 장준하에게 관심을 두는 것은 자연스러웠다. 미 대사관과 미 공보원(미 문화원)은 OSS(미 전략정보기관, CIA의 전신) 요원 출신인 장준하에게 분명한 호의를 보였고 장준하 자신도 이런 사실을 의식했던 듯하다.

1967년 장준하의 정계 진출(야당인 신민당 국회의원 당선)에 대해서는 엇갈린 평가가 있다. 김준엽은 평생 장준하의 뜻에 반대한 유일한 일로 장준하의 정계 진출을 들었다.[75] 서영훈은 후일 장준하에 대해 흥미로운 판단을 했다. 장준하 본인이 대통령이 되려고 했다는 것이다.[76] 이러한 이야기들은, 그와 가까웠던 사람들에게서 나온 까닭에 신빙성을 띤다. 《사상계》 시절 장준하의 핵심 측근이자 동지였던 안병욱은 이 문제에 대해 다음과 같이 구체적으로 증언했다.

그는 정치에 야망이 있었다. 국회의원으로는 성이 차지 않았다. 그는 대통령의 꿈을 꾸고 있었다. 대통령에 출마할 의사를 나에게 비치었다. 나는 극구 만류했다. 그의 책상 위에는 '대통령이 되는 길'이라는 상하 2권의 일역본이 놓여 있었다.[77]

사상계 그룹, 미국과 군정의 중재를 시도하다

함석헌과 같은 예외적 경우를 제외한다면, 《사상계》 그룹이 5·16 직후 군사 정변에 대해 긍정적인 태도를 취했음은 비교적 잘 알려져 있다. 그들은 4·19와 5·16을 일관된 흐름으로 해석했다. "4·19 혁명이 입헌 정치와 자유를 쟁취하기 위한 민주주의 혁명이었다면, 5·16혁명은 부패와 무능과 무질서와 공산주의의 책동을 타파하고 국가의 진로를 바로잡으려는 민족주의적 군사 혁명이다."[78] 5·16을 4·19 혁명의 계승으로 본 것이다.

무엇보다 이 시기 장준하의 이념적 태도 자체가 보수적이었다. 제2공화국 시절 장준하는 당시 중립화 통일론 등 진보적 통일 논의 일체에 대해 명확히 우려를 표시했다. "《사상계》는 과거에도 그러했듯이, 내외에서 도전해 오는 일체의 불순 세력의 준동을 타도하는 선봉적 역군이 될 것이다."[79]

실제로, 5·16이 터졌을 때 장준하 김준엽 등 《사상계》 그룹의 핵심 멤버들이 우려했던 것은 '쿠데타' 자체가 아니라 쿠데타 세력의

'이념' 문제였다. 1961년 4월 잠시 미국 포드 재단에 들렀다가 귀국한 김준엽은 그때 이미 쿠데타 소문을 들었다고 한다. 한 달 후 쿠데타가 일어났을 때, 김준엽은 박정희 군사 정권을 이집트 나세르와 같은 반미 정권으로 이해했다.[80]

5 · 16 당시 박정희가 이집트의 나세르 사례에 주목했다는 사실은 잘 알려져 있다. 제3세계 신생 국가들의 지도자로 인도의 네루, 인도네시아의 수카르노와 함께 이집트의 나세르가 박정희 정권의 모델이 되었으리라는 생각은 충분히 수긍할 만하다. 1950년대 말 제3세계 국가들의 군부 쿠데타는 국내 군부에도 자극을 주었다. 박정희와 육군본부 장교들이 4 · 19 발생 전부터 다른 국가들의 군부

함석헌 등 일부를 제외하고 《사상계》 그룹은 처음에는 5 · 16 쿠데타를 4 · 19 혁명의 연장으로 보고 환영했다. 군사 정부가 '반미적'일까 염려하여 미국과 진지하게 중재를 시도하기까지 했다. 그러나 그들은 곧 군사 정부의 반대편에 섰다.

쿠데타 사례를 연구했다는 학계의 보고도 있다.[81]

김준엽은 5·16 쿠데타 직후 상황을 다음과 같이 회고했다.

그때 장 형하고 나하고 말했죠. "이거 나라가 망한다." 처음에는

공산당인 줄 알았다고요.

(중략) 장 형도 처음엔 협조하려고 했어요. 군부가 미국과 사이가

굉장히 나빴단 말이에요. 그래서 어떻게 하든지 이것을 우리가 중화

시켜야 한다고 생각했지요. 그래서 창경원에 우리가《사상계》의 이

름으로 파티를 마련했습니다. 미국 측에서 버거 대사가 나오고… 군

사 정권 측에서도 다 나오기로 했단 말이에요. 그런데 장도영이하고

그 그룹만 나오고 박정희 계통은 아무도 안 나왔어요. 그 다음날 새

벽에 장도영이를 잡아갔더군요.[82]

《사상계》측은 1961년 7월 4일, 미국 독립 기념일로 날을 잡아
사상계사의 '사상 문고' 100권 출간 기념 연회를 빌미로 군부와 미
국 양측의 중재를 시도했다. 군부와 미국의 사이가 심상찮았던 것
은 쿠데타 핵심 세력의 사상 관계에 대해 미국이 의심을 풀지 않았
기 때문이었다. 주한 미국 대사가 참석했고 군부에서 장도영 등도
참석했지만, 박정희 측에서는 얼굴을 내밀지 않았다. 이튿날, 형식
상 '혁명' 수뇌로 내세웠던 장도영을 체포하고 박정희 소장이 전면
에 나섰다. 중재는 실패했다.

《사상계》 그룹의 와해

한국 지성사에서 《사상계》가 갖는 중요성은 무엇보다, 해방 이후 가장 큰 사회적 영향력을 발휘한 매체를 교수 언론인 등 '지식인들' 이 만든 사례라는 점이다. 이후로 이 정도 영향력을 발휘한 매체는 나오지 않았다. 한국 사회의 상에 대해 명확한 청사진이 있던 이 그룹은 1960년대 중반을 거치면서 '조용히' 와해되었다. 어떻게 된 일일까?

군정 세력 입장에서는 당대 최고 브레인 집합이자 오피니언 리더였던 《사상계》가 자신들에게 반대 입장을 취한다면 확실히 문제가 될 만한 일이었다. 《사상계》 그룹에는 함석헌, 김재준 등 우려할 만한 인사들이 끼어 있었다. 어떤 형태로든 조치가 필요했다. 그대로 둘 수는 없었다.

당국이 《사상계》를 제압하는 방식은 세무 사찰과 소위 '반품 작전'이었다. 반품 작전이란, 유통 과정에 개입해 서점으로 하여금 책을 주문하게 한 후 판매하지 않고 다음 달에 반품케 하는 방식이었다. 1962년 7월호부터 시작되어 1963년 4월호(창간 10주년 기념호)에서 극심했다고 한다. 그렇지만 실질적으로 결정적인 타격이 되었던 것은, 1965년 가을에 있었던 교수 편집위원들의 이탈과 그로 인한 편집위원회의 붕괴였다.

1964년은 정부가 진행하던 '한일 협정' 체결이 언론을 비롯하여 지식인, 학생들에 의해 심각한 저항에 부딪친 때였다. 이해 10월,

김준엽의 후임으로 1961년부터 주간을 맡고 있던 양호민이 사임하고 지명관으로 주간이 교체되었다. 당시 양호민은 한 해 반가량 서울대 법대 교수와《사상계》주간을 겸했는데, '겸직'을 빌미 삼아 대학에서 해직되는 사태를 미리 방지하려고 사임한 것이었다. 신임 주간 지명관은 이미 학교에서 쫓겨난 직후라 문제될 게 없었다. 한편으로 사상계사에 세무 사찰이 진행되고 있었다.

양호민의 사임은 결과적으로 '소용없는' 일이었다. 이듬해인 1965년 9월 한일 협정이 국회에서 비준된 직후, 비준 반대 성명에 앞장선 각 대학 교수 스물한 명이 '정치교수' 명목으로 해임되는 사태가 일어났다. 양호민을 비롯해《사상계》필진 다수가 포함되었다. 정식 편집위원으로만 다섯 명이 걸려들었다.(양호민은 이때 서울대에서 나와 두 달 후에 선우휘의 주선으로《조선일보》논설위원으로 들어갔다.)

상황이 이렇게 돌아가자 기존 필진이 집필을 기피하기 시작했다. 급기야《사상계》는 1965년 10월에 대학 교수 편집위원 전원을 해촉하기에 이른다. 편집위원회가 붕괴된 것이다. 편집위원회의 붕괴는 사세의 급격한 몰락을 가져왔다. 그해 12월에는 기존 편집부 직원들 중 상당수가 사직해 버렸다. 1966년부터는 편집·기획·업무부장 등 핵심 스태프를 장준하의 동생 장창하와 아랫동서 유경환이 맡아야 할 정도가 되었다.《사상계》그룹의 와해는 이렇게 진행되었다. 마지막까지《사상계》를 지켰던 유경환의 기록에 따르면, "1966년 정월부터 1967년 12월까지 만 2년 동안을 식물인간처럼 숨만 쉬는 잡지로 사상계가 명맥을 유지했다."[83] 일반적으로《사상계》의 폐간이 1970년 김지하의 담시「오적」필화 사건 때문으로 알려져 있으나, 전후 사정을 종합해 볼 때 1965년에서 1966년으로 넘어가는 시점에《사상계》는 사실상 종말을 고했다고 보아야 한다.

이 사태에 대해《사상계》1965년 11월호「권두언」(지명관이 쓴 것으로 추정된다)은 다음과 같이 전하고 있다.

> 이른바 '정치 교수' 축출을 위한 집요한 압력. 심지어는《동아일보》나 본《사상계》에 관여한 교수를 다만 그 사실만으로 당국에서 징계 대상으로 문제 삼겠다는 설까지 나타났다. 이리하여 본사에서는 본의 아닌 누를 끼칠까 하는 염려에서 대학 교수직을 가진 편집위원을 전원 해촉하기에까지 이르렀다. 정부는 학원에 대하여 갖은 음성적인 탄압을 시도하였다. 그러자 처음에는 약간 국민에게 신망을 심어 주었던 대학 당국이 모두 무너지고 말았다.[84]

'대학 당국이 무너졌다'는 말의 의미를 살펴보자. 1965년 9월 4일, 정부는 정치교수 처벌을 늦춘다는 이유로 연세대와 고려대에 휴업령을 내린다. 이 정치교수 파동이 한일 협정 반대로 야기된 '정치적' 사건임은 분명하다. 그런데 정치교수 축출의 근거가 되는 '논리'는 무엇일까? '교수는 학생들을 선동하지 말고 연구와 교육에만 매진하라'는 것이었다. 이 논리에 대학 당국은 대응하지 못했다. 대학에 대한 정권의 압력만으로 설명하기에는 석연치 못한 점이 여기

1964년, 한일회담에 반대하는 대학생들의 격렬한 시위가 있었다. 한일회담 반대 시위 직후인 1965년, 대학 사회가 '연구비'를 빌미로 국가 통제에 순차적으로 편입되면서 대학에 적을 둔 교수는 지식인이 아니라 전문가의 정체성을 강요받았다. 지식인이고자 했던 《사상계》소속 편집위원들은 대학에서 점차 쫓겨났고, 이는 결국 《사상계》의 와해를 가져왔다.

에 존재한다. 대학 자체의 구조 변화가 이 시기에 진행되었음에 주목할 필요가 있다.

대학에 뿌리내린 국가의 감독과 통제

대학 교수는 지식인을 대표하는 존재이며, 지식인이란 모름지기 현실에 대해 지사적 태도를 가져야 한다는 말은 점차 옛말이 되어 갔다. 해방 후 한국의 대학 분과 제도 자체는 일제로부터 이식된 것인 까닭에, 표면적 형식은 갖추었지만 제도가 제대로 기능하려면 전공자가 생산되고 이들이 대학 교원으로 재공급되는 시스템을 갖추어야 했다. 학계에서는 대학의 자기 완결적 생산—공급 시스템이 1950년대 후반에 어느 정도 완성되었다고 본다. 교원 수급 문제로 1950년대 중반까지는 교수들이 여러 대학에 이중 삼중의 적을 두는 경우가 많았는데, 두 대학 이상에서 대학 교수직을 겸할 수 없게 된 것이 1957년부터였다. 이 무렵에 이르러 대학 교원의 재생산 시스템이 가능해지면서 교원 공급이 원활히 이루어졌음을 뜻한다. 1960년대에 들어서면서부터는 대학이 제도적으로 확실히 안정기에 들어섰다. 이제 대학은 분과 학문의 공고한 체계를 갖추게 되었다. 대학 교수의 최고 덕목은 비판적 지성이 아니라 자기 '분야'의 최고 '전문가'가 되는 것이었다.

당시의 대학이 어떤 변화를 맞았는지를 좀 더 내밀하게 들여다볼 수 있게 해 주는 문학 작품이 있다. 《사상계》의 교수 편집위원이 전원 해촉된 1965년 10월, 박영준의 단편소설 「김 교수」가 실렸다. 박영준은 이 소설에서 당시 대학 교수의 한 전형을 보여준다. 소설에서 한국 근세사를 '전공'하는 것으로 나오는 '김 교수'는 학생들로부터 사회 현실 문제에 대한 견해를 요청받지만 응하지 않는다. "학문은 하되 정치에는 관여하고 싶지가 않았"기 때문이다. 그런 그에게 회계과에서 연구비를 타 가라는 전화가 오고, "평생 처음 만져 보는 거금 십만 원을 탔다.""김 교수는 연구비를 타서 연구나 하는 것이 자기여야 한다는 생각을 했다."[85]

1965년 한양대에서 연세대로 자리를 옮긴 박영준은 이 소설을 통해 당시 대학 지식인의 초상 하나를 포착했다. 제도와 관련해 주목할 변화가 있다. '연구비!' 일반적으로 대학에서 지급하는 연구비(오늘날은 주로 국가에서 연구비를 지급하지만)는 대학 지식인들에게 '연구자'라는 정체성 정립을 요구한다. 대학은 교수들에게 지식인이기 '이전에' 우선 훌륭한 연구자이기를 요구한다는 것이다.

대학 교수들에게 일반 급여 외에 연구비를 지급하는 것은 대학 시스템이 점차 안정화, '선진화'하고 있음을 알려주는 지표이다. 한국 대학 사회에서 언제부터 이러한 시스템이 정착한 것일까? 방임적인 고등교육 행정에서 통제를 강화하는 방식으로 정부의 정책 전환이 이루어진 것은 1961년 5·16 군사 정부 집권 이후였다. 국립대뿐 아니라 사립대에까지 국가의 감독과 통제가 강화되었다는 점이 5·16 군사 정부 시기 교육 정책의 특성이었다. 특히 1960년대 중반에 들어와 문교부는 대학 교육의 질적 향상을 목표로 "공부하는 대학생, 연구하는 교수"라는 구호를 제창하면서 교수들에게 연구비를 집중 지원하기 시작했다. 문교부의 대학 교수 연구비 지급 통계를 보면, 1963년부터 본격적으로 시작된 교수 연구비 지급 사례가 1966년을 지나면서 매년 급격히 증가하는 것을 확연하게 알 수 있다.[86] 이 무렵 이후, 훌륭한 연구자가 된다는 것은 교수들 본인의 의도를 떠나 '체제 내'화하는 것을 뜻하게 되었다.

8
선우휘, 반공 국가주의와 지역주의 사이에서

유신이 선포되던 1972년 10월, 지명관은 일본으로 떠났다. 1970
년대 유신 정권 시기로부터 1980년대 전두환 정권 시기까지 일본
시사 월간지《세카이(世界)》에 「한국으로부터의 통신」을 연재하면
서 한국 정치 상황과 민주화 운동을 바깥에 알린 익명의 필자 'TK
생'은 오랜 시간이 지난 후에야 지명관이었던 것으로 밝혀졌다. 유
신 정권이 무너지고 전두환 정권이 들어섰을 때에도 지명관은 한
국으로 돌아오지 않았다. 그런 지명관이《월간조선》 1986년 8월호
에 이례적으로 추도문 한 편을 보냈다. 선우휘의 부고 직후였다. 당
시 일본에 있던 지명관은, 그해 6월 13일 새벽 선우휘의 부고를 들
었다고 한다.

그날은 하루 종일 눈물을 흘렸다. 이 세상에서 가장 가까운 친구를
잃은 것이다. 그와 나와는 2년 차이를 두고 평안북도 정주읍 정주 보

통학교에 다녔다. 그는 개교 이래의 수재에 숭앙과 선망의 대상이었다. 부모들이 아이들을 타이를 때는 '휘를 보라'고 할 정도였다. 그가 그 당시의 최고 난관이라고 하던 경성사범에 진학했을 때……[87]

1980년부터 사망 전까지, 선우휘는《조선일보》논설 고문으로 '선우휘 칼럼'이라는 제목의 극우 보수 성향의 글을 집필하여 '악명을 날리고' 있었다. 지명관과는 반대의 길이었다.

작가이자 기자이자 군인

선우휘만큼 한국 사회의 여러 모습과 변화를 몸으로 보여 주는 인물도 드물다. 그는 해방 후 한국이 처한 결정적 국면에서 항상 현장에 있었다. 그것이 가능했던 데에는 선우휘가 현실을 포착하는 소설가이면서 무엇보다 언론인이었던 이유가 컸을 것이다. 대한민국 역사에 선우휘라는 인물 자체가 큰 기여를 했다고 보기는 어렵다. 그렇지만 선우휘의 선택과 행보는 의미하는 바가 많다. 그는 학병세대였으며 교사, 군인, 언론인을 두루 거치면서 해방 후 역사의 소용돌이 중심에서 벗어난 적이 없었다. 무엇보다 선우휘는 오늘날까지 수많은 한국인들이 벗어나지 못하는 커다란 하나의 집단 성향, 곧 '지역주의'를 날것 그대로 보여준 사람이었다.

1922년생 선우휘는 학병세대인데도 일제 말 학병 동원령에서 제외되었다. 이공계 및 사범계가 입대에서 제외되었기 때문으로 경성 사범 학생 선우휘도 그 혜택을 받았다. 그렇지만 지성사에 국한해 이야기하자면, 선우휘는 월남 학병세대의 중심에 가장 가까이 있다.

작가로서 선우휘는 1950년대 후반 형성된 지식인 사회의 최대 화두였던 '한국 사회의 근대화'를 가장 표 나게 서사화한 사람이다. 1957년 제2회 동인 문학상을 수상한 「불꽃」은 단숨에 그를 문단의 총아로 만들었고, 이후 이 작품은 그의 대표작으로 지금까지 인정된다. 동인 문학상 수상 당시 선우휘는 현역 대령이었다. 선우휘의 수상식에는 당시 육군 참모차장이던 장도영 중장도 참석했다.

동인 문학상 수상은 선우휘로 하여금 군에서 나와 직업적인 '글'의 세계로 들어가게 했다. "수상으로 우쭐해진 나는 며칠을 생각다가 예비 신청을 냈다. 그만두고 소설이나 써 보자는 생각이었다. 하여간 '동인 문학상'이 제대를 결심케 한 것만은 틀림없다." 상을 받은 후 예편하고 해방기 잠시 평기자로 근무했던 조선일보로 다시 들어갔다. 동인 문학상 수상은 《조선일보》 재입사에도 도움이 되었던 듯하다. 선우휘는 "동인 문학상을 탔다는 것이 취직하는 데 상당한 비중을 차지하지 않았는가."라고 했다.[88]

오늘날《조선일보》의 이데올로기 입지에 선우휘가 끼친 영향은 결코 작다고 할 수 없을 것이다. 선우휘는 재입사한 이래 평생《조선일보》에 재직했다. 1963년 사장이 된 방우영이 회사의 대대적 구조 개편 파트너로 선우휘를 택했다고 한다. 1971년부터 1980년까지 선우휘는《조선일보》주필을 지냈고, 1980년부터 1986년 퇴임

선우휘는 해방 후 한국이 처한 결정적 국면에서 항상 현장에 있었다. 그는 교사, 군인, 언론인을 거치면서 해방 후 역사의 소용돌이에서 벗어난 적이 없었다.

때까지 논설 고문으로 있었다.

보수 진보를 가리지 않은 지역주의자

선우휘는 술과 노래를 좋아했고, 한번 술을 마시면 인사불성이 될 지경까지 가서 여러 일화를 남겼다. 선우휘에 대한 사람들 회고를 종합해 보면, 그는 무척 '감정'을 중요시하고 '지역주의'적인 사람이었던 게 분명하다. 그는 보수 진보를 가리지 않고 고향 평안도 쪽 사람들이라면 끝까지 돕고 보호하고자 했다. 함석헌에 대해 사람들이 '수군거릴' 때 격분하기도 했다. 선우휘는 스스로 말하기를, 동인 문학상으로 인연을 맺은 《사상계》를 통해 함석헌의 영향을 받았다고 했다. "함석헌 선생의 풍모에 자주 접할 수 있었던 것은 나의 인격 형성에 적지 않은 영향을 주었다."[89] 그렇지만 같은 평안도 출신이라는 것 외에, 실제로 그가 함석헌으로부터 구체적으로 어떤 사상적 영향을 받았는지는 찾기 어렵다.

많은 이들이 1965년경을 전후하여 선우휘가 보수 성향으로 변화한 것으로 안다. 하지만 선우휘에게는 젊은 시절부터 보수 우익의 면모가 있었다. 그는 일관되게 보수 성향이었다. 해방기 이십대인 선우휘에게, 테러로 악명 높았던 극우 성향의 반공 청년 단체 서북청년회(서청)는 작지 않은 비중을 차지한다. 정식 입회는 하지 않았지만, 서청의 단장 선우기성이 동향인 정주 출신인 데다 일가의 먼 친척 형님이었고 개인적으로도 막역한 관계였다. 서청을 회고할 때마다 선우휘는, 비합리성을 지적하면서도 기본적으로는 옹호론을 펼쳤다. 한수영이 분석한 바와 같이, "서청과의 관련을 회고하는 그의 글이나 소설에서 일관하여 나타나는 것은, 궁극적으로 그러한 서청의 폭력이 반공주의에서 비롯되는 '순수한 열정' 때문이었으며 당시로서는 일종의 필요악이었다는 옹호론이다."[90] 월남 학병세대의 '논리 이전의 감각'으로서 반공을 가장 확연히 노출한 존재가 선우휘였다.

해방 직후부터 선우휘는 조금씩 '오른쪽으로' 이동해 갔다. 좌익이라면 중도 노선도 용납될 수 없었다. 자서전에 가까운 소설 『노다지』에서 여운형을 "값싼 인기를 얻으려고 기를 쓰는 가짜", "임화니 김남천이니 하는 마르크스 보이, 창백한 문학청년들한테 질

질 끌려 다니는 주견머리 없는 사람"으로 묘사하기도 했다.[91] 1949
년 정훈장교 시험에 합격하여 소위로 임관한 선우휘는, 전쟁 직전
당시 국방부 정훈 국장이던 극우 이데올로그 이선근 밑에서《화랑
보(花郎報)》를 제작했다. 전쟁 발발 직후에는 이선근을 수행하는 기
록 장교로 일하면서, 대전으로 이동하는 국방부를 따라 이선근과
동행했다. 1950년 9·28 서울 수복 직후인 10월, 정훈국 평양 분실
장 자격으로 군과 함께 북진했고, 1·4후퇴 때는 평양 대동강에서
피란민 철수 작전을 지휘하기도 했다.

해방 이전 교사 생활을 했고, 해방 후에는 신문기자였던 선우휘
가 군인이 된 동기는 무엇일까. 문학 연구자 한수영은 선우휘의 소
설 가운데에서 한 장면을 포착했다.

> 일본 군국주의 시대에 교육받은 사람들이 대개 그렇듯, 수인에게 있
> 어서 군인이란 가장 순수한 인간에 들었다. 노일 전쟁 해전에서 이
> 긴 도고 제독과 여순에서 이긴 노기 장군은 나라에 충성된 인간의 표
> 본이었다. 나라를 지킨 이순신 장군을 알고는 있었으나 인상이 희미
> 했다. 그 뒤 (중략) 일본인 동급생들이 태평양전쟁에 나가 그 상당수
> 가 특공대로서 죽었다는 소식을 들었다. (중략) 그러나 그들이 순수
> 하게 살았고 아름답게 죽어 갔다는 점에 있어서는 의문을 품지 않았
> 다. (중략) 해방된 지금도 수인은 가끔 그들을 생각하는 때가 있었
> 다. 그리고 그들이 그렇게 죽어 간 것이 왠지 부럽게 느껴지는 수가
> 있었다.[92]

한수영은 다음과 같이 평한다.

> 태어날 때부터 조국이 없었던 식민지 소년 선우휘에게, 충성을 바쳤
> 던 천황이 죽자 동반 자결했던 노기 장군의 순사(殉死)에 관한 일화
> 는 '국가에의 귀속감'을 맛보게 한 강렬한 대리 체험의 계기가 되어
> 주었다. 해방 직후 북한 사회가 파시즘을 닮아 가고 있다고 우려하
> 면서도, 정작 자신은 교육을 통해 체화된 '국가주의'의 화신이 되어
> 가고 있다는 사실을 까맣게 모르는 이 이율배반을 어떻게 해석해야
> 할까? 물론 이러한 이율배반은 선우휘 개인뿐 아니라 이들 세대 일
> 반이 지니고 있는 독특한 모순성이다.[93]

'국가주의의 화신'을 선우휘 세대 일반이 가진 성격이라고 본 것
은 다소 지나친 견해이지만, 선우휘가 '군인'이 되고자 했던 배경
에 국가주의자 성향이 작용했던 것은 분명해 보인다. 게다가 그는
'피가 뜨거운' 사람이었다. 해방과 전쟁이라는 현대사의 격동기에
책상머리에서 글만 쓰는 것은 그의 성격에 맞지 않았다.

"나는 형이고 너는 동생이다"

1964년 11월 22일 《조선일보》 편집국장 선우휘와 정치부 기자
리영희가 반공법 위반 혐의로 구속되는 사건이 일어났다. 중앙정

보부는 '남북한 유엔 동시 가입' 관련 기사를 문제 삼았다. 삼십대 중반의 젊은 기자 리영희의 기사는 중립국들이 남북한 유엔 동시 가입안을 제출할 조짐을 보인다는 내용이었는데, 이것이 남한 단독 가입을 추진하던 정부 정책에 배치되었던 것이다. 선우휘는 법원의 구속적부심으로 닷새 후 석방되었고 리영희는 구속 만기로 스무이레 만에 석방되었다. 리영희를 석방하는 대가로 '무언가'가 필요했을 때, 선우휘가 자신의 편집국장 직을 내놓았다.

리영희는 《조선일보》 외신부 시절을 다음과 같이 기억했다. 자신이 외신부장으로 있던 1960년대 중반 "이 시기 《조선일보》 국제면은 전국 신문 중 베트남 전쟁과 한국군 파병에 비판적인 유일한 지면이었다."[94] 선우휘의 삶과 생각의 궤적을 논하는 이들은, 이 사건을 근거로 1965년 이전의 선우휘와 이후의 선우휘를 구분하는 경향이 있다. 이때까지만 하더라도 선우휘가 아주 보수적인 인물은 아니었는데 이후로 점차 변해 갔다는 것이다. 그렇지만 이 사건의 전말에는 중요한 포인트 하나가 있다. 선우휘가 자신의 편집국장 직을 내놓으면서까지 리영희의 석방을 위해 뛰었던 배경에는 리영희가 '평안북도 삭주' 출신이라는 사실이 있었다.

선우휘는 철저한 반공주의자였지만 선우휘의 삶과 생각에서 반공주의에 버금가는, 어떤 면에서 반공을 능가하는 주요한 뿌리가 '지역주의'였다. 극우 성향이었는데도 서북청년회 같은 극단적 형태로 그 성향이 드러나지 않았던 까닭에는 역설적으로 지역주의라는 또 하나의 비합리적인 '거멀못'이 있었다.

해방 후인 1946년 4월 선우휘가 조선일보사에 입사한 것도《조선일보》가 "동향의 어른" 방응모의 소유였기 때문이다. "일제 때부터 정주 사람들은《조선일보》를 '우리네 신문'이라고 일컬어 왔다. 금광왕의 한 사람으로 알려진 정주 출신 계초 방응모가 인계 맡아 비로소 사세를 확립시키고, 정주 태생 춘원이 함께 일한 신문으로 정주 사람들 자랑거리였던 것이다."[95] 소학교 때부터 선우휘와 절친한 사이였던 지명관의 회고에 따르면, 실제로도 선우휘의 아버지와 방응모가 가까웠다고 한다.[96]

《조선일보》에 대한 선우휘의 애정은 대단했다. 한국전쟁 당시 1·4 후퇴 때《조선일보》시설이 완전히 파괴되지 않은 것은 당시

"나는 형이고 너는 동생이다." 서북에 대한 맹목적 지역주의가 선우휘의 진짜 이념이었다. 서북 출신이라면 그는 보수와 진보를 가리지 않고 옹호했다. 보수의 첨병인《조선일보》에 몸담고서도 리영희, 양호민(사진), 지명관 등을 끌어안을 수 있었던 것도 특유의 지역주의 때문에 가능했다.

군 정훈 장교였던 선우휘 덕이었다. 그는 상부의 방화 지시에 불복하고《조선일보》시설을 그대로 두었다.

1965년 한일 협정에 반대하다 '정치교수'로 낙인찍혀 양호민이 서울대 법대 교수직에서 해직되었을 때,《조선일보》로 데려오도록 애쓴 것도 선우휘였다. 또한 그는 민주화 운동 진영의 함석헌, 지명관 등을 끝까지 보호하려고 했다. 일본《세카이》에 글을 싣던 'TK생'을 중앙정보부가 추적할 때, 이를 따돌린 인물도 선우휘였다. 지명관은 말한다. 박정희 정권에 대한 입장이 "피차 달랐어도 철저하게 그는 자기가 내 형이다, 동생을 돌본다, 하는 생각이 철저했다."[97] 지명관의 회고 그대로, 선우휘는 "행동파적이고 봉건적이고, 한국적인 그 부모를 생각하고 그런, 굉장히 한국적이고 전통적인 모럴을 가진 사람"이었다. 무엇보다 온정적인 사람이었다.

연재 중 사망함에 따라 유고가 되고 만 선우휘의 글 한 편이 있다.《월간조선》1986년 7월호 「나의 언론 생활 40년」이다. 해방기가 끝날 즈음, 선우휘의 삶에서《조선일보》기자 생활과 인천중학교(현 제물포 고등학교) 교사 시절 사이 잠깐 동안 공백기가 있었다. 마음이 힘들 무렵, 하필 발진티푸스에 감염되어 순화 병원에서 수용 치료를 받고 있었다. 이때 평북 선천 사람 동갑내기 계훈제를 만났다. 선우휘는 유고에서 이 일을 잊지 않고 기록했다. 집필 당시, 계훈제가 1980년대 반독재 운동의 최선두에 서 있을 때였다.

당시 동생이 뒤따라 월남하여 이북 학생 연맹에서 일을 보고 있었는데, 그 이북 학생 연맹의 위원장이 어느 날 나의 병실을 찾아온 것이었다. 그 후 그는 몇 번이나 병원을 찾아와 나를 위로해 주었고 (중략) 늘 허름한 녹색 군복에 허름한 군화를 신고 있었다. 당시 발진티푸스라면 전염하기 쉬운 위험한 전염병으로, 그런 속에서 보여 준 그 키 큰 허름한 차림의 이북 학생 연맹 위원장의 인정은 결코 쉬운 일이 아니었다. 그 후 오랫동안 나는 그의 인정을 잊지 않았다. 그런데 그는 지금 어떤 정치 단체에 가담하고 있다. 그가 앞으로 어떤 정치 노선을 갈 것인지는 모르나, 제발 그 옛날의 젊은 시절에 공산주의자들과 싸우던 초심만은 잃지 말아 주기를 바라는 마음 간절하다. 인간관계에 있어서 정치 성향보다 인정이 중하다고 믿는 나는 장차 그가 어떤 정치 노선을 가더라도 전에 나에게 보여 주었던 인정만은 잊을 수 없을 것이다.[98]

9
정권 참여 지식인들과 정치 참여의 논리

5·16 군정과 제3공화국 이후 '근대화'가 현실로 이루어질 때, 이를 지켜보는 모두가 같은 생각을 했던 것은 아니었다. '한국적 근대화의 상'에 대해 서로 다른 생각이 쏟아졌다. 한국 근대화의 내용이 산업화와 경제 발전을 의미하는가, 정치 민주화와 문화 선진화를 포괄하는 것이어야 하는가로 입장이 갈라진 것은 1960년대 중반이었다. 이 문제는 공화당 정권의 근대화 정책이 경제 발전 위주로 진행되면서 불거진 것이었다. 이전까지 근대화란 포괄적인 의미가 있는 개념이었다.

공화당 정권의 산업화 드라이브는 지식인들을 선택의 상황에 놓이게 만들었다. 정권에 '참여'할 것인지, 그렇지 않으면 정책 방향에 대해 대항 지점을 형성할 것인지. 이에 따라 실제로 지식인 사회에서도 분화가 일어났다.

박정희 정권과 이승만 정권 사이에 중요한 차이 한 가지가 대학

교수의 정치 참여다. 5·16 군정은 군인들의 정치이지만 동시에 대학 교수들의 정치이기도 했다. 대학 교수가 행정부와 입법부에 들어가 정치에 참여하는 '전통'이 생긴 것이 5·16 군정과 공화당 정권부터였다.

"무조건 반대냐, 건설적 협력이냐"

대학 교수 가운데 새로운 정권에 참여해 한국 사회 근대화의 주체가 되고자 하는 이들이 나왔다. 분야 특성상 법학계 쪽이 가장 앞섰다. 한태연과 황산덕은 대학 교수 출신으로 정치에 참여한 대표적 인물들이다.

두 사람은 공통점이 많다. 1916년생 한태연과 1917년생 황산덕은 학병으로 가지는 않았지만 학병세대 맨 윗자리에 속하는 연배다. 한태연은 함경도, 황산덕은 평안도 출신으로 둘 다 이북이 고향이다. 마흔 즈음 관록이 붙을 무렵《사상계》편집위원도 함께 했다. 한태연이 서울대 법대 교수로 재직하던 때가 1949년부터 1961년까지였고, 황산덕은 1952년부터 '정치교수'로 파면되던 1965년까지 역시 서울대 법대 교수였으니 직장 동료로서도 십 년가량을 함께 지냈다. 이런 공통점은 시차를 두고 두 사람 다 공화당 정권에 참여함으로써 정점을 이룬다.

두 사람은 공히 한국 법학사에서 대단히 중요한 위치에 있다. 한태연은 교수 시절 한국 헌법학의 제1인자로 인정받았고, 1969년 한국 헌법학회 초대 회장을 맡았다. 함경남도 영흥 고향 마을 율산(栗山)의 이름을 따서 자신의 호로 삼을 만큼 정이 많았던 한태연은 제자도 많이 길러 낸 것으로 알려져 있다. 황산덕은 대한민국 최초의 국내 법학 박사(서울대)로 알려져 있다.(한국인 최초의 법학 박사는 역시 서울대 법대 교수였던 유기천으로 예일대에서 박사학위를 받았다.) 법철학과 형법학을 전공했던 황산덕은 한국 법철학 분야의 태두로 공인되며 형법학에서는 유기천과 일인자를 다툰다는, 그야말로 초기 대한민국 최고의 법학자였다. 한국 법철학회 초대 회장을 역임했다.

두 사람이 닮은 점은 이외에도 더 있다. 한태연은 1943년 9월 일본 와세다대 법학부를 졸업했고 황산덕은 그보다 이른 1941년에 경성제대 법학과를 졸업했지만, 두 사람이 일본 고등문관시험에 합격한 것은 같은 해인 1943년이었다. 한태연이 와세다를 졸업한 1943년 9월은 학병제 실시 직전이었다. 이런 까닭에 연배로는 학병세대였는데도 간신히 학병을 피할 수 있었다. 한태연은 공화당 정권이 시작한 1963년부터 1967년까지 공화당 소속 전국구 국회의원을 지냈고, 유신 정권에서 다시 국회의원을 했다.

황산덕도 일제 말 일찌감치 대학을 졸업하고 고등문관시험에 합격, 경북도청에서 근무했던 터라 학병 징집과는 무관한 자리에 있었다. 서울법대 교수로 재직하던 5·16 군정 초기, 황산덕은 군정 당국을 비판한 사설(1962년 8월 2일자《동아일보》)로 인해 고재욱 주필과 함께 구속되기도 했을 정도로 정의감이 분명한 인물이었다. 이승만 정권 시기로부터 1960년대 중반 무렵까지, 자유당 정권과 5·16 군정에 비판적인 입장을 확고히 했던 황산덕이 정권에 참여한 것은 놀랍게도 유신의 깃발이 극으로 휘날리던 1974년이었다. 이 해 9월 법무부 장관으로 입각한 황산덕은 1976년 12월까지 재직하다 문교부 장관으로 자리를 옮겨 한 해를 더 각료로 일했다.

오늘날 두 사람에 대한 비판적 시선들 중에는 이들의 정권 참여를 개인의 '변절' 차원으로 이해하는 경우가 있다. 그런데 1960년대 중반 지식인들의 '현실 참여' 논리를 찬찬히 살피면 문제가 그리 단순치 않음을 발견하게 된다. 1966년에 황산덕이 출간한 책 하나를 보자.

황산덕이 『자화상』이라는 제목으로 책을 낸 것은, 한일 협정에 반대하다 서울대 법대 교수직에서 파면된 지 약 한 해가 지난 후였다. 성균관대 교수로 가기 직전으로, 황산덕의 이력에서 잠깐의 공백기였다. 자신의 삶을 되돌아보기 위한, 말하자면 인생의 전환기에 쓰인 책이었다.

이 책 3부에 실린 글 「야당 기질」에는 정치 '참여'의 논리 하나가 등장한다. 황산덕은 이 글에서 야당 기질을 가진 사람들의 행태를 분류하는 가운데, 외국과 한국을 비교한다. 외국 야당 인사들의 기질은, "현실 정치에 대한 관심을 결코 버리지 않으며 국가를 위하여 필요한 일이라고 한다면 정부에 협력하기를 주저하지 않는다." 그에 비해 우리나라의 야당 인사들이 "국가적인 임무를 맡는다고

하면 그는 곧 '변절자'로서 규정을 받는다.""정부 시책에 대하여
는 사사건건 헐뜯고 반대하는 것만이 애국자다운 태도가 된다고
생각하게 된다."[99] 황산덕은 이 글에서 "정부 시책에 반대하는 것"
과 "현실 정치에 관심을 가지는 것"을 구별할 필요가 있다면서, 무
조건 반대가 아닌 사안에 따른 건설적 협력이 필요하다고 했다.

'무조건 반대'냐 '건설적 협력'이냐는 기준, 즉 외국과 한국의 '야
당 인사'들의 태도를 구분하는 이 글의 기준은 상당히 주관적이고
모호한 면이 있다. 훗날 황산덕이 취할 행보가 예상되는 장면인데,
그렇지만 이 글에서도 보이듯, 1960년대 중반이 되면 논리가 무엇
이 되었든 '지식인의 선택'이 요청되는 징후가 도처에 나타났다는

5·16 군사정부는 군인들의 정치이기도 하면서 동시에 대학교수들의 정치이기도
했다. "무조건 반대냐, 건설적 협력이냐." 한국 법학사에서 중요한 위치를 차지하는
황산덕(사진 왼쪽)과 한태연(사진 오른쪽)은 현실 정치에 뛰어들어 국가 근대화에
기여하고자 했다. 이들을 떠받친 논리가 바로 '근대화 인텔리겐차론'이다.

사실이다.

최소한 유신 이전까지는, 즉 1960년대에는 지식인의 정치 참여를 뒷받침하는 강력한 하나의 논리가 있었다. '근대화 인텔리겐차론'이었다. 공화당 정권 출범 이후 현실화되어 가는 '근대화'에 맞닥뜨려 '지식인의 임무'와 관련해 비판적 지식인론과 근대화 인텔리겐차론이 대립해서 등장했다. 정권의 근대화 정책 방향에 대해 비판적 태도를 취하고 대항 지점을 형성하고자 했던 것이 비판적 지식인론이라면, 반대로 정권에 참여하여 다양한 정책들을 입안하고 운영하는 것이 지식인의 임무라고 생각했던 쪽이 근대화 인텔리겐차론이었다.

임방현의 근대화 인텔리겐차론

근대화 인텔리겐차론의 대표 논객은 임방현이었다. 후일 유신 정권에서 청와대 대변인을 한 임방현은 1970년 대통령 특보(국내 정치 파트)가 되기 전까지 《한국일보》 논설위원으로 있었다. 그가 논설위원으로 있던 시기 썼던 글들 중 특히 1960년대 중후반에 발표한 몇몇 글은 정권의 통치 이데올로기가 무엇인지를 잘 보여 줌과 동시에, 근대화 인텔리겐차론이 지식인의 정권 참여 논리가 됨을 가장 논리적으로 설명한다.

임방현이 주로 기댄 논리가 에드워드 실즈의 이론이었다. 1950

년대 이후 한국 사회과학 영역에서 미국 학계의 영향은 상당히 중요한데, 구조기능주의로 잘 알려진 하버드대학의 파슨스 못지않게 시카고 대학의 실즈의 영향도 대단한 것이었다. 파슨스와 실즈의 연구는 제2차 세계대전 이후 독립한 신생 국가들을 이해하는 데 커다란 영향을 끼쳤다.[100] 이 이론 모델의 핵심이 근대화론이었다. 바로 이것, 실즈의 이론으로부터 정부 정책에 주체로 참여하는 논리가 나왔다.

임방현은 실즈의 근대화론을 근거로, 제3세계 지식인이 정부 정책에 협조하는 논리를 정교하게 만들었다. 그중 지식인의 정권 참여 논리를 가장 자세하게 피력한 글이 1968년 5월 《정경연구》에 발표한 「혁명과 지식인—정치 지도 세력과 지식인의 관계」이다.

글 서두에서 임방현은 "오늘날 저개발 국가들에 일고 있는 총체적인 사회 변동 과정을 근대화라고 부를 수 있는바, 이 근대화 과정에 있어서 정치 지도 세력과 지식층 간의 관계를 살펴보려는 것"이 글의 목적이라고 밝힌다. 그런데 이 글에서 사실상 결론이자 핵심 주장은 "한국 인텔리겐차(지식인)는 4·19와 5·16이라는 사회 변동을 겪으면서 근대 한국 역사상 처음으로 정치 지도 세력과 근대화라는 공동 목표를 나누어 가지게 되었다"는 것이다.[101] "처음으로"라고 표현했음에 주목할 필요가 있다. 어째서 처음일까.

놀랍게도 임방현의 글에는 장준하 등 많은 지식인이 군사 쿠데타 이후 상당 기간까지도 5·16을 4·19의 연장으로 이해했던 주요 근거가 정리되어 있다. 해방 후 한국 정치사에 대한 매우 흥미로운 해석을 보여 준다.

2차 대전 종결 후 한국의 경우도 '반공'에 편승하여 해방 전의 구질
서 구지배 세력이 여전히 권력을 장악하는 현상을 나타냈다. 비록 독
립은 되찾았으나 사실상 한국을 지배하는 정치 세력이 근대화와는
관련이 없는 구세력이었다. 한국의 지식인들의 염원은 새로운 국가,
근대화를 향한 민주주의적 사회 건설이었다. 이 박사 영도 하의 집
권 세력은 친일 관료 세력과 미국화된 관료 세력의 혼합체였다.
4·19 혁명을 계기로 한국 지식인들은 일제 식민지 통치의 잔재와
봉건적 잔재를 거부하고, 구질서 구지배 세력의 정체를 폭로하고, 사
회 경제적 개혁을 통한 조국의 근대화와 이를 수행할 새로운 정치 지
도 세력을 요구하고 나섰다. 이어 민주당 정권이 출현했다. 그러나
이들 세력은 체질적으로 구질서에 속하는 세력이었다.[102]

이승만 정권은 그렇다 하더라도 장면 정권도 구질서에 속한다고
할 수 있을까. 민주당이 과거 지주 등을 지지 기반으로 하는 한민당
에서 온 것임을 상기해 보면 충분히 수긍할 수 있는 논리였다. 장준
하도 비슷한 논리를 편 적이 있다. 장준하는 5·16이 일어난 후인
1961년 9월호 《사상계》 「권두언」에서, 민주당에 대해 "일제 관료
출신들과 친일 경향의 인물들 중심으로 구성된 지도 집단"이라고
규정했다. 훗날 강만길이 정확히 지적한 것과 같이, "장준하 자신
이 장면 정권과 일정한 관계를 가졌지만, 광복군 출신인 그로서는

장면 정권 구성원의 친일적 성향이 못마땅했다."[103] 사실 민주당은 그 뿌리가 한민당에 있던 만큼, 장준하의 생각은 근거가 있는 것이 었다. 어쩌면 장준하는 제1공화국의 여당과 야당이었던 자유당과 민주당의 구도 자체를 문제시했던 것일 수 있다. 기존 정치권 전체에 대해, 말하자면 해방 이전 세대에 대해 문제를 제기하는 것으로 볼 수 있다.

요컨대 임방현의 이야기는, 친일 구세대 정치인들은 5·16으로 일소되고 새롭게 등장한 정치 지도 세력이 근대화를 열망하는 새 세대 지식인들과 결합하여 민족 근대화를 이룩해야 한다는 것으로 정리된다. 그렇다면 새로운 '정치 지도 세력'이란 어떤 이들을 가리키는가? 실즈를 인용하여 임방현은 다음과 같이 말했다. "많은 신생국의 경우 구질서를 전복하고 근대화를 꾀할 세력은 조직화된 젊은 장교들일 것"이다.[104] 5·16은 실즈의 이론에 기댈 때 하나의 자연스러운 현상이었다는 것이다.

임방현은 이후로도 비슷한 유의 글을 지속적으로 발표했다. 1970년 5월 「정치 변동과 엘리트」에서는 지식층을 향해 좀 더 분명한 주문을 했다. 지식인들이 근대화의 기간 요원이자 지도 기능이 되어야 한다고 말하면서, 지식층과 정치 엘리트 간의 대화와 협조가 개발도상국 근대화의 필수 조건이라고 했다.[105] 임방현은 이 글을 발표하고 약 6개월 후, 대통령 특별 보좌관으로 임명되었다. 대통령 특별 보좌관 제도는 1970년 12월 처음 시행되었는데, 국민교육헌장을 기초한 전 서울대 교수 박종홍(교육 문화 부문)과 함께《한국일보》논설위원이었던 임방현(국내 정치 부문)도 자리하게 된 것이다. 임방현의 나이 불과 마흔일 때였다.

이데올로그가 된 지식인들

임방현이 주로 기대었던 실즈의 근대화 인텔리겐차론은, 박정희 정권의 등장 이전인 1950년대 말부터 이미 지식인들 사이에 거론되던 것이었다. 실즈의 글들은 1960년을 전후해 집중적으로 번역 소개되면서 지식인 사회에 널리 공유되었다. 사실 근대화 인텔리겐차의 등장은 제2차 세계대전 후 신생 국가들에서 보편적인 현상이라고 할 수 있었고, 당시 한국 지식인들도 그 점을 알았다. 군사정권의 등장 여부와 직접적인 관련이 없는 현상이었다.

임방현은 이후 청와대 대변인을 맡으면서 유신 정권의 이데올로그가 되었다. '유신(維新)'이라는 용어는 대통령 특별보좌관이던 박종홍과 임방현이 『시경(詩經)』과 『서경(書經)』에서 가져온 표현이라고 한다. 임방현의 1973년 책 「서문」은 다음과 같이 이야기하고 있다. "확실히 시월 유신을 계기로 우리 사회 도처에는 조국의 좌표를 직시하고 정신의 국적을 되찾아 근면 성실하게 무실역행하는 기풍이 크게 진작되고 있음이 사실이다."[106] 임방현의 근대화 인텔리겐차론은 이렇게 유신의 합리화로 귀결되었다.

유신의 합리화는 소위 '한국적 민주주의'라는 유명한 용어로 뒷

임방현은 지식층과 정치 엘리트 간의 대화와 협조가 개발도상국 근대화의 필수 조건이라고 했다. 그런데 당시 국가의 정치 엘리트는 쿠데타로 정권을 장악한 군인들이었다. '근대화 인텔리겐차론'을 전개한 임방현은 나중에 유신 정권의 이데올로그가 되고, '한국적 민주주의'를 주창하면서 유신의 합리화에 앞장섰다. 이론과 현실은 다른 것이었다.

받침되기도 했다. 임방현은 말한다. "과연 서구 민주주의란 우리에게 그처럼 '선구적' 가치요 제도인 것인가."[107] 그는 서구 민주주의를 결사의 자유, 언론의 자유, 집회의 자유, 법치로 정리하면서 이런 정치적 자유주의를 적용하기에는 한국의 토양이 다르다고 했다. 어째서 그러할까. "우리가 서구 민주주의의 발달사에 있어서 그 담당층을 시민계급, 시민사회라고 규정하는 것은, 그대로 한국을 포함한 후진사회의 경우 민주주의 담당층의 결여를 운위케 한다."[108] 요컨대, 한국에서는 시민사회, 즉 민주주의 담당층이 결여되어 있으므로 서구 민주주의를 한국 상황에 그대로 적용할 수는 없다는 논리였다. 이런 논리는 '자유를 제한하는 민주주의', 곧 '한국적 민주주의'의 합리화로 결론지어졌다. 악명 높은 '한국적 민주주의'라는 용어가 이렇게 탄생했다.

일인당 국민소득 이미 몇천 불 하는 나라와 근래 삼백 불을 넘어선 우리와는 국가 운영, 사회생활 면에서 자유의 행동폭에 있어서 스스로 차이가 있을 수밖에 없을 것인즉, 바로 이 기본 가치관이 한국적 민주주의다.[109]

한편, 한태연은 1973년부터 1980년까지 유신 정권 내내 유신 정우회(유정회) 국회의원으로 있었다. 유정회란 통일주체국민회의 대의원들이 일괄 선출하는 국회의원 집단을 가리키는 것으로, 국회의원 정족수의 3분의 1에 해당했다. 사실상 대통령이 임명하는 전국구 의원 집단이었다. 한태연은 유정회 국회의원이 되기 전인 1972년, 법무부 헌법 심의위원으로 유신헌법 제정에도 참여했다. 한태연이 헌법 조문을 직접 기초하지는 않은 것으로 알려져 있다. 유신헌법 제정의 실무는 당시 법무부장관 신직수와 법무부 과장 김기춘(훗날 박근혜 정부 대통령 비서실장) 등이 담당했다고 한다.

황산덕은 어떻게 되었을까. 한국 사법사에서 최악의 오점이 된 사건 하나가 황산덕의 법무부 장관 시절에 일어나고 말았다. 1975년 4월 8일 대법원의 인혁당 재건 사건 결심 공판이 있었던 다음 날 새벽, 사형 판결이 확정된 여덟 명에 대해 재판 만 하루도 지나지 않아 사형이 집행되고 만 것이다. 스위스 제네바에 본부를 둔 국제법학자회가 이 날을 '사법 사상 암흑의 날'로 선포했을 정도로 이 사건은 충격 자체였다. 재판이 한창 진행되던 1975년 2월, 천주교 정의구현전국사제단의 진상 공개 요구에 황산덕이 "이를 문제 삼

으면 반공법으로 의법 처리하겠다"고 한 것이 기록으로 남아 있다.[110]

오랜 시간이 흘러, 박태순과 김동춘이 공저한 책『1960년대의 사회운동』은 박정희 정권에 참여한 지식인들에 대해 매우 인상적인 평을 내렸다. "이들(정권에 참여한 쪽)은 자신도 모르는 사이에 '신판 개화론'의 입장에 서게 되었으며, 이후 10월 유신을 정당화하는 자신을 발견하고 깜짝 놀랐던 것이다."[111] 이들은 정말 놀랐을 것이다. 이론과 현실은 다른 것이었다.

10
김교신과 무교회주의 기독교

1936년 베를린 올림픽 마라톤에서 우승한 손기정이 시상대 위에서 침울한 표정으로 고개 숙이고 찍은 유명한 사진 한 장이 있다. 올림픽 우승 당시, 스물다섯 살이었던 손기정은 양정 고등보통학교에 다니던 학생이었다. 늦은 나이에 양정고보에 입학한 그는 평북 신의주 출신의 고학생이었다. 자신의 가슴에 붙은 일장기를 부끄러워했던, 당대 최고의 조선인 마라토너에게는 이후로도 평생에 잊을 수 없던 스승이 있었다. 김교신이었다.

훗날 손기정은 김교신을 다음과 같이 회고했다. "그냥 바라만 보고 있어도, 아니 선생님이 계시다는 생각만 하고 있어도 무엇이 저절로 배워지는 것 같은 분이셨다."[112] 김교신은 양정에서 그의 교사 생활 중 가장 긴 열두 해를 근무했고 여러 제자를 길러 냈다. 양정 시절 손기정의 비공식 트레이너이기도 했던 김교신이, 1935년 일본 도쿄에서 열린 베를린 올림픽 국가 대표 선발전에서 손기정의 요청에 따라 자동차로 앞서 달렸던 일화는 유명하다. 손기정은 "선생님 얼굴을 보면서 뛰겠다"고 했다 전한다.

김교신은 만 마흔네 살의 짧은 생을 살았고 그나마 평교사 생활과 독자 수백 명의 작은 잡지 하나를 낸 것으로 삶을 마친 인물이다. 하지만 그가 제자들과 독자들에게 끼친 '정신적' 영향은 측량하기 어렵다. 1901년생 김교신은 일제로부터 해방되기 직전인 마흔다섯 살을 일기로 사망했다. 해방 후 대한민국 역사에서는 존재하지 않는 인물이지만, 김교신은 교육자 한 사람이 소수의 제자에게 끼친 영향이 어떻게 세상을 바꾸는지를 실증한 하나의 예다. 다음 장들에서 보겠지만, 그는 해방 후 한국 사회 형성에 중요한 흔적을 남긴다.

김교신의 성품을 추측케 하는 이야기들이 전한다. 대체로 이런 이야기들은 김교신이 가졌던 강하고 비타협적인 이미지를 자주 말한다. 해방 후 함석헌의 평이다.

양정에 교편을 잡고 있던 때에 학생 간에서 별호를 '양(洋)칼'(면도칼)이라 했다는 것은 저간의 사정을 잘 전하는 것이다. (중략) 자신으로도 말년에는 그 너무 날카로운 점을 완화할 필요를 느낀다고 하는 말도 하였다. 그러나 김교신의 김교신 된 소이는 허위, 불의라고 생각하는 데 대하여는 용서를 않는 데 있다.[113]

일본 유학 시절의 김교신을 기억하는 친구 이시하라의 평도 있다.

베를린 마라톤 우승자인 손기정의 말
처럼, 김교신은 "바라만 보고 있어도
무엇이 저절로 배워지는 것 같은" 사
람이었다. 평교사로 마흔네 살 짧은
삶을 살았고 수백 명 구독자가 있던
잡지를 발간했을 뿐이지만, 류달영,
장기려, 이찬갑 등 기라성 같은 제자
들을 육성함으로써 그는 교육자 한
사람이 세상을 어떻게 바꿀 수 있는
지를 보여 줬다.

조용하고 기품이 있었으며, 숨은 정열을 말하는 눈의 광채, 더욱 인
상적이었던 것은 씨의 화법이었다. 말은 많지 않았지만 진리를 단숨
에 표현하는 것이었다. 적당히 얼버무리는 말을 배격하는 씨의 결벽
의 표현이었을 것이다.[114]

김교신에 대해서는 여러 사람의 회고가 남아 있다. 그를 회고하
는 사람들은 한결같이 그에 대해 진심으로 존경을 표현했다. 이찬
갑(국학자 이기백과 이기문의 부친)과 함께 충남 홍성에 풀무학원을
설립한 주옥로는 1965년 5월 김교신 선생 20주기 기념 강연에서
다음과 같이 말했다. "그는 평민적인 진정한 기독자이며 성서 신앙
의 확립자요, 진리에 근원한 애국자요, 우리 역사 최초의 참된 한국

인이었다."[115)

김교신은 소위 '무교회주의 기독교'를 조선에 알린 인물이기도

하다. 오늘날 일반에서 무교회주의에 대해 잘 알지 못하더라도, 함

석헌, 류달영, 장기려 등 이 계보에 놓여 있는 인물들의 면면은 어

느 정도 알려져 있다. 이들 한국 무교회주의자들의 앞머리에 김교

신이 있다.

일본 기독교의 지성, 우치무라 간조

1927년 7월, 일본에서 유학을 마치고 돌아온 조선인 여섯 명이

조그만 잡지 하나를 만들었다.《성서조선》이라는 이름의 기독교 신

앙지였다. 김교신, 함석헌, 양인성, 류석동, 정상훈, 송두용 등 한국

기독 교회사에서《성서조선》그룹으로 명명되는 이들 여섯 명은,

일본에서 학교를 다니던 시절 모두 우치무라 간조(內村鑑三)의 제

자들이었다. 김교신의 동지이자 동경고등사범학교를 같이 다녔던

함석헌이 우치무라로부터 받은 영향은 잘 알려져 있다. 훗날 함석

헌은 "우리가 일본에게 36년간 종살이를 했더라도, 적어도 내게는

우치무라 하나만을 가지고도 바꾸고도 남음이 있다고 생각한다."

라고까지 했다.[116)

김교신에게도 우치무라는 절대적인 존재였다. 후일 김교신이《성

서조선》사건으로 한 해 동안 감옥살이를 하고 나온 직후, 친구 가

타야마에게 보낸 편지에는 다음과 같이 기술되어 있다.

> 지난 1년간 옥중 생활에서 난관에 부딪힐 때마다 꿈에 우치무라 선
> 생이 나타나서 격려해 주시고, 가르쳐 주시고, 위로해 주시고, 때로
> 는 지도해 주셨습니다. 그러니까 이 1년간은 우치무라 선생과 기거
> 를 같이 한 365일이었습니다.[117]

근대 일본 지성사에서 우치무라 간조의 위치는 독특하면서도 매
우 중요한 자리를 차지한다. 무교회주의 창도자 우치무라는, 일찍
감치 천황의 교육 칙어에 대한 불경(不敬) 사건과 러일전쟁 반대로
인해 일본의 국적(國賊)으로 몰려 있었다. 일본이 무력을 바탕으로
하는 팽창주의로 달려갈 때, 우치무라의 무교회주의가 병역을 거
부하고 국가주의에 반대한 것은 이들 신념의 논리적 귀결이었다.
러일전쟁 개전 직전, 우치무라는 다음과 같이 말했다.

> 나는 러일전쟁을 하지 말자는 비개전론자(非開戰論者)일 뿐만 아
> 니라 전쟁 절대 폐지론자다. 전쟁의 이익은 강도의 이익이다.[118]
> '러시아가 만주를 빼앗으면 일본이 위태롭다'고 말하는 사람이 있
> 다. 그러나 20세기인 오늘날, 중국식 충효 도덕을 국민에게 강요하
> 는 것 그 자체가 일본의 존재를 가장 위태롭게 하는 것이다.[119]

그런데 우치무라의 배경에는 기독교 정신주의와 자국에 대한 애

정이 공존했다. 김교신과 함석헌이 자신의 문하에 있던 시절, 우치무라는 이렇게 말했다.

나에게도 애국심이 있다고 생각한다. 나는 청년 시절에 늘 외국 친구들에게 말하기를, 나에게는 사랑하는 두 개의 J가 있다. 그 하나는 예수(Jesus)이고, 다른 하나는 일본(Japan)이라고 했다. 어느 쪽을 더 사랑하는지 나로서도 모르겠다. (중략) 내가 일본을 사랑하는 사랑은 보통 이 나라에서 볼 수 있는 애국의 사랑은 아니다. 나의 애국심은 군국주의로 나타나지는 않는다.[120]

김교신과 함석헌이 《성서조선》을 짚어 내 온 것도 이 지점이었을 것이다. 우치무라의 'Japan'은 식민지 제자들에게 와서 '조선'이 된 것이다. 국가주의와 무관한 '애국'이었다.

《성서조선》 그룹은 우치무라가 별세한 이후에도 일본 무교회주의자들과 교류를 계속한 것으로 보인다. 우치무라의 수제자 야나이하라 다다오가 일본 군국주의에 반대하다 도쿄대학 교수직에서 쫓겨난 후, 1940년과 1942년 조선을 방문하여 서울과 평양 등지에서 무교회주의 집회를 연 것이 기록으로 남아 있다. 1940년 야나이하라의 조선 방문은 우치무라 선생 10주기를 기념하는 자리였는데, 야나이하라의 성서 강의가 서울에서 열렸을 때 사실상 주최자가 김교신이었다. 1942년 야나이하라의 평양 방문 때는 김교신의 지시로 장기려가 모임을 준비했다. 장기려는 그때를 이렇게 기억했다. "1942년 봄 야나이하라 선생께서 평양에 오셔서 무교회 신자들에게 강연을 한 일이 있다. 그때 나는 그 모임을 가질 수 있도록 하라는 명을 받았다."[121] 장기려가 평양에서 의사로 활동하고 있을 시기였다.

《성서조선》과 무교회주의 신앙

과거 오랫동안 중고등학교 국어 교과서에 수록되었던 김교신의 짧은 글 한 편이 있다. 김교신이 개성 송도고보에서 교편을 잡던 시기, 송악산 골짜기 기도터에서 새벽 기도를 할 때의 일화를 기록한 《성서조선》 1942년 3월호 권두언 「조와(弔蛙)」이다. 혹독한 추위로 개구리들이 얼어 죽은 일을 묘사한 글로, 마지막 부분은 이렇게 되어 있다.

> 혹한에 작은 담수의 밑바닥까지 얼어서 이 참사가 생긴 모양이다. 동사한 개구리 시체를 모아 매장하여 주고 보니, 담저(潭底, 연못 밑바닥)에 아직 두어 마리 기어 다닌다. 아, 전멸은 면했나 보다![122]

이 글로 인해 1942년 '《성서조선》 사건'이 발생했다. 김교신, 함석헌, 류달영(후일 서울대 농대 교수), 이찬갑(후일 풀무학교), 장기려(후일 부산 복음 병원) 등 필자들은 물론 정기 구독자 전원이 검거되었고, 김교신과 함석헌 등 열세 명은 서울 서대문 형무소에서 꼬박 한 해 동안 옥고를 치렀다. 물론《성서조선》도 폐간되었다.

어느 일본인 형사로부터 "독립운동 하는 놈들보다 더한 최악질들"이라는 소리를 들었다는《성서조선》그룹은 한국 기독교 정신주의의 가장 비타협적 지점에 서 있다. 이들은 기독교 신앙에 바탕을 두고 자신의 삶 전체를 민족을 위해 헌신하고자 했다. 우치무라의 무교회주의를 철저히 신봉했던 까닭에 제도권 기독교계와 끊임없이 갈등했고, 정기 독자 300명에 불과한 규모였지만, 이들은 소위 '정예'라 할 만했다.《성서조선》의 정기 독자는 신청한다고 해서 모두 될 수 있는 게 아니었다. 김교신에게 편지로 구독 사유를 써 보내 허락을 받아야 했다.

《성서조선》은 기독교 정통 신앙에 가까웠는데도, 끊임없이 이단 논쟁에 휘말렸다. 이들은 신앙 공동체 자체가 교회이며, 예배당도 필요 없고 성직도 불필요하다고 했다. 성서를 통해 신자가 직접 신과 교통한다는 루터의 '만인 제사장'론을 비타협적으로 신봉했다. 김교신의 다음과 같은 언급에서 이들의 입장을 알 수 있다.

무교회주의자로 자임하는 이는 동정을 구하거나 혹은 자기 과장을 위하여 무교회론을 열렬히 변론하고자 하는 이들이 있으나, 우리도 예수 믿는 사람이지 결코 무교회를 신봉하는 자가 아니다. 교회 조직의 필요를 논하는 이가 있을 때에 그 헛된 생각을 우리가 지적할 뿐이요, 교회에만 구원이 있다고 고집하는 이를 만날 때에 교회 밖

에도 구원이 있다고 프로테스트할 뿐이다.[123]

　김교신은 말한다. "우리는 누구보다도 '무교회'라는 문자를 즐겨
하지 않는다." "무교회주의자는 건드리지만 않으면 아주 무난한 존
재자이다." "그러므로 제발 우리를 건드리지 말라."[124] 그렇지만 제
도권 교회에서는 이들을 극도로 기피했다. 《성서조선》의 겉장만
보고도 폭탄처럼 두려워하는 교직자들이 적지 않았으며",[125] 교인
들에게 《성서조선》을 소개한 목사가 이단으로 몰리고, 《성서조선》
독자라는 이유만으로 교회에서 쫓겨났다.

《성서조선》 그룹은 "독립운동 하는 놈들보다 더한 최악질들"이라는 말을 일본인 형
사한테 들었다. 그들은 한국 기독교 정신주의의 가장 비타협적인 지점에 섰으며, 신
앙을 바탕에 두고 자신의 삶 전체를 민족을 위해 헌신하고자 했다. 그들을 이끌었던
김교신은 우익 민족주의 계열에 속했지만 사고가 굳어 있지 않아 좌익을 적대시하지
않았으며 나중에는 노동자들의 아버지로 불리기까지 했다.

제도권 교계에서 무교회주의자들을 기피하는 데에 전혀 근거가 없는 것은 아니었다. 기본적으로 무교회주의자들은 내세에 관심이 없었다. 김교신은 '사후 구원' 문제는 신학교 선생님들에게나 물어보라며, 자신은 오로지 "오늘을 어떻게 싸울까? 이 순간 내가 주 그리스도를 믿고 있는가? 이것이 현재의 나를 삼켜 버린다. 요컨대 오늘의 전투, 지금 발사하는 탄환을 적중시키려는 조준에 나의 심신을 집결시키고자 한다."라고 했다.[126]

지극히 비타협적이고 정신주의적이면서도, 기본적으로 '내세'가 아니라 '현실'에 초점을 둔다는 것. 이 현실은 조선 민족이 처한 현실이었다.《성서조선》이라는 제목의 뜻도 이에 연유한다. "널리 깊게 조선을 연구하여 영원한 새로운 조선을 성서 위에 세우라. 그러므로 조선을 성서 위에."[127] 다음, 1927년 7월《성서조선》창간사에는 조선의 현실을 바꾸고 싶어 했던 이 그룹의 염원이 잘 나타나 있다.

《성서조선》아, 너는 소위 기독 신자보다도 조선혼을 소지한 조선 사람에게 가라. 시골로 가라. 산촌으로 가라. 거기에 나무꾼 한 사람을 위로함으로 너의 사명을 삼으라.[128]

노동자들의 아버지가 되다

양정고보 시절 김교신의 담임반 제자였던 김헌직에 따르면, 김교신은 친일 분자에 대해 극도의 증오를 자주 내비쳤다고 한다. 김헌직은 다음처럼 스승을 기억했다.

민족 반역자, 변절자, 친일 주구 매판 자본가에 대해서는 심한 공격과 저주를 퍼부었다. 한때 기미독립선언문을 기초하였던 C씨(최남선)의 변절을 개탄하면서 (중략) 당시 친일 재벌인 P씨(박흥식), 그 백화점(화신백화점)이 화염에 싸여 활활 타는 것을 목격하고 하나님의 심판같이 느꼈다고 토로한 일도 있었다. 한편, 애국 열사를 많이 얘기했다. 제일 많이 얘기하신 것이 남강 이승훈 선생이었다.[129]

일제하 이데올로기 지형으로 굳이 분류하자면, 김교신은 우익 민족주의 계열에 속한다고 할 수 있지만, 사유가 굳어 있지는 않았다. 그는 좌익을 적대시하지 않았다. 같은 고향 함흥 태생의 오랜 친구 한림(韓林, ML당 사건 주동자)과의 교우 관계가 이를 증명한다. 한림은 상경할 때마다 김교신의 집을 방문했고, 밤새 논쟁하면서도 항상 서로를 격려하고 지지했다.

한림이 조선공산당 일본 총국 책임 비서로 활동하다가 일경에 검거되어 오랜 기간 복역한 뒤 출옥할 때 김교신은 마중을 나갔다. 1933년 9월, 이날 일기에 김교신은 다음처럼 썼다. "한림 군이 백

두산의 거목이라면 오늘의 기독 신자 대다수는 고층 건물의 옥상 분재에 불과하다." 김교신은 다른 일기에서 또 이렇게 쓰기도 했다. "모든 기독 신자가 무시하고 조롱할지라도 대표적 유물론자 한 사람의 지지가 있으면 족하다."[130]

김교신과 한림이 어떤 생각을 공유했는지는 알기 어렵다. 제자들이 기억하는 스승의 수업 한 토막에서 추측할 도리밖에 없다.

피압박자는 공동 운명에 처하여 있으니 살 길은 일치단결, 대항 투쟁하는 수밖에 없다고. 자유와 권리, 독립은 누구한테 부여받는 것이 아니요, 쟁취하는 것으로 이는 인류 역사가 증명한 것이라고 분명히 말씀하셨다.[131]

김교신은 직접 몸을 움직여 노동하는 것을 중요하게 생각했다. 실제로 김교신 자체가 엄청난 체력의 소유자이기도 했다. 양정고보 교사 시절에는, 마포에 있던 학교와 정릉 집 사이를 매일 자전거로 출퇴근했다고 한다. 정릉 시냇가의 돌을 주워 직접 자신의 서재 건물을 지었고, 교사 생활과《성서조선》편집과 별도로 밭을 경작하고 과수를 했다. "하나님을 사랑하고 민족을 사랑하고 흙을 사랑했다. 그것이 교신의 신조였다."[132]

1942년《성서조선》사건으로 한 해를 복역한 김교신은, 출옥 후 더는 교사 생활과《성서조선》발간이 불가능해지자 고향 근처인 함경도 흥남으로 가서 공장 근로자로 취업했다. 흥남 질소비료 공장

(일본 해군 군수공장) 노동자들의 후생 관계 업무였다. 당시 이 공장에는 약 5000명의 조선인이 징용되어 열악한 환경에서 비인간적 대우를 받으며 일하고 있었다.

김교신은 근로과 직원이 되어 후생, 노무, 의료, 주택 등 조선인 노동자들의 노동 환경과 생활환경 개선에 진력했다. 《성서조선》그룹의 핵심이던 노평구를 불러 교육계 업무를 맡기고, 수원고등농림학교 출신의 제자 류달영을 불러 농장을 관리케 하여 채소를 노무자들에게 공급했다. 일제에 징용된 조선 청년들을 사방에서 불러 모아 유치원, 학교, 병원 등을 세우는 한편, 난방 등 주거 환경 개선에도 손을 댔다. 이 시기 김교신을 지켜보던 의사 박춘서는 1945년 3월 30일 일기에 다음과 같이 썼다. "조선인들은 김 계장을 호주(戶主)로, 가장으로 믿고 살아간다." [133]

강철 같던 김교신조차 과로를 이기진 못했던 듯하다. 4월 18일, 하필 자신의 생일에 와병한 김교신은 일주일 만에 숨을 거두었다. 해방 불과 서너 달 전이었다. 자신이 꿈꾸던 조선을 김교신은 끝내 보지 못했다. 그렇지만 십대 후반 나이에 그의 학생이 되어 김교신이 사망할 때까지 따랐던 제자 한 사람이, 한참의 시간이 흐른 후 스승이 꿈꾸던 것을 현실로 만들기 위해 매우 큰 스케일의 시도를 하게 된다. 류달영이었다.

11

류달영의 재건국민운동본부와 덴마크 모델

류달영은 김교신의 마지막을 지켜보지 못했다. 함경남도 흥남 질소비료 공장에서 김교신과 한 방을 쓰면서 생활하던 터였지만, 1945년 4월 잠시 개성으로 나왔다가 맹장이 터져 급작스러운 수술을 받느라 스승의 와병도 몰랐다. 4월 25일, 김교신 선생이 별세했다는 전보를 받았을 때를 류달영은 이렇게 기억했다. "천지가 캄캄하였다."[134]

류달영이 보여 주었던 김교신에 대한 전적인 존경과 신뢰는 유명하다. 후일 그는 "오늘의 나의 인생관과 세계관은 모두 김교신 스승과의 만남으로 자리 잡은 것"이라고 했다.[135] 류달영이 김교신을 만난 것은 열여덟 살 되던 1928년, 서울 양정고등보통학교에 입학하면서였다. 이 해는 김교신도 양정에서 교편을 잡은 첫해였고, 이후 류달영이 졸업할 때까지 다섯 해 동안 담임을 김교신이 맡았다. 당시 양정은 한 번 신입 1학년생을 담임하면 졸업까지 다섯 해를 맡는 구조였다.

류달영은 양정고 졸업 후 수원고등농림학교에 재학하던 시절에
도 김교신의 주일 성서 모임에 출석했고, 수원고농을 졸업하고 개
성 호수돈여고 교사로 있을 때도 근처 송도고보로 옮겨온 김교신
과 일상을 같이했다. 두 사람이 함께 개성에 있던 1942년,《성서조
선》사건이 터졌다. 류달영에게 김교신이라는 존재가 지닌 절대성
을 생각해 보면, 류달영이 김교신, 함석헌 등과 같이 가장 오랜 기
간 감옥에 있었던 사정이 이해될 수 있다.

최용신 전기 집필과 우치무라 간조의 '덴마크 이야기'

훗날 '농민의 대부'로 추앙받게 되는 류달영이 처음 농촌 운동의
꿈을 품은 것은 양정 학생 시절이었다. 1931년 여름, 양정고보 4학
년이던 류달영은《동아일보》의 '브나로드 운동'에 참여하면서 "일
평생 농민을 위해 일하겠다는 결심"을 세웠다고 한다.[136] 졸업 후
세브란스 의학 전문으로 보내려는 주변의 움직임을 물리치고, 조
선 유일의 농학 고등 교육기관인 수원고등농림학교(3년제, 서울대
농대 전신)에 입학한 것도 이런 이유에서였다.

기본적으로 식민지 조선의 무교회주의자들은 일제 시기 여타 우
파 민족운동 진영과 마찬가지로 청년 교육과 농촌 계몽에 큰 관심
을 가졌다. 류달영이 수원고농을 졸업하고 간 곳은 개성 호수돈여

고보(4년제, 미국 감리교 계통 학교) 박물(식물 동물 광물) 교사 자리였다. 고농 졸업 즈음 김교신의 권유가 있었다.《성서조선》창간 동인의 한 사람인 양인성이 호수돈여고를 떠나면서 후임 추천을 함석헌에게 부탁했는데, 그 자리를 김교신이 류달영에게 권한 것이었다.

류달영이 호수돈여고보 교사이던 1939년, 최용신 전기를 쓴 것도 무교회주의자들에게 있던 농촌 운동에 대한 관심의 발로였다. 류달영의『최용신 소전(小傳)』은, 심훈의 유명한 소설『상록수』주인공 '채영신'의 실존 모델인 여성 농촌 운동가 최용신(1909~1935)의 희생적 삶에 대한 논픽션 기록물이다. 당시에 이미 출간되었던

양정고보에서 스승 김교신(앞줄 가운데)의 영향을 받아 류달영(앞줄 왼쪽)은 농촌 운동에 평생을 투신하기로 결심한다. 그는 '덴마크 모델'을 수용하여 대한민국을 교육과 협동조합에 기반을 둔 '동양의 덴마크'로 만들고자 했다.

심훈의 『상록수』로는 실제 최용신의 삶에 대해 왜곡이 심하다고 판단한 《성서조선》그룹이, 최용신의 생애를 정확히 기록해 두어 장차 농촌 운동의 모본으로 남기고자 책을 낸 것이었다. 류달영이 집필자로 결정된 이유는, 최용신이 활동하던 시흥군 샘골(지금의 경기도 안산)과 가까운 수원고등농림 출신인 데다 수원고농의 조선인 학생회 일로 생전의 최용신과 몇 차례 만난 바 있었던 이유였다. 더하여, 개성 호수돈여고보에 재직하면서 조선 여성 교육의 제일선에 있다는 것도 이유가 되었다.[137] 제자들에게 보내는 편지 형식의, "나의 사랑하는 딸들에게"라는 표현으로 책 본문이 시작하는 것은 이런 배경에서였다.

류달영의 집필에는 김교신의 독려가 따랐다. 1939년 여름방학 직전, 류달영은 김교신으로부터 편지를 받았다. "방학 안으로 원고를 써서 보내라는 명령이었다." "혹독한 더위에 밤낮을 이어 글을 썼다."[138] 류달영은 여름방학을 이용해 집필을 마쳤고, 김교신이 교정을 보고 책의 서문을 썼다. 출판 비용은 김교신, 류영모, 함석헌 등이 거출해 마련했는데 출간 한 해 만에 4쇄가 나갔다.

이미 양정 시절 농촌 운동에 평생을 투신하기로 결심한 류달영이 구체적인 농촌 개발 모델을 그린 것은 수원고농에 입학해서였다고 한다. 우치무라 간조가 농업 국가 덴마크의 부흥담을 일본에 처음 소개한 소책자 『덴마크 이야기』를 김교신이 여러 권 소지했는데, 한 권을 류달영에게 준 것이 결정적 계기가 되었다.

우치무라의 『덴마크 이야기』는 한국의 무교회주의자들에게 사회 개조 모델 이전에 기본적으로 큰 정서적 '격려'가 되었던 것으로 보인다. 『덴마크 이야기』의 다음 구절을 보자.

나라가 작은 데다 국민도 적고, 그리고 남은 토지는 황무지가 많았습니다. 국민의 정력은 이런 때에야 시험되는 것입니다. 싸움에는 졌고, 나라는 깎였고, 국민의 의기는 소침하여 무슨 일이고 손에 잡히지 않을 때, 이런 때에 국민의 참된 가치가 판명되는 것입니다. (중략) 전쟁엔 졌어도 정신적으로는 지지 않은 국민이 참으로 위대한 국민입니다. 나라에 어두움이 깔릴 때 정신적인 빛이 필요하게 되는 것입니다.[139]

덴마크는 1864년 프로이센(독일)과의 전쟁에서 국토의 3분의 1에 해당하는 곡창 지대(현 독일 북부)를 빼앗긴 역사가 있었다. '나라 없는' 조선의 무교회주의자들에게 덴마크의 아픈 역사는 특별히 강한 인상을 주었던 듯하다. 덴마크가 "밖에서 잃은 것(땅)을 안에서 찾자"를 모토로 새롭게 설계되고 정비된 것처럼, 조선도 덴마크 모델을 살피면 길을 찾을 것으로 보였다. 덴마크의 성공담은 이십대 청년 류달영에게 깊이 각인되었다. 훗날 류달영은 다음과 같이 말했다.

1933년 수원고등농림 재학 시절 일본의 우치무라 간조의 『덴마크 이야기』라는 수첩 크기의 작은 책을 읽고 나라 없이 살던 그 시절에 나는 국가관을 확립했다. 내가 일생 동안 할 일은 민족의 광복을 위하여 이바지하는 일이며 조선을 동양의 덴마크로 만드는 일이었다.[140]

'동양의 덴마크'를 꿈꾸다

해방 후 수원 모교인 서울대 농대 교수가 된 류달영은, 전쟁의 와중에 있던 1952년 피란지 대구에서 몇 년래 구상하던 책 한 권을 출간했다. 『새 역사를 위하여―덴마크의 교육과 협동조합』이었다. 이 책은 몇 년 만에 26쇄를 찍을 정도로 대중에 큰 반향을 일으켰다.

그리고 이 책은 1961년 쿠데타 직후 군사 정부에서 만든 '재건국민운동본부'의 본부장을 류달영이 맡는 계기로 작용했다. 국가재건최고회의 의장 박정희가 여러 차례 직접 류달영을 만나 본부장직책을 맡아 줄 것을 요청했다. 박정희 의장은 "덴마크 연구에 조예가 깊은 류 선생을 재건국민운동의 본부장으로 위촉하고 싶다"고 했다 한다. 류달영은 재건국민운동 일에 박 의장이 간섭하지 않을 것을 조건으로 본부장직을 수락했다.[141]

5·16 군사 정부 시기의 재건국민운동은 사실상 류달영이 이끌었다고 할 수 있다. 1961년 6월 출범 당시 초대 본부장은 유진오였지만, 별다른 활동을 하지 못하고 두 달 만에 사임했다. 류달영은

그해 9월부터 일을 맡아 새롭게 중앙위원회를 구성하고 계획을 짜서 실행했다. 1년 8개월을 재직하고 1963년 5월 사임하면서 후임 본부장으로 이관구를 추천했고, 3대 본부장 이관구도 류달영의 운동 방향을 이어나갔다.

운동의 추진에는, 사람들을 끄는 류달영 특유의 친화력도 한 몫한 듯하다. '면도칼'이라는 별명의 스승 김교신과 달리, 류달영은 주변에 사람들을 모으는 힘이 있었다. 류달영에 대해 친구 이항녕이 말한 인물평을 보면 그의 성품을 짐작할 수 있다.

> 그는 악의 없는, 기분 좋은 농담을 즐기는데 그의 익살스러운 농담은 단번에 깊은 친밀감을 느끼게 한다. 어느 모임이든지 성천이 끼어 있는 곳은 금방 꽃 피는 봄날처럼 화기가 넘치게 된다.[142]

류달영은 친화력에 추진력까지 겸비한 사람이었다. 재건국민운동본부장으로 취임한 류달영은 곧 덴마크 모델에 따라 국민운동 계획을 수립하고 실행에 착수했다. 이 시절을 류달영은 다음과 같이 회고했다.

> 나는 한결같은 이상인 동양의 덴마크를 이 국토에 건설해 보겠다는 정열로 불타고 있었다. 나의 숙소에는 1956년에 덴마크에서 사 가지고 온 대형의 그룬트비(덴마크 지도자) 사진을 걸어 놓고 출근 전에 한 번씩 기도하는 마음으로 바라보고 집을 나섰다.[143]

류달영의 재건국민운동은 구체적으로 어떻게 전개되었을까. 류달영은 사업 파트를 크게 국민 교육, 향토 개발, 생활 혁신, 사회 협동 넷으로 나누었다. '국민 교육'은 덴마크 모델에 따라서 '농민 교육'에 주안점을 둔 것으로, 중앙과 도지부, 시군 지부의 3개 각급에 교육원을 두고 농촌 지도자를 양성하고자 했다. '향토 개발'은 농로 수로 개설과 농지 개간 사업으로, '생활 혁신'은 주택과 식생활 등 생활환경 개선 지도로, '사회 협동'은 도농 자매결연과 결식아동 급식, 학생 봉사 활동 조직으로 전개했다.

운동은 추진력 있게 이루어졌으며, 취임 한 해 만에 상당한 성과를 거뒀던 것으로 보인다. 새마을운동 연수원 전신이라 할 수 있는 중앙 교육원과 시도 지부 교육원에서 각각 7000여 명과 6만 4000여 명의 농촌 운동 지도자를 교육했고 마을 청년 회관 약 7000동, 농로 5만 4000여 킬로미터, 수로 3300여 킬로미터를 개설했다. 부엌, 변소 등 생활환경 개선과 농촌 결식아동 급식을 하고 41만여 명의 농어촌 학생 봉사대를 조직했다.

정부 문서상의 기록으로 실제와 어느 정도 부합하는지는 알기 어렵지만, 여러 사정을 감안했을 때 의미 있는 결과였다. 그 외 업적들도 있었다. 가정의례 준칙을 수립하고 의례를 간소화한 것도 재건국민운동본부 시절 류달영의 업적이었다. 오늘날 결혼 예식이 삼십 분 정도로 진행되는 것은 이때 비롯되었다. 이 사업들은 모두 새마을운동에 앞선 것으로, 학계의 정밀한 연구가 필요하나 재건국민운동이 후일 새마을운동의 주요 모델 중 하나가 되었던 것은 분명하다.

재건국민운동본부 해체, 그 이후

류달영의 구상은 끝내 좌초했다. 류달영은 운동 본부장으로서 자기 계획에 따라 국민 운동을 전개해 나가고자 했지만 내부에서조차 국가주의자들과 갈등이 있었다. 류달영의 정책을 이어가던 3대 이관구 본부장도 5·16 쿠데타 주체 세력인 육사 8기생 시도 지부장들과 알력을 견디지 못했다. 결국, 군정 세력이 선거를 통해 '민간' 정권으로 옷을 갈아입은 직후인 1964년 2월, 재건국민운동법이 폐기되고 운동본부도 해체되었다. 결과적으로 정권에 이용당한 모습이 되었을 때, 류달영은 격분했다. 오랜 무교회주의 동지이자 '스승의 벗'인 함석헌이 정권에 대한 비판을 쏟아 낼 즈음, 류달영은《동아일보》1965년 5월 15일자에 다음과 같은 글을 기고했다.

5·16 군사혁명은 실패한 혁명으로 이 나라의 하나의 비극으로 종말지어졌다는 사실을 기억해야 한다. 국민의 자유와 민주주의를 짓밟는 군정이란 존재할 수 없는 것이었다. 그러나 존재할 수 없었던 것이 존재하였고, 또 그것이 완전히 실패로 돌아가고 만 것이다. (중략) 군정이 가장 좋은 성과를 거두는 일이 있더라도 이것이 결코 우리 역사의 자랑이 될 수는 없다. 우리에게는 단 한 가지 혁명만이 용

납될 수 있다. 그것은 민중 자신의 자아 혁신을 바탕으로 하는 이른 바 고요한 국민의 혁명이라고 할 것이다.[144]

근본적으로 우치무라 간조 이후 무교회주의자들의 사상은 국가주의와 상극에 놓인 것이었다. 류달영은 국가적 단위에서 '민간 운동'을 전개해 보려 했지만, 재건국민운동은 관제 운동의 성격을 완전히 탈피하기 어려웠고 의도했던 목표도 완성하지 못했다. 재건국민운동본부가 해체되고 나서 류달영은 사단법인 재건국민운동중앙회를 결성하여 민간 운동을 계속해 나가고자 했다. 민간단체 재건국민운동중앙회의 초대 회장으로 류달영은 '마을금고'라는 이름의 신용 조합을 만드는 등(후일 '새마을금고'로 개칭) 최선을 다해 운동을 이어가고자 했다.

류달영의 국가 단위 구상을 냉정히 평가할 지점은 남아 있다. 어떤 면에서, 류달영의 계획은 애초부터 무리한 일이었다. 특히 덴마크 모델에서 '민간 교육'이 지닌 중요성을 간과한 것은 치명적이었다. 류달영이 시도했던 덴마크 그룬트비 모델의 바탕은 원래 '평민 교육'으로, 그 바탕에 부르주아 엘리트 교육에 맞서는 '폴케호이스콜레(folkehojskole, '시민 대학' 또는 '평민 대학'으로 번역)'가 있었다. 성인 교육기관인 시민 대학은, 농촌 청소년과 농민이 도시 부르주아 문화에 맞서 '자유롭고 참여적인 시민'으로 설 수 있게 하려는 목적에서 설립된 것이었다.[145] 그룬트비는 당시 덴마크의 의무교육 제도가 '국민'을 국가의 도구로, 국가 권력이 바라는 바대로 조련

5·16 군사 쿠데타 이후, 류달영은 재건 국민운동을 이끌었다. 덴마크 모델에 기반을 두고 주로 농촌 운동을 전개해 간 그의 노력은 일정한 성과를 보였지만, 곧바로 군인 출신 국가주의자들과 충돌한다. 평민 교육과 협동조합을 통한 농민의 자율성을 강조했던 그의 뜻과 달리, 재건 국민운동은 새마을운동으로 변질된 채 이어졌다. 그러나 그가 남긴 농심(農心)이나 평생교육 같은 말은 현실적, 정신적으로 오늘날 대한민국을 이룩하는 데 크게 기여했다.

시키는 훈련 기관이라고 보고, '시민 대학'을 통해 지적 엘리트 그룹이 사회의 지배 권력을 행사하는 것에 맞서 평민과 농민의 고유한 내적 가치에 기초해 사회가 운용되는 모델을 구상했던 것이다.[146]

류달영이 중요시했던 협동조합 운동도 마찬가지였다. 1882년 낙농 협동조합으로 출발한 덴마크 협동조합은 시작할 때부터 철저히 민간 주도였으며 정부가 관여하지 않는 조직이었다. 덴마크에는 오늘날에도 협동조합'법'이 없다.[147] 협동조합은 국가 기관이 이끌어 가는 운동이 아니었던 것이다.

요컨대 덴마크 모델은 원래부터 국가 정책 차원에서 엘리트층 시각으로 민중을 계도하는 교육 방식, 운동 방식과 거리가 멀었다. 심지어 이 모델에는 반국가주의적 성격도 내포되어 있었다. 류달영이 이런 사실을 몰랐다고 볼 수 없다. 그룬트비를 잘 알던 류달영은, 재건국민운동이 관제 운동으로 전개되는 것을 끊임없이 경계했다. 그러나 이미 '재건국민운동'은 관제를 탈피할 수 없는, 심지어 새로 정권을 획득한 군부의 정치적 판단에 의해 전개될 수밖에 없는 한계 내에 위치해 있었다.

허은은 재건국민운동의 주체를 국가 주도 지향과 민간 주도 지향을 가졌던 상이한 두 집단의 결합이라고 보았다. 재건국민운동 본부 중앙위원회는 국가, 민족에 대한 이해에 차이를 드러내던 서로 다른 지식인들이 일시적으로 군사 쿠데타 세력과 결합했던 공간이라는 것이다.[148] 이 싸움에서 류달영은 패배했고, 어쩌면 그것은 예견되어 있었다. 류달영이 본부장에서 물러난 직후, 재건국민운동 기관지 《재건통신》 6호(1963. 6.)에는 "덴마크 역사 현실이 우리의 고난을 해결해 주지 못한다"는 조롱조의 글이 실리기도 했다.

민간의 자발적 자기 개조 운동의 중요성을 강조했던 류달영은, 훗날 사람들이 자신이 이끌던 군정기 재건국민운동을 1970년대 새마을운동과 연관 짓는 것을 싫어했다. 류달영은 이렇게 말했다.

재건국민운동을 새마을운동의 전신으로 착각하는 이들이 많은데, 그 둘은 운동의 정신과 방법이 근본적으로 다르다. 새마을운동은 대통령이 선두에 서서 정부 각료와 각 시도 공무원들이 총동원해서 국민을 끌고 간 백 퍼센트 관 운동이었다.[149]

이런 생각은, 국가 동원 체제를 혐오하는 무교회주의 계보에 류달영이 서 있음을 말해 준다. 그렇지만 류달영은 1970년대 새마을운동의 전개에 실질적인 힘을 보탰다. 새마을운동 중앙 연수원 원장이 된 김준 등, 자신이 재건국민운동본부장을 맡았던 시기에 운동에 참여시켰던 서울대 농대 제자들 중 많은 수가 이후 새마을운동의 주요 간부가 되었던 이유도 있었다. 류달영은 이런 방식으로라도 농민이 잘살게 된다면 그 자체로 의미 있다고 생각했던 듯하다. 그는 농민을 사랑했고 '농심(農心)'이란 말을 창안해 사용하기도 했다. 류달영은 정치 진영과 무관한 자리에서 오로지 한국 농촌과 농민만 생각했다. 1982년 국정 자문 위원회에 참석했을 때, 농촌 경제를 파탄 낸 "원흉들의 집단이 바로 경제기획원"이라며 정부를 맹비난하기도 했다.

류달영이 국가 정책에 참여함으로써 이룬 성과는 크다. 대한민국 사회에 류달영이 기여한 것은 농촌 사업에 국한되지 않는다. 오늘날 '평생교육' 개념은, 1980년 헌법 개정 심의위원으로 참여한 류달영이 '평생교육' 조항을 헌법으로 제정케 함으로써 대중화된 것이다. 이때도 류달영은 덴마크 교육 모델을 참조했다. 그렇지만 그렇게 이루어진 결과들은 적어도 스승 김교신과 무교회주의자들이 구상하던 사회의 모습은 아니었다.

12
오산학교의 무교회주의자와 지역공동체

　일제 시기 한국 민족 지성사에서 평안도 정주의 오산학교가 가지는 명성은 너무나 커서 재론이 새삼스러울 정도이다. 설립자 남강 이승훈과 조만식, 이광수 등 이름만으로 빛나는 선생들, 졸업 동문인 시인 김소월과 백석, 화가 이중섭 등 오산을 거쳐 간 수없이 많은 '위인'은 일일이 거명조차 힘들다.

　오산학교는 후일 3·1 독립선언서에 서명한 민족 대표 33인 가운데 한 사람으로 이름을 올린 남강 이승훈이 마흔네 살 되던 1907년 설립한 학교이다. 설립 계기가 되었다는 남강과 도산의 만남 '사건'은 매우 유명하다. 서북의 이름난 상인이던 이승훈은, 1907년 여름 평양에서 도산 안창호의 연설을 듣고 "크게 감동을 받았다." 연설이 끝나자 연단 앞으로 나가 도산을 만난 "남강은 돌아가서 곧 머리를 깎고 술과 담배를 끊기로 결심"했다. 즉시 신민회 조직에 참여하고 이 해 12월에 오산학교를 설립했다. 그 자신이 오산학교 출신이자 오산의 교사이기도 했던 함석헌은 훗날 남강의 생을 정리하는 글에서 이 사건에 대해 다음과 같이 평했다. "이때의 남강의 일은 거의 종교적 회심이라 해야 옳을 것이다. 사람들이 한때 남강을 미쳤다 했던 것은 무리가 아니었다. 그러나 사실은 새로 태어난 것이었다."[150]

별명이 '호랑이'였던 남강은 옳다고 생각하는 일은 그 자리에서 추진하는 성격이었다. 오산학교의 설립과 운영에는 남강의 이런 성격이 그대로 반영되었다. 오산학교는 좋은 선생을 전국에서 초빙했다. 특히 동향 출신이라면 더욱 초빙에 열을 올렸다. 정주 출신 춘원 이광수가 대표적인 경우였다. 이광수는 1910년 3월 열아홉 살에 메이지학원중학을 졸업하고 오산학교에 부임해서 세 해 반 정도를 재직했다. 이즈음 이미 이광수는 어린 나이에도 최남선, 홍명희와 함께 '동경 삼재'로 불릴 정도의 명사가 되어 있었다. 3·1 운동 이후에는 염상섭이 교사로 초빙되기도 했다. 김억, 김소월을 비롯해 한국 근대문학을 확립한 이들 거의가 오산과 인연을 맺었다.

함석헌, 오산학교에 무교회주의 신앙의 씨를 뿌리다

일제 시기 오산학교 졸업생들은 대부분 해방 후 월남하여 주로 교육계, 기독교계, 의료계에서 주요 인물이 되었다. 이기백(30회 졸업)과 이기문(37회 졸업) 형제는 국학계의 대표적인 인물이다. 각각

사학계와 국어학계의 거두가 된 이들 형제는 남강 집안 종손인 이찬갑의 자제였다.

한국 무교회주의와 남강 집안의 관계에 대해서는 일반뿐 아니라 학계에도 그리 알려져 있지 않다. 오산학교에 무교회주의 신앙을 전파한 것은 함석헌인데, 함석헌의 오산 성서 모임에 이찬갑이 출석했던 것이다. 1942년 '《성서조선》사건'이 터졌을 때 이찬갑 역시 옥고를 치렀다. 이찬갑은《성서조선》에 스물일곱 편이나 되는 글을 기고할 정도로 핵심 인물 중 한 사람이었다. 남강 집안의 사람들이 무교회주의 신앙을 접한 것도 이찬갑으로 인해서였다.

일본 도쿄고등사범학교를 마치고 돌아온 함석헌이 오산학교에 부임한 때는 남강이 별세하기 이태쯤 전인 1928년이었다. 오산 재임 초기부터 함석헌의 무교회주의 성서 모임은 시작되었는데, 말년의 남강이 이찬갑의 권유에 따라 모임에 여러 차례 참석한 것으로 기록되어 있다. 원래 남강은 1910년 오산에 부임한 류영모의 영향으로 기독교인이 된 바 있으나, 중간에 신앙에 소홀한 면이 있었다고 전한다. 그런 남강이 함석헌의 부임 이후 마음을 다잡고 무교회주의 기독교 신앙에 관심을 품은 것이었다.

전국의《성서조선》독자들을 주기적으로 심방했던 김교신은 함석헌의 오산 성서 모임도 방문한 것으로 보인다. 1929년 김교신이 남강과 교유했다는 기록이 남아 있다. 오산고보 시절 함석헌의 제자였던 박승협의 증언에 따르면, "(동경고등사범을 마치고) 함 선생께서 오산에 오시자 기독 학생들의 모임이 활발해지기 시작"했으

오산학교는 도산 안창호의 연설에 감화를 받은 남강 이승훈이 설립했다. 이 학교는 일제 시기 민족 지성사의 성소였다. 류영모, 함석헌 등의 영향으로 무교회주의가 이 학교 주변에 뿌리를 내렸다. 이승훈의 집안 후손 이기백과 이기문은 무교회주의의 영향을 받고 "그 나라의 말과 역사가 아니고서는 그 민족을 깨우칠 수 없다"는 덴마크 그룬트비의 말을 실천에 옮겨서 국학계의 태두가 되었다.

며 "김교신 선생이 또한 직접 오산에 오셔서 강화(講話)를 하신 것도 이때(1929년경)의 일"이었다고 한다.[151] 본래 함경도 출신으로 평안도 쪽 인사들과 면식이 거의 없었던 김교신이 남강과 교유한 것에는 함석헌이 매개가 되었음이 확실하다. 함석헌의 스승 류영모와 김교신이 만나기 시작한 것도 이즈음이었다.

오산의 학병세대, 역사학자 이기백

오산의 남강 집안에서도 학병으로 끌려가는 청년이 나왔다. 이기백이었다. 그는 와세다대 사학과 재학 중 일본군에 끌려갔으나 일반적인 '학병'과는 조금 다른 경우였다. 이기백은 '징병 1기'였다. 일제는 패망 직전 형식상 '지원제'였던 학병제를 포기하고, 재학 여부와 무관하게 만 스무 살이 된 청년들을 의무제로 '징병'했다. 1924년생 이기백은 그 첫 적용 대상이었다. 1945년 6월 20일 군대에 끌려가서 만주 지역으로 배속되었다가 해방 후 다섯 달 동안 소련군 수용소에서 포로 생활을 하고 1946년 1월 20일에야 귀향했다.

역사학자 이기백이 젊은 시절 함석헌과 무교회주의자들로부터 받은 영향은 그리 알려져 있지 않다. 1930년대 후반, 오산에 재학 중이던 십대의 이기백도 부친 이찬갑을 따라 함석헌의 성서 모임에 참석했다. 이기백은 십대 중반, 함석헌이 《성서조선》에 연재하던 「성서적 입장에서 본 조선 역사」로부터 많은 감동을 받았다고 고백한 바 있다. 단재 신채호의 글과 함께 젊은 시절 자신의 한국사관을 형성한 두 기둥이었다는 것이다.[152]

그런데 이기백에게 함석헌의 글 「성서적 입장에서 본 조선 역사」를 읽도록 한 사람은 부친 이찬갑이었다. 나아가 이기백이 "한국사 연구에 온 힘을 기울이도록 하는 데 결정적인 영향을 끼쳐 준 것도 아버지였다."[153] 말하자면 오산의 두 무교회주의자들, 이찬갑과 함석헌이 이기백의 삶과 생각에 결정적 영향을 끼쳤다고 할 수 있다. 이기백은 이 사실을 다음과 같이 분명히 이야기한다.

민족을 위하여 옳게 살아야 한다는 남강이 남겨 준 정신적 유산은 주로 아버지의 고집에 의해 우리 가정에 강하게 남아 있었고, 나도 자연 그 영향을 받고 자랐다. 아버지는 늘 덴마크를 재생시킨 그룬트비가 했다는 "그 나라의 말과 역사가 아니고는 그 민족을 깨우칠 수 없다."라고 한 말을 되풀이해서 들려주었다. 이러한 영향 속에서 나는 극히 당연한 것과도 같이 우리나라 역사를 공부할 것을 결심하게 되었다. 그것이 중학교를 졸업하고 대학에 진학하던 1941년의 일이었다. 그 후 오늘에 이르기까지 이 선택에 털끝만 한 회의도 느껴 본 일이 없다. [154]

함석헌이 오산을 떠난 후에도 부친 이찬갑을 매개로 이기백과 무교회주의의 인연은 계속되었다. 이기백은 1941년 봄부터 만 세 해 동안의 일본 유학 시절, 부친 이찬갑의 소개로 우치무라 간조의 수제자인 야나이하라 다다오(矢內原忠雄, 후일 도쿄대 총장)를 개인적으로 사사했다. 야나이하라가 천황제 파시즘을 맹비판하고 일제 군국주의에 극력 저항하다가 도쿄대 교수직에서 쫓겨나 있을 때였다. 『연사수록』에 실린 회고에 따르면 야나이하라와의 만남은 이기백의 삶과 학문에 큰 영향을 끼쳤다고 한다.

와세다에 입학이 결정된 뒤에 아버지의 소개 편지를 가지고 선생을 찾아뵙고 장차 지도를 부탁했다. 그 뒤 선생의 일요일마다의 성서 강의에 참석하였고, 뒤에는 선생의 자택에서 토요일 오후마다 있던 토요 학교에도 출석했다. 나는 많은 감명을 받았다. 무엇보다 학문적인 진리의 중요성을 깨닫게 되었다. (중략) 선생은 때로 심한 정부 비판도 했다. 진리를 사랑하는 것이 곧 민족을 참말로 사랑하는 것 이란 신념이 선생과의 접촉을 통하여 확고하게 자리 잡게 되었다. 한 편 인류의 보편성에 대한 신념도 점점 커져 갔다.[155]

훗날 이기백의 역사학이 민족사를 중시하면서도 '막무가내 식 의' 단순한 민족주의로 흐르지 않은 것에는, 해방 후 서울대 사학 과의 스승 이병도의 실증사학 영향 외에도 무교회주의자 야나이하 라의 영향이 있었다고 봐야 한다. 이기백이 강조하는 민족은 폐쇄 적 개념이 아니었다. 그는 민족을 개인과 같은 하나의 단일한 주체 로 생각하는 주장, 예컨대 일본 교토 학파나 그 영향을 받은 철학자 박종홍 같은 입장에는 찬성할 수 없었다. 이기백은 민족 지상주의 사관을 인정하지 않았다. '민족'을 앞세워 '사실'을 왜곡할 수는 없 다고 생각했다. "객관적인 사실의 인식은 곧 역사학의 출발점이다. 이 출발점은 결코 양보되어서는 안 되는 절대적인 것이다."[156] 민족 이나 국가는 절대시되어서도 안 되고, 절대시될 수도 없는 것이었 다. 이는 무교회주의 정신과 통하는 것이기도 했다.

이찬갑, 주옥로의 '위대한 평민'

우치무라 이후 국가 동원 체제에 반대를 명확히 했던 무교회주의자들에게는, 공산주의도 새로운 국가 통제 시스템에 불과한 것으로 국가주의와 함께 척결돼야 할 것이었다. 그렇다면, 함석헌의 표현대로 "어쩔 수 없이 자본주의 제도 하에서 살면서"[157] 타인의 노동 가치를 착취하지 않는 모델이 어떻게 가능할까. 타인을 착취하지 않고 또 타인으로부터 착취당하지 않고 사는 것이 어떻게 자본주의 사회에서 가능한가. 결론은 소규모의 자급자족적 협동 공동체 건설이었다. "정직한 이마의 땀으로" 노동하는 것, 자신의 노동으로 자립을 이루는 것이었다.

해방 이전 평안도 정주군 오산에서 이미 이찬갑은, 오산학교를 중심으로 하고 협동조합을 생활의 단위로 하는 오산 공동체를 만들어 보고자 했으나 일제 말기의 압박과 연이은 사회주의 정권 수립으로 실패한 사례가 있었다. 해방과 전쟁이 이어졌으므로, 이찬갑이 구상하던 지역 공동체의 시도는 전후 안정이 찾아온 1950년대 중반에 이루어졌다. 함석헌이 충남 천안에 씨알 농장을 설립하던 때(1957년)와 비슷하게, 이찬갑은 짧지 않은 준비 기간을 거쳐 1958년 충남 홍성 홍동면에서 주옥로와 함께 풀무학교와 풀무 공동체를 시작했다.

감리교 신자이던 주옥로가 다소 생소한 무교회 신앙을 받아들인 것은 함석헌의 해방 후 서울 성서 모임을 통해서였다고 한다.[158] 1919년 생으로 충남 홍성 홍동 토박이인 주옥로는 예산농업학교를 거쳐 감리교신학교를 졸업했다. 1949년 봄 동충모의 소개로 함석헌의 YMCA 일요 성서 강좌에 참석하면서 무교회 신앙을 접했고, 이때의 인연으로 1953년 8월 이찬갑을 알았다. 1954년 여름 무렵, 주옥로와 이찬갑 사이에 동지적 관계가 형성되었다고 하는데, 두 사람의 뜻이 통하면서 이후 이찬갑의 구상을 실현할 터전을 주옥로가 마련했다.

이찬갑의 풀무 공동체는 한국 무교회주의자들의 세계관과 가치관, 방법론을 집약해서 보여 주는 사례이다. 가장 먼저 필요한 것은 지역에 기반을 둔 학교였다. "녹슨 쇠붙이를 녹이고 정련해 새로운 농기구를 만든다"는 뜻으로, 성서에도 등장하는 용어이면서 교육의 중요성을 담고 있는 '풀무'로 학교 이름을 지었다. 우치무라 간조의 '위대한 범인(凡人)'과 류영모와 함석헌의 '씨알' 개념의 영향을 받아 '위대한 평민'을 교훈(校訓)으로 삼았다.(현재 풀무학교의 교훈은 '더불어 사는 평민'이다.)

류달영에게 그랬던 것처럼, 이찬갑에게도 덴마크가 중요했다. 풀무학교의 모델은 덴마크 국민 고등학교였다. 이찬갑은 해방 전인 1938년에 이미 덴마크식 국민 고등학교의 운영 실무를 습득하려고 일본에 다녀오기도 했다. 이찬갑은 우치무라가 설립에 관여한 구즈라(久連) 평민 대학에서 석 달 정도 학생으로 생활하면서 학교 교육 시스템을 배우고 왔다. 구즈라 평민 대학은 1930년대 당시 일본에서 농촌 살리기 운동 일환으로 덴마크 평민 대학을 모델로 세워지던 교육기관들 중 하나였다.[159]

사실 덴마크 사회 모델에 대한 한국인들의 관심은 뿌리가 깊다. 그 기원은 일제시대로 소급된다. 그룬트비의 덴마크 부흥 운동은

20세기에 들어 세계적 주목을 받는데, 일본에서는 1911년 무교회 주의자 우치무라가 덴마크 모델을 처음 소개한 뒤 덴마크 붐이 일었다. 1920년대가 되면 일본 YMCA를 통해 조선 YMCA에서도 덴마크에 대한 관심이 생겨나는데, 1927~1928년 조선 YWCA, YMCA 핵심이며 기호파 우익에 속하는 김활란, 신흥우 등의 덴마크 시찰이 있었고 YMCA 기관지《청년》에 방문기가 연재되기도 했다. '덴마크를 배워 조선의 살길을 찾자'는 모토도 나왔다.

김활란, 신흥우 등이 제시한 덴마크 담론은 어떤 면에서 보면 1920년대 조선에서 좌익들에 대항하려고 우익이 내놓은 사회 개조 모델로 해석할 수도 있다. 지금에 와서 평가할 때, 그 진정성에 의혹이 있다는 것이다. 이 움직임이 진지했다면, 좌익이 사라진 정부 수립 후에 이 운동을 제대로 전개했어야 맞을 것이었다. 요컨대 일제하 조선 Y의 덴마크 담론은 동기나 실행에서 그리 의미 있는 것이라 보기 어렵다고 할 수 있다. 해방 후 류달영이나 이찬갑의 운동을 일제 시기 기호파 우익들의 덴마크 운동과 구별해야 할 이유가 여기에 있다. 실제로 이찬갑은 일제 시기 우익 민족주의의 농촌 운동을 비판한 적이 있다. "그 많은 농촌 운동자도 '농촌, 농촌' 말만 했을 뿐, 한 시기는커녕 한 사람도 의미 있게 발 들여 놓기조차 못하였다."[160]

이찬갑의 구상이 갖는 의미는 또 있다. 한국인들의 덴마크 실험은 일제 시기는 물론 훗날 류달영의 재건국민운동본부까지도 모두 농촌 운동에 초점을 두는 것이었다. 그런데 덴마크 모델에서 농촌 운동이 핵심에 있는 것은 맞지만, 덴마크 부흥 운동의 정신적 추동력을 제공했던 학교 교육의 중요성에 대해서는 이들 모두가 그리 주목하지 못했다. 다시 처음으로 돌아가 우치무라와 그 제자들이 주도했던 평민 학교에 착목했던 것이 이찬갑이었다. '풀무학교'는 이렇게 나왔다.

이찬갑은 '농촌'과 '교육'이라는 두 키워드에 더해 함석헌의 역사관을 사명감의 근본 토대로 삼았다. 이찬갑은 1945년 해방 직후, '새 날의 표어'를 내세웠다. 그중 일부다.

> 이 수난의 상징인 조선에 뛰어들며
> 또 조선의 상징인 농촌을 둘러맴
> —이로 우리 삶의 의무를 삼음—[161]

이런 생각은 함석헌의 「성서적 입장에서 본 조선 역사」의 '농촌 버전'이라 할 만한 것이었다. 함석헌 역사관의 핵심은 '수난'의 의미에 있었다. 수난의 의미는, 수난 당하는 자에게 전체를 구원할 사명이 있다는 것이다. 온갖 수난의 역사를 겪는 '조선이야말로 세계사를 구원할 사명을 짊어진 자'라는, 어찌 보면 지극한 민족적 자기 위안으로 해석될 수 있는 생각이 「성서적 입장에서 본 조선 역사」의 바닥에 있었다.

김조년은 이찬갑의 글을 분석하면서, 한국사에 세계 구원의 사명이 있음을 강조하는 생각은 함석헌의 「성서적 입장에서 본 조선 역사」에 흐르는 역사관과 일치한다고 보았다.[162] 그런데 이찬갑은 여기에 농촌이라는 한 겹을 덧대었다. 한국 농촌은 '수난의 한국'의 상징이라는 것, 따라서 한국 농촌의 온갖 모욕과 모순을 걷어 내는 데 삶을 바치는 것은 한국을 살리는 길이고, 나아가 세계사 전체를 바로잡는 첫머리에 해당한다는 것이다. "이 참혹스러운 현대적 화폐 본위의 자본주의의 모든 것은 정치로부터 어떤 것이나 도시 중심의 것이다."[163] "농촌이야말로 우주적 인간의 상징의 자리이다."[164] "세계 어디보다도 가장 불행한 골짜기 여기에서 진정한 구원의 새싹이 튼다."[165]

이찬갑의 뜻에 공감하고 풀무학교를 위해 헌신하는 사람들이 나왔다. 최태사를 중심으로 하는 과거 오산 출신들의 무교회주의 모임 '일심회'였다. 풀무학원의 후원 모임인 일심회는, 함석헌의 오산 성서 모임에 참석했던 사람들이 주축이 돼 만든 모임이었다. 풀무학교 '제3의 설립자'로 불리는 최태사는 학교법인 풀무학원의 초대 이사장을 맡기도 했다. 서울에서 병원을 운영했던 의사 최태사는 "병원에서 번 돈을 생활비만 남기고 다 풀무학교에 보냈다."[166]

풀무 공동체를 설계하고 풀무학교의 기반을 만든 이는 이찬갑과 오산 출신이지만, 오늘날 홍성 풀무학교가 자리 잡는 데 결정적 기여를 한 인물은 홍순명(1936~)이다. 이찬갑이 풀무를 설립하고 불과 몇 해 지나지 않아 연탄가스 중독으로 쓰러져 거동을 못하게 된 후, 그 빈자리를 메운 이가 홍순명이었다.

강원도 횡성 출신인 홍순명이 김교신과 무교회주의 기독교에 대해 처음 안 것은 원주농업중학교 재학 시절 교사 정태시를 통해서 였다고 한다. 정태시는 "내 일생에 있어서 단 두 분만 '선생님'을 고르라면 어머니와 김교신 선생"[167]이라고 했을 정도로 김교신의 영향을 강하게 받은 인물로, 《성서조선》사건 때 역시 검속되어 일주일가량 유치장에 갇힌 경험이 있었다. 정태시를 통해 김교신의 존재를 안 홍순명은, 십대 나이에 김교신의 글들을 읽고 또 읽었다고 한다. 이후 홍성 풀무학교 설립을 안 홍순명은 재직 중이던 학교를 그만두고 자기 인생을 던져 지금의 풀무학교를 만들었다.

이찬갑(앞줄 왼쪽)은 협동조합을 생활 단위로 하는 생활공동체를 오랫동안 꿈꿔 왔다. 그의 꿈은 1958년 충남 홍성의 주옥로(앞줄 오른쪽)를 만나 풀무공동체를 같이 시작함으로써 비로소 현실이 되었다. 최태사가 이끄는 오산학교 출신 무교회주의자 모임인 일심회가 뒤를 받쳤으며, 장기려도 풀무학교 후원회를 꾸려 도움을 주었다. 여기에 홍순명(뒷줄 왼쪽)의 헌신이 덧붙여지면서, 풀무공동체는 한국 대안교육의 상징이자 협동조합에 바탕을 둔 마을공동체의 이상이며 유기농업 혁명의 본산이 되었다.

공동체의 기반, '조합주의'

무교회주의자들이 구상하는 공동체에서 '조합'은 매우 중요한 요소였다. 《성서조선》그룹 일원이면서 후일 풀무학교 후원회 회장을 맡아 오랫동안 도움을 주었던 장기려가, 1968년 한국 최초의 의료보험 조합을 만든 것도 무교회주의자들의 조합주의의 발로였다. "건강할 때 이웃 돕고, 병났을 때 도움 받자"를 표어로 장기려가 세운 '청십자의료협동조합'이, 오늘날 세계적으로도 뒤지지 않는 한국 의료보험 제도의 모태가 된 것은 잘 알려져 있다. 기본적으로 무교회주의자들의 공동체 구상 근저에는 조합주의적인 공동체주의가 존재한다. 이들은 자본주의 시스템에 대한 대안으로 언제나 '조합'을 내세운다.

이찬갑의 구상을 홍순명이 구체화한 '풀무생활협동조합'은 전형적인 예로 내부에는 코뮌적 요소가 있다. 식량 자급과 경제적 자립을 위해 풀무학교 자체에서 쌀과 채소 농사, 양계를 하는 것에서도 알 수 있듯이, 노동과 학습은 분리되지 않으며 양자가 결합해서 생활을 이룬다. 홍순명은 다음과 같이 말했다. "학교는 하나의 마을이어야 하고 생활의 공동체라야 합니다. (중략) 나는 미래에는 학교가 마을이 되고 마을이 학교가 되어야 한다고 믿습니다."[168]

요컨대, 무교회주의 공동체의 이상은 "학교이면서 교회이고, 동시에 자급자족하는 마을"이다.[169] 공부와 신앙과 노동의 완전한 일치를 지향하는 무교회주의 이상을 놓고 판단했을 때, 공동체 규모는 본질적으로 소형화, 소수화 될 수밖에 없는 것으로 보이기도 한다. 풀무 공동체가 성립할 수 있었던 것도 생활 협동이 가능한 정도의 소규모 지역에 기반을 두고 무교회 신앙을 공유할 수 있었기 때문이다. 또한 소규모 집단에 기반을 둠에 따라 무교회주의에서 가장 강조하는 '자발적' 정신의 각성이 어느 정도 가능했다.

사실 이런 방식의 무교회주의자들의 공동체 사유는 주류 질서에 대해 어떤 급진성과 비타협성을 띠는 것이다. 주옥로가 1965년 5월 김교신 선생 20주기 기념 강연에서, 공개적으로 베트남 파병에 반대하기 어려웠던 시절인데도 "인간 최악의 살인적인 전쟁, 즉 월남 파병"이라고 성토하는 장면을 보면,[170] 기본적으로 이들이 한국 정치에 대해서도 비판적이었으며, 필요한 말과 행동에 대해서는 주저하지 않았음을 알 수 있다.

그렇지만 무교회주의자들은 대개 정치적 혁명성을 보이지는 않았으며 자기 정신의 혁명을 기초로 생활 혁명을 이루고자 했다. 그러나 이런 사유가 때로 예기치 않게 사회 전체의 진보를 가져오기도 했다. 농업 방식의 변화가 그 예이다.

지극히 이상주의적 성향이었던 무교회주의자들은, 혁명적 변화가 일어나야 할 영역을 인간 사회뿐 아니라 자연계 일반으로까지 확대해서 보고자 했다. 이에 따라 일찍이 김교신은 「창세기」에서 "생명은 생명으로써만 산출한다"는 원리를 끄집어내기도 했다.[171] 이 원리는 무교회주의 생활 경영에서 중요한 함의를 지닌다. 일종의 생명주의로 이해될 수 있는 이런 성서 해석은 구체적인 농업 방식으로도 나타났다. "오직 생명으로 생명을 키운다." 유기농업이었다.

한국에서 유기농업이 사실상 처음으로 도입, 실현된 것이 무교회주의자들에 의해서라는 사실은 잘 알려지지 않았다. 한국 유기농업은 일본에서 도입된 것으로, 1975년 9월 일본 '애농회' 고다니 준이치 회장이 풀무학교와 양주 풀무원(풀무원의 창립자 원경선은 풀무학교 이사진 중 한 사람이었고, 풀무학교의 이름을 따서 농장 이름을 지었다)을 방문하면서 시작되었다. 삼애(三愛) 정신(하느님 사랑, 이웃 사랑, 흙 사랑)에 바탕을 두고 설립된 일본 애농회는 아시아 최초의 유기농업 단체였고, 한국에서 유기농업 단체가 그 영향으로 결성된 것이었다. 비슷한 시기인 1976년, 류달영도 한국유기농업연구회를 창립했다.

오늘날 조합주의와 생명주의는 무교회주의자들만의 것은 물론 아니다. 그렇지만 평화적 공동체에 대한 꿈과 생명에 대한 사랑이 특정 집단 사람들의 전유물일 리 없다는 것은 자명하다. 또한 비록 무교회주의가 식민지 시기 일본에서 기원한 것이지만 이들이 가졌던 전망이 '제국주의'에 저항했던 가장 양심적인 일본의 지성과 닿아 있다는 사실도 꼭 언급해 둘 점이다. 이들의 구상은 현재도 진행 중에 있다. 이 그림의 미래는 어떨지, 좀 더 지켜볼 필요가 있다.

13

국가주의 철학에 맞선 류영모와 함석헌

1956년 1월 《사상계》에 실리면서 함석헌의 이름을 일약 대중에 알린 글 「한국 기독교는 무엇을 하고 있는가」는 다음과 같이 첫 문장을 시작한다. "여기 기독교라 하는 것은 천주교나 개신교의 여러 파를 구별할 것 없이 다 한 데 넣은 「교회」를 두고 하는 말이다."[172]

'교회'에 강조 표시를 한 이 문장은, 함석헌이 무교회주의자라는 사실을 모르는 상태에서는 온전히 이해될 수 없다. 함석헌은 이 글에서 교회당 숫자가 늘어나는 현상을 가리켜서 "나라가 망할" 징조라고 했다. 고려에 절이 성하고 조선에 서원이 성하면서 나라들이 망한 데 비유하여 당시 기독교회의 번창을 비꼰 말이었다. 기독교는 교회의 종교가 아니라 내적 생명의 종교라는, 무교회주의적 견지에서 교회를 비판한 글이었다.

함석헌이 《사상계》에 글을 실은 데에는, 《사상계》 교양 부문 편집을 책임지던 상임 편집위원 안병욱의 소개가 있었다. 함석헌의 첫 원고「한국 기독교는 무엇을 하고 있는가」가 큰 반향을 일으키자 장준하가 답례 차 함석헌을 방문하기도 했다. 마침 연세대에서 철학을 가르치던 안병욱이 이화여대 뒤편 대현동에 있던 함석헌의 집으로 장준하를 데리고 갔다고 한다. 장준하는 함석헌의 첫인상을 이렇게 말했다. "내가 만난 함 선생님은 '퍽 수줍어하는 잘 생긴 노인'이라는 인상"이었다.[173] 은둔하던 함석헌이 대중에 모습을 드러내기 시작할 무렵의 풍경이었다.

함석헌은 무교회주의의 존재를 세상에 널리 알렸지만, 동갑내기 동지 김교신에 비해 우치무라 간조의 영향이 그다지 절대적이었다고 말하기 어렵다. 함석헌에게 가장 큰 영향을 끼친 스승은 따로 있었다. 다석(多夕) 류영모였다.

류영모와 함석헌이 처음 만난 것은 1921년 오산에서였다. 1921년 9월 류영모가 조만식의 후임으로 오산학교 교장으로 취임하면서 당시 스물한 살이던 3학년생 함석헌을 가르친 것이 인연의 시작이었다. 이때부터 함석헌은, 1960년에 자신의 과오로 스승으로부터 내침을 당하기까지 마흔 해 동안 류영모를 극진히 따르는 제자로 살았다.

류영모에 대한 함석헌의 존경과 흠모는 유명하다. 함석헌은 자기 생일이 스승과 같은 날이라는 사실조차 자랑스러워했다.

선생님과 나는 생일이 같이 3월 13일이다. 그게 무슨 신비로운 인연인지 이런 말하기도 부끄럽고 죄송스럽지만, 모든 사람이 다 선생님을 높이 존경은 하면서도 괴상한 분이라 하고 멀리해 버리는데 나는 못생겼으나마 내 딴으론 선생님을 배우잔 생각이 들어 오늘까지 미미하게나마 따르고 있다.[174]

함석헌이 이런 글을 쓸 때만 해도 돌아갈 날까지는 몰랐을 것이다. 두 사람의 인연에 대해 이야기하기 좋아하는 사람들은, 둘의 생일뿐 아니라 별세 일까지도 비범함의 근거로 입에 올린다. 열한 살 차이였던 류영모와 함석헌은, 사망 연도는 달랐지만 숨을 거둔 날짜도 저녁과 새벽 사이로 같은 날이었다.

함석헌이 자기 삶에서 절대적 존재였던 스승 류영모로부터 내침을 당한 것은 그의 나이 환갑이 되어 일어난 소위 '실덕(失德) 사건'으로 인해서였다. 함석헌을 흠모하던 한 여성과 생긴 문제였다. 류영모는 끝내 함석헌을 용서하지 않았고, 이는 함석헌에게 평생 마음의 고통이 되었던 듯하다. 1984년 흥사단 강당에서 열린 류영모 선생 추모 모임에서 팔십대 중반의 노인 함석헌은 스승으로부터 끝내 용서받지 못했던 일을 자책하며 '많이 울었다'고 전한다.[175]

류영모 – 함석헌의 독특한 계보

1942년 '《성서조선》 사건'이 일어났을 때 류영모도 투옥되었지만, 세간에 알려진 것과 달리 김교신과 류영모 사이에 사상적 유대

한국 현대 지성사에서 류영모(앞줄 가운데)와 함석헌 (앞줄 오른쪽)이 끼친 영향은 너무나 크다. 오산학교의 스승과 제자였던 두 사람은 톨스토이에 뿌리를 둔 무교회 주의와 동양적 사유를 융합하여 독특한 사상적 계보를 이루었다. 함석헌이 씨ᄋᆞᆯ이라는 말로 표현한 이 사상은 개체의 자립성과 자율성을 가장 높은 가치로 설정함으로써 박정희 정권의 국가주의에 가장 격렬한 저항 지점을 형성했다.

가 그리 깊었다고 보기는 어렵다. 노평구의 다음과 같은 증언이 있다. "(김교신은) 동양학의 권위이신 류영모 씨의 기독교에 대한 동양적인 해석 내지는 범신주의, 금욕주의 등에 대해서 심한 경계를 표시했다."[176]

류영모의 사상에는 노자가 예수만큼이나 중요한 위치에 있다. 굳이 분류하자면 류영모는 종교 다원주의자라 할 수 있다. 상대적으로 류영모에 비해, 김교신 등《성서조선》그룹의 핵심 멤버들은 기독교 정통 신앙에 훨씬 가까웠다. 무엇보다 류영모의 노자 사상에 대한 강조가 김교신에게서는 보이지 않는다. 이는 김교신이 훗날의 함석헌과 가지는 차이이기도 하다.

류영모 사상의 형성 과정은 거의 베일에 싸여 있다. 그런데 그의 처음 오산 교사 시절에서 실마리 하나를 발견할 수 있다. 1907년 개교한 오산학교는 1910년 봄에 춘원 이광수와 다석 류영모가 교사로 오면서 틀이 잡힌다. 이때 나이, 춘원이 열아홉 살, 다석이 스물한 살이었다. 이광수는 오산 시절을 회고하면서 이렇게 말하기도 했다. "참으로 오산 시대는 나의 일생 중에 가장 로맨틱하고 가장 생각 깊이 나는 곳입니다." 실제로 이광수는, 남강 이승훈이 신민회 건으로 감옥에 가 있을 동안 학교 일을 거의 도맡다시피 했다고 한다.[177]

오산에서 류영모와 이광수가 동료 교사로 있던 때, 류영모는 춘원이 일본에서 가지고 온 『톨스토이 전집』을 읽었다. 이것이 계기가 되어, 류영모는 오산 교사를 그만 두고 일본 동경 물리학교로 유학 가 있던 시절 확고한 톨스토이주의자가 되었다. 톨스토이는, 제도 종교로서의 기독교는 예수 정신이 아니라 바울의 교의 신학이라고 주장했다. 따라서 예수를 좇으려면 집에서 스스로 성경 공부를 해야 하며, 참된 삶이란 시골에서 농사짓는 삶이라고 했다. 즉, 참된 삶이란 "신앙적인 진리 정신과 서민적인 근로 정신이 일치해야 한다는 주장"이었다. 다석사상연구회 회장 박영호에 따르면, "다석 류영모의 일생은 이때 결정되었다."[178]

그런데 류영모의 사유와 삶의 방식에는 톨스토이주의자라든가 기독교인이라든가 식의 규정으로 명확히 잡히지 않는 복잡한 면모가 있다. 한 예가 류영모—함석헌 계보에 특이하게 존재하는 도교적 수련 전승이다. 류달영이 회고한 일화 하나를 보자. '《성서조선》 사건'으로 함석헌과 류달영이 서대문경찰서 유치장 옆방에 나란히 수감되어 있을 때였다.

함석헌 선생으로부터 통방이 왔다. 유치장 안에서 할 일이 없으니 정신 통일 공부를 시작하자는 제의였다. 깊은 밤중에 정좌를 하고 두 손바닥을 맞대어, 합장한 손에 전기가 올라서 온몸이 뜨거워지기 시작하면서 (중략) 나는 매일 깊은 밤중에 정좌하고 정신 통일을 수련하였다. 함석헌 선생은 감방 안에서 뜨거워진 손으로 환자의 아픈 곳을 만져서 치료한다는 정보도 받았다.[79]

이때 이미 함석헌은 도교적 양생 수행에서 경지에 들어가 있었던 듯하다. 함석헌의 수행법은 류영모에게서 온 것으로 보인다. 류영모는 매일 새벽 냉수마찰과 함께 수련을 하고, 하루 한 끼 식사에, 서울에서 개성도 걸어서 왕복했고 인천에 강의가 있어도 걸어서 갔다 돌아오는 등 기인의 풍모가 있었다. 그 수제자가 함석헌이었다.

함석헌의 가장 유명한 용어인 '씨ᄋᆞᆯ'이라는 말도 실은 류영모로부터 온 것이었다. 류영모에게서 가져왔다는 것은 동양적 사유 없이 이 용어에 대한 풀이가 불가능하다는 것을 뜻한다. 흔히들 '씨ᄋᆞᆯ'을 민중 자체와 동일시하는 경향이 있지만, 원래 이 말은 사회학적 집단인 민중과는 별 관련이 없는 개념이었다. 죽지 않는 생명으로서의 '씨'와 극대의 하늘을 의미하는 'ㅇ', 극소이자 소우주인 자아를 의미하는 'ㆍ', 활동양태로서의 'ㄹ'이 결합한 말인 씨을은 하느님(우주)의 생명이 내려와 인간의 얼(靈)이 된 존재로 해석된다.[180] 씨을 하나에 우주가 있다는 말로 요약되는 이런 생각은 그 뿌리가 류영모에게 있었다. 류영모는 한글도 한자처럼 파자(破字)하여 해석하는 독특한 사유 습관이 있었다.

김범부와 박종홍의 국가주의 철학

그런데 이 정신주의적 사상가들이 국가주의 철학자들과 한자리에서 만나는 상황이 일어났다. 1961년 11월 류달영의 재건국민운동본부가 중앙위원회를 두면서 그 위원들을 사회 명망가로 채운 일이 있었다. 국민운동을 전개하려면 명망 있는 인사들을 내세울 필요가 있었고, 이에 따라 류영모와 함석헌도 이름을 올렸다. 그런데 이 명단에 김범부가 끼어 있었다.

김범부는 누구인가? 범부(凡夫) 김정설은 함석헌과 비슷한 시기를 살았던 재야 사상가로, 소설가 김동리의 큰형이자 영남대학교의 뿌리 중 하나인 계림대학(계림학숙) 초대 학장을 지낸 인물이다. 1963년 김범부는, 박정희가 회장으로 있던 '오월 동지회'에 민간 측 부회장으로 참여하기도 했다. 박정희가 대통령이 된 이후에는 비공식 정치 자문 역할을 맡았다고 전한다.

범부는 노자를 어떻게 보았을까? 함석헌과 류영모에게 중요한 노자의 평화주의는 김범부에게는 이상주의자의 망상에 불과했다. 김범부는 세계주의에 대해서도 부정적이었다. "역사의 현실, 역사의 원칙을 잘 모르는 '코스모폴리턴'들의 망상"이라는 것이다.

김범부가 강조한 것은 '국민 윤리'였다. 국민 윤리를 구성하는 초점은 '효'와 가족의 가치에 있었다. 효에서 어떻게 국가 윤리가 나오는가? "효는 부모한테 하는 것이고, 이것을 나라에 옮길 때는 충(忠)이 되는 것입니다."[181] 요컨대 효에서 출발해 효의 확장으로서 충이 나온다는 논리다. 이 논리에 따르면, 효는 집안의 윤리이고 충은 '보다 큰 집안(國家)'의 윤리이다. 따라서 국민 윤리는 관념이 아니라 '생리(生理)'가 된다. 김범부의 이 생각은 다음 글에 가장 집약적으로 표현되어 있다. 1961년 쿠데타 이후 국가재건최고회의에서 발행한《최고회의보》2호에 실린 글이다.

나라에 대한 심정도 기실인즉 이해득실을 초월해서 당연히 그리해야 하고 그리 않고는 할 수 없는 '무조건의 감분(感憤)', 다시 말해서 효자가 부모에게 대한 측달(惻怛)한 심정, 곧 지정(至情)이라 할밖에 딴 이유가 없는 것이다. 그런데 이러한 심정들은 이것을 국가관으로 규정하자면 역시 윤리적 혹은 '인륜적 국가관'으로 해야 할 것이다.[182]

'인륜적 국가관'이라는 한마디로 김범부의 국가관은 깨끗이 요약된다. 국가는 하나의 큰 집안이며, 국민은 그 가족이라는 것이다. 심지어 김범부는 '화랑도'와 '신라 정신'이라는 묘한 것을 고대사에서 끄집어내 '애국'을 강조하는 국가 이데올로기로 변환하기도 했다.

김범부가 재야 사상가로서 국가 철학을 내세웠다면, '공식적으로' 국가주의 철학을 확립한 사람은 박종홍이었다. 1903년 평양 출신의 박종홍은 제1세대 서양 철학자로서 한국 철학계의 태두로 공인된다. 경성제국대학 철학과를 나오고 독일 철학을 전공한 박종홍은 후일 서울대 교수로 수많은 제자들을 길러 냈다. 5·16 군사정부 시기 국가재건최고회의 사회 분과 위원이었으며 1970년에는 대통령 특별 보좌관(교육 문화 부문)을 맡았다. 1968년 서울대를 퇴임한 후 그해 '국민교육헌장'을 기초했다.

김범부가 유교의 충효 논리를 국가 철학의 기반으로 삼았다면, 박종홍은 유교의 천명사상에 바탕을 두고 국가 철학을 확립하고자 했다. 둘의 공통점은 국가에 대한 국민의 의무를 강조하는 것이었다. 특히 박종홍이 민족 주체성을 강조하는 논리는 북한의 주체 철학과도 닮은 것이었다. 국민교육헌장의 첫 문장은 이렇게 나왔다. "우리는 민족중흥의 역사적 사명을 띠고 이 땅에 태어났다." 국민 개개인의 인생 사명이 '민족중흥'을 위한 것이라는 '충격적인' 생각을 교육 헌장으로 명문화했다.

이런 사유 체계의 기원은 어디에 있을까. 박종홍이 경성제대 철학과에 재학하던 1930년대 초반 주로 공부한 것은 칸트, 헤겔 등 독일 관념론과 하이데거의 실존 철학이었다. 경성제대 일본인 학자들의 전공이 대부분 칸트, 헤겔 등 독일 철학이었던 까닭이다.[183] 일본 철학계가 거의 독일 쪽에 쏠려 있을 때였다. 후일 박종홍은 서구 근대 철학의 한계를 극복하는 대안적 세계관으로 유교적 천명 사상을 주장하고, "하이데거의 존재론과 헤겔의 부정성 개념을 끌어다 '중용'과 '주역'을 재해석"하기도 했다.[184]

박종홍의 이런 생각이 독창적인 것이었는지는 의문의 여지가 있다. 서구 철학의 개념을 유교적으로 재해석하는 방식의 기본 틀이 일본에서 온 것은 분명해 보인다. 동양 사상이 서구 근대 철학의 한계를 넘어서는 논리라는 생각은 일제 말 태평양전쟁 시기 일본 군

류영모와 함석헌의 대극에 김범부와 박종홍이 있었다. 김범부는 국가란 하나의 큰 집안이며 국민은 그 가족이라는 '인륜적 국가관'을 내세웠으며, 화랑도와 신라정신을 고대사에서 끄집어내 '애국'을 강조하는 국가 이데올로기를 만들었다. 국민교육헌장을 기초한 박종홍은 국가에 대한 국민의 의무를 극단적으로 강조하는 파시즘 철학을 국민윤리로 만들었다.

국주의를 뒷받침하는 파시즘 철학의 주요 논점이기도 했다. 박종홍이 일본 국가주의 철학자 다나베 하지메로부터 사상적 영향을 받았다는 주장이 학계에 보고된 바 있다.

노장 사상에 입각한 국민 윤리 비판

김범부가 국민 윤리를 주장하던 즈음, 류영모는 강의를 통해 다음과 같이 이야기하고 있었다.

> 학생을 국가의 동량이라고 하는데, 그 따위 말은 집어치워야 합니다. 애당초 민족국가라는 말이 틀렸습니다. 국가의 '가(家)'는 집어치워야 합니다. 이 '집 가'의 가족 제도 때문에 우리나라가 망한 게 아니겠습니까? 전 세계 인류를 생각하면 국가와 민족이라는 것도 말이 안 됩니다. 민족이라는 것을 넣을 데가 없습니다. 그런데 교육 당국에서는 국가의 동량과 민족의 광명이란 슬로건을 내겁니다. 이것은 안 됩니다. 이렇게 하다가는 한 나라만 망하는 게 아니라 전 인류가 망하게 됩니다.[185]

류영모는 '효'의 국가주의적 이념화를 극력 비판했다. 류영모에게 효와 충은 전혀 상관없는 개념이었다. 김범부에게 효란 충으로 확장되는 기본 바탕에 해당한다면, 류영모에게 부모에 대한 효는 그다음 단계에서 충으로 확장됨이 없이 곧바로 하늘로, 즉 신에 대한 경애로 상승한다. 국가는 '효'와 무관한 것이었다.

유교 윤리에 기대어 김범부와 박종홍이 국가 철학을 확립하고자 했다면, 류영모의 국가주의 비판의 밑바탕에는 노장 사상이 있었다. 제자 함석헌이 스승의 생각을 이어 노자의 평화주의에 입각해 국가주의를 비판하는 것은 당연했다. 안병무에 의하면, 함석헌은 '국민'이란 용어를 극히 싫어했다고 한다. 함석헌이 '나라 국(國)' 자를 쓰는 경우는 대개 '도둑놈'이란 뜻이라고 했다.[186] 함석헌은 자신의 유명한 저서에서 다음과 같이 말했다.

> 이 나라의 정신적 파산! 사상의 빈곤! 한다는 소리가 벌써 케케묵은 민족 지상, 국가 지상, 화랑도나 팔아먹으려는 지도자들, 이 민족의 정신적 빈곤을 무엇으로 형용할까?[187]

함석헌이 이 글을 쓸 무렵은 이승만 정권이 '화랑도 정신'을 선전할 때였다. 이승만의 국가주의는 이선근, 김범부 같은 학자를 통해 고대사에서 신라와 화랑도를 불러냈다. 화랑도의 정신은 민족정신을 대표하는 가장 오랜 이념이라는, '근거가 희박한' 주장이 만들어진 때였다.

함석헌은 이 모든 문제가 민족과 국가를 절대시하는 데서 나온다고 보았다. 1978년 한 대담에서 그는 말했다.

나는 분명히 말합니다. "민족도 영원한 것은 아니다"라고. 민족을 주장하는 것은 좋지만 그것을 우상화해서는 안 돼요. 간디의 말처럼 진리에 배치될 경우엔 민족까지 버릴 각오를 해야 합니다. (중략) 우리가 물리쳐야 할 것은 집단주의입니다. 우리가 국가주의와 싸워야 한다는 것도, 그것이 국가란 이름으로 나타나는 집단주의이기 때문입니다.[188]

류영모와 함석헌은 어느 틀에 걸리지 않는 '물과 같은' 자유로운 사유로 민족 지상주의와 국가주의에 대항했다. 두 사람의 노자 이해는, 기독교 사상과 결합한 형태로 한국 현대 지성사에서 독특한 정신주의의 맥을 이룬다. 이들의 사상은 사회에서 주류를 이루지 못했지만, 이후로도 끊이지 않고 이어지는 하나의 진영을 형성했다. 평화와 세계를 강조하고 국가주의 철학에 반대하는 이들에게 '민족'은 부차적 가치였다. 모두가 '조국 근대화'를 외치던 시기에 '물질'보다는 '정신'을, 국가 이념보다 보편 윤리를 강조한 이들은 확실히 이상주의자들이었다. 이런 이상주의는 대개 한 사회가 나락으로 떠내려가지 않도록 잡아 주는 거멀못으로 소임을 다 한다. 그리고 그것만으로도 한국의 역사에서 충분히 의미가 있다.

14

한신(韓神)을 만든 김재준과 제자들

해방 후 한국 지성의 역사를 이야기할 때 빼놓을 수 없는 또 하나의 그룹이 있다. 흔히 '한신 계열'로 지칭하는 한 무리 기독교인들이다. '한신'의 형성은 공식적으로는 1940년 김재준이 한국신학대학(현 한신대)의 전신인 조선신학교를 설립하면서 시작되었다. 그렇지만 이미 1930년대 초중반부터 김재준은 한경직, 송창근 등과 함께 훗날 한신(아직 학교는 없었다)이 보여 줄 신학적 입장을 조금씩 드러냄으로써 교계에 파문을 일으키고 있었다.

일반적으로 한신계라 하면, 좁게는 한신대 신학 교수이던 김재준, 문익환, 문동환, 안병무, 이우정 등을 기본으로 하고, 김재준과 직접 인연을 맺으면서 큰 영향을 받았던 인물들, 예컨대 강원용 등을 두루 포괄한다. 말하자면 '김재준과 그 제자들'을 가리키는 용어이다.

한신 계열 인사들의 이념 지향을 한마디로 표현하기란 무척 어

렵다. 이들의 이념은 일반적 이데올로기의 키워드들, 예컨대 '민족'
이나 '계급' 같은 용어로 깔끔하게 정리되지 않는다. 1980년대 후
반 이후, 문익환의 통일 운동이 반미 민족주의로 보일 수는 있다.
물론 당시 문익환의 활동은 좌파 '민족 해방(NL)' 계열의 정서를 뒷
받침하는 젖줄 가운데 하나이기도 했다. 그렇지만 1980년대 전두
환 정권에서 문익환이 감옥에 들어가 있을 때, 한신계의 또 다른 핵
심 강원용은 심지어 청와대에 드나들기도 했다. '계급'이라는 키워
드로도 설명하기 어렵다. 1970년대 중반 안병무, 서남동을 통해 등
장한 이른바 '민중신학'은 한완상의 사회학에 지대한 영향을 주는
데, 민중신학의 '민중'은 물론이고 한완상의 '민중' 개념조차 단순
히 '노동자 계급'을 가리키는 용어가 아니었다.

　한신 그룹은 이렇듯 단색의 집단이 아니지만, 이들을 빼놓고 오
늘날 한국 사회를 말하기는 어렵다. 1960년대와 1970년대에 걸친
한국 민주화 운동사에서 한신의 인물들이 수행한 역할은 엄청나
다. 또한 한신의 대표자들이 한국 기독교 3대 교파의 하나인 기독
교장로회(기장)를 태동시키고 이끌어 왔음도 잘 알려져 있다.

함경도와 북간도에 뿌리 내린 진보적 기독교

　한신의 핵심 인물들도 해방 후 월남한 기독교인에 속한다. 흔히
들 월남 기독교인들의 성향을 하나로 묶어 '친미, 반공, 보수'로 규

정하는 경향이 있지만, 이런 생각은 말 그대로 '대략적인 사고'일 뿐이다. 그 차이를 이해하기 위해 배경을 좀 살필 필요가 있다.

1885년 미국 장로교의 언더우드와 감리교 아펜젤러로 시작된 한국의 개신교 선교에서, 외국 교회들의 '선교 지역 분할 협정'이 있었다. 이에 따라 평안도와 황해도의 서북 지역(관서 지역)은 미국 북장로교가, 함경도와 간도의 관북 지역은 캐나다 장로회가 맡는 방식으로 선교 지역을 분할했다. 함경도와 북간도 출신의 월남 기독교인들은 미국 북장로교의 선교 지역인 평안도와 황해도 출신들에 비해 상대적으로 진보적이고 자유로운 배경 아래에서 성장했다.

분단 후 한국 기독교의 중심을 이루는 월남 기독교 세력은 대개 평안도와 황해도 지역, 즉 서북을 근거지로 하는 평양신학교와 미국 북장로교 계열 교회들이었다. 한국전쟁이 끝나던 1953년 시점까지도 서북계 장로교회가 전국 기독교 총 교세의 삼분의 이에 이르고 있었다. 이 교회들이 후일 한국 기독교 최대 교파인 예수교장로회(예장)를 형성했다.

일제 시기 서북 기독교인들은 지주, 상공인 등 사회 경제적으로 안정된 위치에 있는 이들이었다. 서북에서 기원한 한국 장로교 신앙은 기본적으로 보수적인 면을 탈피하기 어려웠다. 보수적인 서북 기독교가 분단 후 한국 기독교의 중심에 선 것은 이후에 교파 간 역학 관계를 결정지었다. 교회사가 민경배는 말한다.

이후 한국 교회는 교권이 서북 장로 교회권에 의해 장악되었고, 교회에서의 비판 기능은 비서북으로 일괄되는 여러 교파간 협력 혹은 동맹 형식의 반서북 전선 구축이라는 역학 관계에서 보도록 되었다.[189]

그런데 이들 월남 보수 기독교 세력이 아직 북에 있던 일제 시기, 이미 이들에 대항하는 두 지점이 형성되었다. 그중 하나가 앞에서 보았던 김교신과 함석헌 등의 《성서조선》 그룹이었다.

다른 하나는 함경도와 북간도를 배경으로 캐나다 연합 교회의 지원을 받아 형성되었던, 훗날 한신 그룹으로 명명될 한 무리 기독교인들이었다. 그렇지만 일제 시기 이들은 아직 하나의 '집단적' 역량을 발휘하지는 못했다. 북간도 용정의 은진중학교 학생으로 김재준과 인연을 맺고 훗날 한신의 핵심을 이루는 강원용, 문익환, 문동환, 안병무 등은 1930년대 말에도 약관의 나이를 채 벗어나지 못한 상태였다. 김교신과 함석헌이 1930년대 초반에 이미 《성서조선》을 통해 장로교회와 평양신학교 쪽의 확실한 '눈엣가시'가 되었다면, 김재준은 이들과 동갑인 1901년생이었는데도 여전히 '제도권' 안에서 "작은 소란이나 피우는" 존재에 불과했다. 이때까지 한신 그룹의 폭발력은 잠재 상태로만 존재했다.

한신의 중심인 김재준은 함경북도 경흥 아오지에서 태어나 유년기에는 한문 교육을 받았으며 나이 스무 살에 송창근의 인도로 기독교에 입문했다. 그는 이십대 초반 서적을 통해 접한 성 프란시스코와 무소유주의자 가가와 도요히코(賀川豊彦)로부터 평생을 일관하는 강력한 정신적 영향을 받은 것으로 알려져 있다. 일본 도쿄 아오야마(靑山) 학원 신학부에서 공부했으며 신정통주의 신학자 칼 바르트를 연구해서 졸업 논문을 썼다. 이십대 후반 미국 프린스턴 신학교에서 공부하고 웨스턴 신학교로 가서 석사 학위를 받았는데, 이때 공부한 신학 사상이 1930년대 보수적인 평양 신학교와 서북 장로교회로부터 비판을 받고, 후일 소위 이단 시비로 1953년 기장의 분립을 가져왔다.

예장과 기장의 분열은 그 배후에 있는 미국 장로교와 캐나다 연합 교회의 노선 차이로 이해될 수도 있다. 김재준에 대한 캐나다 교회의 지원은 해방 후에도 지속되었다. 1952년 한국 장로회 총회에서 김재준이 파직된 것에 격분한 캐나다 연합 교회는 새로 분립한 기장의 강력한 후원자가 되었다.

김재준, 기독교적 건국이념을 제시하다

1945년 8월 해방이 되자마자 김재준은 제자들로 구성된 선린 형제단 집회에서 「기독교의 건국이념」이라는 제목의 강연을 했다. 이 강연 원고는 해방기의 '나라 만들기' 과제와 관련해 한신의 초기 정치적 구상이 자세하게 드러나 있다는 점에서 중요한 문서다. 특히 한신이 1960년대 중반 이후 반정부 진영의 선두에 설 수밖에 없었던 많은 논리적 근거를 일찍부터 보여 주고 있어서 의미가 크다. 이

캐나다 장로회의 영향에 있던 북간도 명동촌의 용정중앙교회 사람들. 앞줄 오른쪽 세 번째 중절모를 손에 든 사람이 장공 김재준이다. 무소유주의 기독교도인 일본의 가 가와 도요히코의 영향을 받은 김재준은 해방 공간에서 공산주의를 포괄하는 기독교 적 건국이념을 발표하여 나중에 한신을 중심으로 전개될 진보주의 기독교의 씨앗을 뿌렸다.

문서는 조선의 현실과 관련된 당면 목표를 제시하는 가운데 다음 과 같이 말했다.

> 우리는 우선 신앙과 예배의 자유, 사상 언론 집회 출판의 자유, 개인 양심의 자유를 확보하는 정부만 수립하면 감사할 것이다. 우리는 당 면한 문제로 소위 공산주의 운동을 몹시 우려하는 경향이 있음을 잘 안다. 그러나 그것이 사회과학으로 경제 기구의 실상을 검토하며 그 더 좋은 재건을 기획하는 점에 있어서 존경할 것이며 그것이 사회과 학적 입장에서 객관적 사실을 드러낸 것인 한 우리는 그것을 수락할 의무가 있다. (중략) 즉 상술(上述)한 제 자유만 확보한다면 공산주 의 기타 여하한 정부라도 조선의 현실에 비추어 우선 감사히 수락한 다.[190]

물론 이 시기는 해방기 북에서 기독교 우익과 공산주의 세력 간의 쟁투가 아직 시작되지 않았던 때이기는 하지만, 일제 시기 이미 서북의 장로교인들이 철저한 반공주의 입장에 있었던 점을 고려할 때 매우 색다른 관점이라 할 만했다. 이 글에서 김재준은 국가 체제의 기본 바탕을 언급한 뒤, 구체적 정책 구상을 제시했다. 외국 자본의 침투를 방지하고 외국인의 토지 소유를 불허해야 한다는 점을 강조했으며 교통 통신의 국영화, 누진세 부과, 상속세 강화, 대재벌 세습 방지, 노동자와 농민의 생활 교육 의료의 절대 보장 등 사민주의로 분류될 수 있는 정책을 제시했다.

그러나 김재준의 이런 생각을 당시 좌익에 동조하는 것으로 해석해서는 안 된다. 대한민국 제헌 헌법의 기원이라 할 수 있는 1940년 10월 임시정부의 '대한민국 임시 헌법'에는 경제 조항에 '계획경제 수립', '대규모 공업 및 광산의 국영화', '토지 사유 제한' 등이 명시되었다.[191] 임시정부 인사를 포함해 해방기에는 광범위한 중도파들이 존재했으며, 김재준의 문서도 이 범주에 속하는 것으로 이해할 수 있다.

한국전쟁을 거치면서 김재준의 생각이 다소 '오른쪽으로' 이동한 면이 있는 것은 사실이나, 기본적으로 이 글에서 천명된 주요 원리의 근간이 크게 바뀌었다고 보기는 어렵다. 1950년대에도 김재준은 당대 지식 사회의 자유민주주의론에 큰 테두리에서 동조하면서도, 한편으로는 후일 이념적 진보성이 야기할 긴장과 갈등의 소지를 간직하고 있었다.

용정 은진중학교의 제자들, 강원용, 안병무, 문익환

훗날 한신 그룹의 중심이 된 인물들이 모두 김재준의 중학교 교사 시절 제자였다는 점은 흥미롭다. 김재준이 일제 시기 북간도 용정 은진중학교에서 성경 교사로 근무하던 1936~1939년 사이에 한신의 인물 기반이 형성되었다. 김재준이 캐나다 장로회 계열의 은진중학교에 부임한 1936년 여름, 강원용은 학생회장이었고 안병무도 2학년에 재학 중이었다. 문익환은 바로 전해인 1935년 봄 평양 숭실중으로 전학했고, 가을 학기에 윤동주(시인)도 문익환을 따라 숭실에 편입하면서 은진을 떠났을 때였다. 그렇지만 문익환은 방학 때마다 부친 문재린 목사가 목회를 하던 용정에 있었고, 동생 문동환이 아직 은진중학교에 다니던 인연으로 이후 김재준 집에서 살면서 조선신학교에 편입해 정식 제자가 되었다.

김재준은 윤동주를 직접 가르치지는 않았지만 인연이 없지 않았다. 문익환과 지속적으로 친밀한 교우 관계를 유지했던 윤동주는 김재준을 잘 알았다. 게다가 윤동주는 김재준의 가장 가까웠던 친구 송창근의 집안 조카뻘이었다. 1941년 연말 동갑내기 사촌 윤동주와 송몽규가 연희 전문을 졸업하던 날, 김재준도 송창근과 함께 졸업식에 참석하여 축하를 했다.[192]

김재준의 제자들 가운데 후일 대중에 가장 널리 알려진 인물은 문익환이라고 할 수 있다. 그는 대중에게 비교적 친근한 이미지를 주었고, 문학적 감수성에 예인의 풍모도 풍겼다. 학창 시절 문학적

재능에서 친구 윤동주에게 콤플렉스를 가졌다고 전하는 문익환은 오랜 훗날 끝내는 시집을 냈다. 시적 완성도를 떠나 그의 시집은 꽤 읽히기도 했다.

문익환의 통일론이 1980년대 말 이후 좌파 민족주의에 견인된 측면이 있다는 것을 부정하기는 힘들다. 그렇지만 그것은 후일의 일이고, 이전의 문익환은 '순수한' 운동가이자 무엇보다 학자였다. 문익환이 한국 최고의 구약 신학자였다는 사실은 그리 알려져 있지 않다. 그는 1960년대 후반 신구교 성서 공동 번역 프로젝트가 시작될 때 구약 파트 최고 책임자였다. 특히 그는 구약의 예언자 전승 연구의 최고 권위자였다.

1950년대까지만 해도 구약의 예언서에 대한 해석 글 정도를 잡지《기독교사상》등에 투고하던 문익환은 1960년대 중반 들어 기독교 토착화에 대한 자기 생각을 내놓기 시작했다. 문익환은 기독교가 히브리와 그리스의 기질을 받아 태동하고 자라 오늘날 세계 교회의 형식이자 내용이 되었음을 전제한 후, 우리 문화가 이와 같을 수 없으므로 한국 기독교의 토착화 운동이 필요하다고 주장했다.[193] 이 생각의 근저에는 당대 제3세계 국가들에서 일어난 탈식민 운동의 흐름이 있었다. 강원용을 통해 한국 기독교계에 보고되었던 세계교회협의회(WCC)의 움직임이 그 통로가 되었을 것이다. 후일 문익환이 통일에서 외세를 배제하고 '자주'를 강조할 때 밑바탕이 된 생각이 이즈음부터 시작되었다고 보아야 한다.

유신 정권이 말기로 치닫던 1976년, '3·1 민주 구국 선언'은 문익환 목사가 민주화 운동에 뛰어들면서 생긴 첫 번째 사건이었다. 가톨릭과 개신교의 합작으로 유신 헌법 철폐를 선언한 이 사건으로 선언서에 서명한 열한 명 전원이 구속되었다.

이 사건과 관련한 일화를 보면 문익환, 서남동 등 한신계 인사들의 순수성이 고스란히 드러난다. 사건 관련자들은 1977년 여름부터 순차적으로 석방되었고, 그해 연말에 문익환, 문동환, 서남동, 이문영, 문정현 다섯 사람이 여전히 수감자로 남아 있었다. 몇몇 한신 쪽 인사들이 김재규 중앙정보부장과 연내 석방을 교섭, 각서를 쓰고 나오기로 합의를 보았고, 이제 교도소를 돌면서 수감자들을 설득하면 되는 상황이었다. 박형규는 이때를 기록했다.

설득하기가 어려울 것이라고 예상했던 문익환은 우리더러 수고했다며 문안을 보고 그대로 정성스럽게 각서를 썼다. 문제는 마산에서 생겼다. 서남동은 정말 수감 생활을 즐기고 있는 것 같았다. "여기에서 조용히 공부 좀 하겠다는데 왜 나오라고 하느냐"는 것이었다.[194]

한신계 사람들은 전략 전술을 따지는 치밀한 운동가가 아니었다. 진한 동지애로 뭉쳐진, 순진하기 이를 데 없는 부류였다. 훗날 문익환의 방북과 통일론, 심지어 NL(민족 해방계)로의 경사도 '계산되지 않은' 것이었을 가능성이 크다.

문익환만큼 대중에 알려지지는 않았으나, '사상'으로서 한국 신학을 이야기할 때 안병무를 빼놓고 가기 어렵다. 한신의 인물들은 대개 민중신학적 지향을 가졌지만, 세계 신학계에 알려진 '학문'으로서의 민중신학('Minjung' Theology)은 안병무가 수립한 것이다.

안병무가 기독교인이 된 것은 어릴 적 집안 환경과 관련이 있었다. 한의사였던 아버지는 항상 술에 취해 있었고 소실을 두어 본가에 들였는데, 소년 시절의 안병무는 이런 환경을 몹시 힘들어했다고 한다. "교회를 다니는 사람들은 술도, 첩질도 하지 않는다는 말에 그의 마음은 결정적으로 움직여 마침내 그는 교회에 발을 들여놓게 되었다. 그가 초등학교 5학년 때의 일이었다." 봉건적 아버지가 교회에 가는 것을 막자, "안병무는 어머니를 모시고 아버지 집을 떠나 분가하게 된다."[195]

소년 시절부터 설교를 아주 잘했다는 안병무는 끝내 목사가 되지 않았다. 후일 안병무가 평신도 교회를 창립하고 목사 안수를 받지 않은 것은 무교회주의자 함석헌의 영향이었다. 안병무는 김재준의 제자들, 즉 한신계 인물들 가운데 함석헌과 젊은 시절부터 접점을 가진 희귀한 경우였다. 일제 말기 일본에서 대학 예과를 수료하고 돌아와 해방 후 서울대 문리대 사회학과에 다시 입학한 안병무는 이미 대학 시절부터 함석헌을 따랐다고 한다.[196] 서울대에 처음으로 생긴 기독 학생회에서 안병무가 초대 회장을 하고 있을 때였다.

안병무는 함석헌과 친밀한 관계를 내내 유지했다. "그(안병무)가 '선생님'이라고 부르는 두 분이 계셨다. 한 분은 직접 만주 용정 은진중학교 시절부터 은사로 모신 장공 김재준 목사요, 다른 한 분은 함석헌 옹이었다."[197] 김재준은 안병무에게 평생의 은사였는데도,

신학적 영감과 사상에서 안병무가 더 많은 영향을 받은 쪽은 함석 헌이라는 평이 있다.[198] 안병무는 한신대 교무 과장으로 있던 1971 년, 중앙정보부의 압력에도 함석헌을 '동양 고전' 과목 강사로 청 빙하기도 했다.

미국 교단의 절대적 영향 아래 있던 한국 기독교 풍토에서, 안병 무가 독일 교회와 한국 교회를 잇는 역할을 한 것은 주목할 일이다. 1970년대의 한국 민주화 운동에 독일 교회의 막후 지원이 있었던 데는 안병무의 영향이 절대적이었다. 나아가 안병무는 독일 교회 의 지원으로 '한국적인' 신학의 창출을 시도했다. 1973년에 설립 한 한국신학연구소가 공간적 중심이 되었다.

신학도 '상황'이 던지는 문제의식에 기반을 두어야 하며, 한국 사 회 상황에서 요청되는 '한국 신학'이란 결국 민중이 처한 고난과 그 고난을 이겨내는 운동을 설명할 수 있는 '민중신학'이어야 한다고 안병무는 생각했다. 억눌린 자를 중심에 놓는 '민중신학'은, 안병무 의 서울대 사회학과 후배인 한완상의 '민중 사회학'에도 결정적 영 향을 준다.

훗날 안병무는 민중신학이 자기 삶의 주제가 된 계기를, 많은 사 람들이 그러하듯 1970년 전태일 분신 사건에 두었다. 전태일로 인 해 살아 있는 민중을 보았고, 이 민중 '사건' 안에 그리스도가 현존 한다는 사실을 깨달았다는 것이다.[199] 안병무의 신학에서는 민중 사 건 체험이 일종의 '종교적 체험'이 되는데, 1980년대 중후반 좌파 운 동 진영의 시각에서 '비과학'으로 비판되던 1970년대의 민중론은

용정 은진중학교 교사로 있을 때, 김
재준은 강원용, 안병무(사진)를 제자
로 길러냈고 문익환, 윤동주와 인연을
맺었다. 나중에 구약학의 권위자였던
문익환은 탈식민주의 신학의 영향을
받아 기독교 토착화 운동에 앞장섰고,
안병무는 전태일 분신사건에서 예수
의 현신을 보고 민중신학을 개척했다.

한신에서 이렇게 종교적 체험론과 결부되었다. 민중신학의 '민중'이
'체험', '사건'과 결부되는 한 사회학적 계급론으로 환원될 수 없는
것은 당연했다.

  기독교장로회라는 교파와 별도로, 한신의 계보는 오늘날 다소 애
매한 지점에 놓인 것으로 보인다. 옳고 그름을 떠나 문익환의 '토
착화론'이나 안병무의 '민중신학론' 자체가 큰 반향을 일으키기 어
려운 시대가 되었다. 그렇지만 한신 그룹이 한국 지성사에 남긴 영
향은 무시될 수 없다. 이들에 대해 오랜 시간이 흐른 후 지명관은
다음과 같이 평가했다. "싸우는 사람들이 지식인이니까, 싸우면서
그걸 신앙적으로 설명하려고 그러고, 사상사적으로 설명하려 그러
는 시대"였다는 것이다.[200] 이 평가는 한신 그룹 같은, '행동하는 지
성'들에게 온전히 적절하다.

15
통합의 중재자 강원용

대중적으로 널리 알려진 문익환을 제외하면, 한신 그룹에서 주목해야 할 첫째 인물은 단연 강원용이다. 김재준은 물론 문익환, 안병무 등이 모두 학교(한신대)에 적을 두었던 사람들이라면, 김재준의 또 한 명의 걸출한 제자 강원용은 학교 바깥의 일선 목회자이자 탁월한 조직가이며 활동가였다.

강원용이 운영하던 서울 수유리 아카데미 하우스가 1970년대 정권의 탄압으로부터 민주 진영 인사들의 피신처가 되었음은 잘 알려져 있다. 한국 현대 지성사에서 한신의 위치를 이야기하려면 한신과 기장(기독교장로회)이 가지고 있던 '조직'으로서의 영향력 문제를 피해 가기 어려운데, 강원용이 그 영향력의 핵심을 이룬다.

1917년 함경남도 이원 출생인 강원용은 나이 서른도 되기 전인 해방기에 이미 청년 웅변가로 이름을 날렸고, 이후 목회할 때도 탁월한 설교가로 명성을 얻었다. 훗날 김경재는 다음과 같은 표현들로 강원용을 평했다. "아마 정계로 나갔다면 대통령이 됐거나, 못해도 국무총리는 몇 번 하지 않았을까 싶어요." "웅변을 잘했고 사람을 사로잡는 힘이 있었어요." "백 년에 한 번 나올까 말까 한 명설교였습니다."[201] 강원용은 '가만히 있지 못하는' 불같은 성격을 타고났고 사자 같은 용모를 가진 사람이었다.

북간도 용정 은진중학교 재학 시절 학생회장이던 강원용은 스승 김재준의 강권과 은진중학교의 캐나다인 교장의 지원으로 1939년에 일본 메이지 학원으로 유학을 간다. 이 시기에 노동조합과 농민조합을 일본에 도입하고 빈민 운동을 하던 기독교인 가가와 도요히코를 직접 만나기도 한 것으로 전한다. 학병세대에 속하는 강원용은, 학병을 피하려고 일본에서 돌아와 문익환의 부친 문재린이 목사로 있던 용정 중앙교회의 전도사로 일하다가 해방과 함께 월남했다.

시간이 흘러서 김재준은 핵심 제자를 모두 한신대 교수로 불러 모았으나 강원용을 데려오는 데는 실패했다. 교내 권력 관계에다 강원용의 강한 성격 탓이었다. 학교에서는 그를 부담스러워 했다. 강원용은 한신대 교수진으로 들어오지 못했고, 결과적으로 학자가 아닌 현장 목회자와 활동가로 살았다. 학교에 데려오려고 강원용을 국내로 불러들였던 김재준은 '대신' 자신의 경동교회 담임 목사직을 물려주었다.

강원용이 해방 후 조선신학교에 재학하던 시절, 장로교 총회를 뒤집어엎은 일은 그의 성격을 보여 주는 단적인 예다. 1948년 4월

새문안교회에서 열린 조선예수교장로회 제34차 총회에서 김재준 목사를 자유주의 신학자로 규정하고 축출하려는 시도가 있었다. 당시 조선신학교 학생회장이던 강원용은, 이 자리에 학생들을 데리고 들어가 총회장의 사회봉을 빼앗아 던지고 서기의 멱살을 잡아 던지는 '난동'으로 김재준 측 인사들마저 경악케 했다. 그의 불같은 성격을 제어할 수 있는 사람은 김재준 정도였다. 하지만 이런 기질이 스스로 큰 인물로 성장하는 동력이 되었다.

세계교회협의회의 거물이 되다

일반적으로 강원용이라 하면 흔히 따라 붙는 수식어가 "한국이 낳은 세계적 기독교 지도자", "기독교 사회 운동의 선구자" 등이다. 사실 강원용은 한국에서보다 세계에 더 알려진 기독교 지도자다. 이렇게 된 데에는 강원용의 세계교회협의회(WCC) 활동이 있었다. WCC와의 인연은, 강원용이 뉴욕 유니언 신학교에 입학한 1954년 미국 에번스턴에서 열린 WCC 2차 총회에 참석하면서 시작되었다.

동서와 남북으로 쪼개진 국제 사회의 분열을 치유하고 교파와 교리를 넘어 교회 일치 운동을 주창하며 시작된 WCC는, 1948년 암스테르담 창립총회 선언문에 다음과 같은 문장을 포함하고 있었다.

기독교회는 공산주의와 자본주의 양자의 이데올로기를 거부해야 하며, 또 양극단 중 하나를 택하는 것이 유일한 대안이라는 잘못된 가정으로부터 사람들을 벗어나게 해야 한다.[202]

이런 WCC의 중도 통합 노선은 1950년대 후반 한국 교계에서 월남 보수 우익 기독교 세력에 의해 '용공주의'로 비난받고, 급기야 WCC 가입 문제로 대한예수교장로회(예장) 내부에서 '통합'(가입파)과 '합동'(비가입파)으로 교단이 분열하는 결과를 낳았다.[203]

강원용은 1961년 뉴델리 WCC 3차 총회에서 '교회와 사회 위원회' 위원으로 선임되면서 국제 활동을 시작했다. 뉴델리 제3차 총회는 한국 기독교 진보 진영의 지식 운동사에서 상당히 중요한 의미가 있다. 제3세계 국가에서 일어난 탈식민 운동이 WCC에 본격 상륙했기 때문이다.

여기에는 배경 설명이 필요하다. 제2차 세계대전 이후 제3세계 운동사에서 1955년 4월 반둥에서 개최된 아시아·아프리카 회의(일명 반둥 회의)는 아주 중요하다. 이 회의로부터 제3세계 탈식민 운동이 본격화되었기 때문이다. '제3세계'라는 말이 생겨난 것도 이때부터였다. 제3세계 탈식민운동의 중심지 중 하나가 인도의 뉴델리였다. 아시아 아프리카의 탈식민운동은 WCC 산하 아시아기독교협의회(EACC, 1973년 CCA로 개칭)에도 커다란 영향을 주었는데, 이 무렵 WCC 내에서 아시아기독교협의회와 함께 아시아권 교회의 비중이 커졌다. 뉴델리에서 WCC 3차 총회가 있었던 것에는 이런 배경이 있었다.

김재준의 제자였던 강원용은 경동교회를 물려받아서 현장 목회자로 활동했다. 특히 세계교회협의회 활동을 통해 유신 정권이 감히 건드릴 수 없는 세계 기독교계의 거물이 되었다. 그는 기독교인의 사랑은 정의를 실현할 사회 구조 자체의 개혁을 통해 구현되어야 한다고 선언함으로써 기독교 사회 운동의 길을 개척했다.

이 3차 총회에 강원용이 기장 대표로 참석하였다. 처음으로 아시아에서 열린 WCC 뉴델리 대회에는 아시아 아프리카의 신생 독립국 교회 지도자가 대거 참여했는데, 세계 교회의 흐름에 민감하고자 했던 강원용 등 한신과 기장의 인사들이 한국 교회의 방향을 설정함에 이 대회의 영향을 받은 것이다.

제3차 총회가 있던 뉴델리에서 열린 세계기독학생회총연맹(WSCF, WCC의 학생 조직) 대회에서 강원용은 주제 강연을 했다. 1961년에 있었던 이 강연에서 강원용은 이후로도 한국 기독교 사회 운동에서 매우 중요한 원칙이 되는 시각 하나를 제시했다. 강원용은 사회 문제에 대한 기독교회의 오랜 입장, 즉 구호와 자선으로 접근하는 것이 갖는 근본적 문제를 지적하면서, 문제를 '구조적'인 것으로 인식하고 '구조적'으로 해결해야 한다는 입장을 명확히 선언했다. "기독교인의 사랑은 보다 큰 정의를 실현할 사회 구조 자체의 개혁을 통해 구현되어야 한다."[204]

지속적으로 세계 기독교계의 흐름을 한국에 전달하고, 또 한국 상황을 세계 기독교계의 노선에 반영하고자 노력했던 강원용은 유신 선포 다음 해인 1973년, 아시아기독교협의회 회장으로 선출되었다. 이 선출이 의미하는 바는 크다. 정권이 '건드릴 수 없는' 국제적 거물이 되었던 것이다.

크리스찬아카데미의 '중간 집단 교육'

한국 기독교 진보 진영에 대한 독일의 지원은 기억해 둘 만하다. 앞장에서 서술한 안병무의 역할과 별도로, 강원용도 독일의 원조를 끌어왔다. 이삼열은 말한다. "강원용 목사님을 통해 독일 교회와 관계를 맺게 되면서 독일의 원조가 들어오기 시작한 거예요. 우리나라의 사회 발전과 민주화를 위해 독일 돈이 엄청나게 많이 들어왔어요."[205] 독일의 든든한 지원을 업고 강원용은 구상을 구체적으로 실행해 나갔다. 강원용은 독일 크리스찬아카데미의 지원을 받아 1962년 한국에서 기독교 사회 협의체 크리스찬아카데미(정식 발족 1965년)를 설립해 두었다. 아시아기독교협의회 회장이 된 이듬해인 1974년, 강원용은 민주회복국민회의 대표위원으로 이름을 올리면서 크리스찬아카데미 수원 사회교육원에서 '중간 집단 교육'을 시작했다.

크리스찬아카데미의 '중간 집단 교육'은 일종의 '활동가 양성' 교육이었다. 중간 집단 교육의 목표는 사회 각 부문의 중간급 지도자와 운동가를 양성하는 것이었다. '노동자 분과'의 경우 노조 미조직 현장에서 노조를 결성하거나 노동자 소그룹을 조직할 수 있는 인물을 키웠다. 이미 노조가 있는 경우에는 민주적이고 자주적인 노조로 발전하도록 지원하기도 했다. "교육 내용은 한마디로 의식화 프로그램"이었다.[206]

이 교육이 한국 사회 운동사에 끼친 의미는 대단하다. 김세균, 신인령, 김근태, 천영세, 이우재, 한명숙, 윤후정 등 1970년대 이후 진보 진영의 '지도급' 인사들 거의가 중간 집단 교육 프로그램의 교육 담당자이거나 교육생 출신이었다.

1974년에 시작해 1979년 '크리스찬아카데미 반공법 사건'으로 끝나기까지 약 다섯 해에 걸쳐 진행되었던 중간 집단 교육은 노동자, 농민, 여성, 학생, 종교의 다섯 분과로 운영되었다. 가장 주력한 영역은 노동자 분과의 노조 강화 교육으로 교육 담당자로 김세균, 신인령 등이, 교육 참여자로 김근태, 천영세 등이 있었으며, 농민 분과에서는 이우재가, 여성 분과에서는 한명숙, 윤후정 등이 교육 담당자로 활동했다. 한명숙, 김세균, 신인령, 이우재 등은 크리스찬아카데미 간사 신분으로 교육 활동을 하던 중 반공법 위반으로 구속되었고, 이 사건으로 교육 프로그램은 정리되었다.

이 교육 프로그램은 사회 각 방면에 많은 영향을 끼쳤다. 여성 분과의 경우 교육생들이 별도로 여성사회연구회를 구성하면서, 1977년 이화여대에서 여성학이 교양 선택 과목으로 채택되기도 했다. 제도권 학계 내 여성학의 시작이었다. 노동자 분과의 경우는 예기치 않은 씨앗을 키우기도 했다. 1980년대 말 좌파 노동 운동의 상징 중 하나인 박노해가 이때 노동자 분과 교육생으로 있었던 것이다.

이 프로그램은 훗날 다른 종교의 사회 운동에 영향을 주기도 했다. 일찍 출가하여 이십대 초반 나이였던 젊은 스님 한 사람이 농민 분과 교육생으로 있었다. 훗날 정토회를 이끄는 법륜이었다. 법륜은 이때 강원용을 처음 만나 이후 스승으로 모셨다고 한다. "사회에 대해 처음으로 눈뜨게 해 주셨을 뿐만 아니라 돌아가실 때까지 오랫동안 스승으로 모셨던 분이 바로 강원용 목사님"이라고 했다.[207] 법륜은 이때의 교육 경험을 1980년대 초반 불교계 사회 운동에 활용하다가 '기독교 프락치'로 오인 받아 승려들에게 '두들겨 맞기도' 했다고 전한다.

1979년 크리스찬아카데미 반공법 사건이 터졌을 때 강원용도 중앙정보부 조사를 받았으나, 정권은 끝내 강원용을 건드리지는 못했다. WCC가 있었기 때문이다. 게다가 강원용은 국내외 유명 인사들과 교분이 두터웠으며 정치계, 언론 방송계, 학계에 두루 넓은 인맥이 있었다. 그는 소위 사회 지도층 사이에서 '마당발'이었다. 수유리 아카데미 하우스가 재야 인사들의 피신처가 될 수 있었던 것도 이 때문이었다.

해방기부터 비롯된 중도 지향의 삶

　강원용이 사회 주요 인사들과 교분을 맺으면서 다양한 가치들 사이를 중재하고 통합을 매개하는 삶을 산 것은 일찍이 이십대 젊은 시절부터 시작된 것이었다. 해방 직후부터 이미 '청년 웅변가'로 이름나기 시작한 강원용은, 조선신학교 학생으로서 청년 정치활동을 병행했다. 이 시기 강원용은 김규식계에서 활동했다. 1946년 3월 교회청년연합회(회장 김규식) 총무를 맡았으며, 같은 해 봄에는 여운형 휘하의 김용기(후일 가나안 농군 학교 설립)와 '기독교 사회주의 동맹'을 결성하여 위원장을 맡기도 했다. 1947년 6월에는 김규식의 추천으로 좌우 합작 위원회 정식 위원(청년 대표)으로 활동했다. 요컨대 남북 분단을 막고자 했던 정치 노선의 핵심에 있었던 것이다.

　해방기 강원용은 패기만만한 젊은 세대로서 새 국가 건설에 어떤 형태로든 기여하고 싶어 했다. 여운형의 암살과 좌우 합작 위원회의 좌초 이후, 정치 활동을 접은 강원용이 힘을 집중한 영역은 기독 학생 운동으로 국가 건설을 위한 '새 세대 육성'이었다. 그는 전국의 고등학생과 대학생을 대상으로 강연을 다녔고, 강연록을 모아 1949년 하반기 이희호(훗날 김대중 전 대통령의 부인)의 도움으로

『새 시대의 건설자』라는 책을 출간하기도 했다. 발간 여섯 달 만에 6쇄가 나갔다고 한다.

　모두 알듯이, 분단과 전쟁을 거치면서 남북 모두에서 중도 노선은 설 자리를 잃었다. 1950년대 후반 평화 통일론과 중도 정치 노선을 표방하며 등장한 진보당도 조봉암의 사형과 함께 궤멸되었다. 1953년 캐나다를 거쳐 미국 유학을 떠났던 강원용은 진보당 창당(1956년 11월)을 멀리서 지켜보았던 듯하다. 훗날 강원용은 이때를 회고했다.

독일 교회의 지원을 받아 강원용은 크리스찬아카데미를 개설하고, 사회 각 부문의 중간급 지도자와 운동가를 양성하는 교육 운동에 나섰다. 김세균, 신인령, 김근태, 천영세, 이우재, 한명숙, 윤후정 등 진보 진영의 지도급 인사들이 지도자로 참여하거나 교육생이었다. 여성학이 제도적으로 시작되는 계기가 여기에서 생겨나고, 박노해, 법륜 등이 교육을 받아서 후대에 커다란 영향을 끼치게 된다.

진보당 관계자들 중에는 이명하, 윤길중, 조규희, 김기철 등 나와 가까운 사람들이 많이 있었다. (중략) 혁신 정당을 자처하며 출범한 진보당에는 해방 후 나와 함께 중간노선에서 활동한, 앞서 거명한 사람들이 모두 관계하고 있었다.[208]

강원용은 귀국 후 더 이상 정당 정치 활동을 하지 않았다. 그는 평생에 걸쳐 극단으로 기우는 것을 싫어했다. 해방기는 물론이고 크리스찬아카데미를 운영하던 1970년대에도 중간 집단 교육이 좌경화되는 것을 항상 우려했다. 이런 태도로 인해 간사나 교육생과 다소 마찰이 일기도 했던 것으로 보인다. 사실 강원용이 본 '중간 집단'의 기능은 '약자에게 힘을 주고 억압자에게 압력을 가하는 집단'이었다.[209] 말하자면, 궁극적으로는 사회 통합 견지에서 구상된 것이었다.

강원용은 기독교 노동 운동 내에서도 급진 노선을 걷던 도시산업선교회에 특히 경계를 표시했다. 그는 도시산업선교회에 대해 다음과 같이 말했다.

도시 산업 선교 운동을 벌였던 사람들, 우리나라에 들어와서도 굉장히 극성을 부렸던 이들은 소외된 사람들을 조직화하고 의식화해서 혁명을 일으켜야 한다고 주장했다. 그 시절 남미에서 해방신학이 나왔다. 이런 흐름을 타고 우리나라에서는 민중신학이 탄생했다. 이를 뒷받침하기 위해 혁명 신학과 정치 신학이 나왔다. 그전까지만 해도

보수와 진보 가운데 진보 쪽에 서 있던 사람들이 이들과 의견을 달리하게 된 것도 그런 까닭이다.[210]

"진보 쪽에 서 있던 사람들이 의견을 달리하게 되었다." 말하자면 자기 입장을 설명하는 얘기였다. 강원용의 이런 태도는 진보 진영 내에서 충돌을 일으키기도 했다. 심지어 강원용은 'WCC의 매카시'라는 별명으로 불리기도 했다. 오랜 시간이 흐른 후 지명관은 강 목사에 대해 이렇게 이야기했다.

강원용 목사는 어디까지나 래디컬한 데는 안 들어가고, 크리스찬아카데미 운동이 될 수 있는 대로 정치화하진 않고 그 직전까지 머물러 있으려고 무척 노력했어요. 아슬아슬하게 기독교의 사회참여적인 노선을 지키면서 좌경화라고 의심받는 데는 안 간다, 하고 버티고 있었는데, 그 내부의 멤버들이 그쪽으로 들어가…… 동경에 오시면 꼭 나하고 장시간 얘기하고, 철저한 중도적인 입장이었죠.[211]

강원용의 '보수적' 성향은 어떤 의미에서 진보 성향 '월남' 기독교인의 기본 성격이기도 했다. 지명관은 강원용을 포함해 자신과 같은 월남인에 대해 다음처럼 말했다. "그게(공산주의에 대한 태도) 밑바닥에 쭉 있죠. 철저한 반공 이데올로기를 가지고 있죠."[212] 학병세대 중 마지막까지 저항 진영에 남아 있던 지명관조차도 그랬다.

강원용을 어떻게 평가해야 할까. 분단과 전쟁을 거치면서 한국 사회에서 보존되기 어려웠던 '이념적 중도 노선'을 강원용이 견지하고 실행했던 것은 아닐까. 강원용은 해방기 많은 정치가들 중 여운형에게서 가장 깊은 인상을 받았다고 여러 차례 고백한 바 있다. 그는 2006년 작고할 때까지 지속적으로 여운형 추도식 집행위원장을 맡았다.

분열을 통합하고 대화의 중재자가 되고자 했던 강원용은 오늘날 일반 대중이 잘 알지는 못하더라도 지금의 대한민국 사회에 커다란 영향을 끼친 인물이었다. 그는 말 그대로 한국 현대사의 거물이었다.

16
가톨릭의 학병세대, 김수환과 지학순

한국 가톨릭의 역사는 조선시대까지 거슬러 올라간다. 그렇지만 오랜 시간 동안 한국 천주교는, 짧은 역사를 가진 개신교에 비해 사회적 영향력이 그다지 크지 못했다. 그것은 한국 천주교 탓이라고만은 할 수 없었다. '신국(神國)'을 모형화한 가톨릭 특유의 거대한 체계의 특성상, 개별 국가 또는 지역 교회가 세계 교회의 성격과 방침에 철저히 따른다는 데에도 이유가 있었다. 로마 가톨릭이 변하지 않으면 한국 천주교가 독자적 길을 가기란 불가능했다.

1960년대 들어 시작된 세계 가톨릭의 혁명적 변화와 함께, 한국에서 두 명의 걸출한 사제가 나오면서 이런 사정은 급변했다. 김수환과 지학순이었다. 두 사람은 "철이 철을 쟁쟁하게 한다."라는 성서의 표현처럼 서로를 자극하고 다듬으며 성장해 결과적으로 한국 가톨릭의 변화와 함께 가톨릭의 대사회적 영향력 확대를 이끌었다.

김수환과 지학순, 두 사람의 인연은 십대 중반에 시작되었다. 지학순은 1921년 평안남도 중화 출생으로, 열네 살 때인 1934년 중화 천주교회에서 세례명 다니엘로 영세를 받고, 1936년 3월 서울 혜화동 동성상업학교 내 소(小)신학교에 입학했다. 1922년 대구에서 태어난 김수환 스테파노는 역시 1936년 열다섯 살 때 동성학교 소신학교에 입학했다. 두 사람은 입학 동기로 만났다.

이 해 동성 소신학교 입학 동기는 대구, 서울, 평양 교구에서 온 학생들로 총 마흔네 명이었다. 이때 동기들이 김수환, 지학순, 김재덕, 김정진 등으로, 1936년 입학 동기생들 중에서 후일 추기경 한 명(김수환)과 주교 두 명(원주교구장 지학순, 전주교구장 김재덕)이 배출되었다. 어릴 때 만난 이들이 나이가 들어도 으레 그렇듯, 이들도 평생 사석에서는 반말을 썼다고 한다.

입학은 같이 했으나 지학순은 소신학교를 끝내 졸업하지 못했다. 신병 때문이었다. 그는 과정을 마치지 못하고 1940년 8월 폐결핵으로 중퇴했다. 몇 년 동안의 치료와 모색 끝에 지학순은 1943년 3월 함남 원산 근교에 있던 가톨릭 덕원 신학교 중등과 5학년에 편입했다. 몇 년의 허비는 결과적으로 나쁘진 않았다. 동년배들이 학병으로 끌려갈 때, 지학순은 중학생이었던 까닭에 대상에서 제외될 수 있었다. 이후 고등과에서 철학 전공 2년을 거쳐 해방 후인 1948년 3월 덕원신학교 신학과에 진학했다. 덕원신학교는 베네딕트수도원과 같은 계열로, 여기서 어릴 때 평양 교구에서 예비 신학교를 같이 다닌 윤공희(후일 대주교)와 재회했다.

이북에서 공산 정권이 수립되고 1949년 5월 정권에 의해 덕원 신학교가 폐쇄되자, 지학순은 월남을 시도했다. 그런데 이 시기는 38선 양쪽에서 정부 수립이 이미 이루어졌을 때였고, 그만큼 국경 경비가 철저했다. 지학순은 월남 중 황해도 해주에서 체포되어 넉 달간 수감되는 곤욕을 겪었다. 1950년 1월 17일 윤공희와 함께 재차 시도하여 월남에 성공했다. 곧바로 2월에 서울 가톨릭 신학대학(대(大)신학교)에 편입학했다.

한편, 김수환은 동성신학교 졸업 성적이 우수하여 대구 교구 지원으로 1941년 3월 일본으로 유학 갔다. 김수환이 유학 간 곳은 일본 조치(上智)대학으로, 후일 한국에서 서강대학을 설립한 가톨릭 예수회가 1913년에 일본에서 설립한 대학이었다. 이때 대학 입학 동기로 후일 극작가가 된 한운사, 2년 선배로 훗날 연세대 철학과 교수 김형석, 종로서적 회장 장하구 등이 있었다.[213]

김수환은 1944년 1월 20일 부산에서 학병으로 징집되었다. 일제 말기, 4000명이 훨씬 넘는 조선인 학병들은 각지 160여 군데 부대에 분산 배치되었다. 그중에는 일본 남쪽 태평양 군도로 배치된 이들도 있었다. 그중 한 사람이 김수환이었다. 김수환은 본토 일본군에 소속되었던 까닭에 해방이 되고도 두 해나 더 지나서 귀국할 수 있었다.

결과적으로 김수환과 지학순은, 1950년 봄 학기 서울 혜화동 대신학교에서 다시 만났다. 학병에 끌려갔다 늦게 돌아온 김수환과 천신만고 끝에 월남한 지학순이 또다시 같은 학년으로 만난 것이

한국 가톨릭계의 거목인 김수환 (사진 왼쪽)과 지학순(사진 오른쪽) 역시 학병 세대에 속한다. 두 사람은 교회 현대화를 선언한 제 2차 바티칸 공의회가 있은 직후, 교구를 책임지는 주교가 되었다. 두 사람은 바티칸 공의회에서 채택된 「사목 헌장」을 한국에서 실현하려고 노력했다. "교회가 사회 참여를 해야 하는 것은 교회의 절대적인 의무"라고 주장하면서 가톨릭교회의 사회 참여를 이끌었다.

었다. 이 인연은 특별하다고 할 만했다. 지학순이 병으로, 김수환은 종전 후 귀국이 늦어 신학 수업이 미뤄지는 바람에, 두 사람은 나이 서른이 다 되어 다시 동급생이 되었다.

두 사람은 신학대학을 졸업하고 각각 사제 서품을 받았다. 김수환은 서른 살 되던 해인 1951년 9월, 고향인 대구 대성당에서 사제 서품을 받았다. 지학순은 동기들 중 가장 늦게, 1952년 12월 피란지 부산에서 노기남 대주교의 주례로 사제 서품을 받았다. 서품 직후인 1953년 1월, 지학순의 첫 부임지는 거제도 반공 포로수용소 성당이었다. 인민군 포로에게 정신 교육을 시키는 것이 주 업무였다. 어찌 보면 월남민의 설움이라 할 만한 일이었다.

동기 중 가장 늦게 사제 서품을 받은 지학순이, 후일 주교 서품은 가장 먼저 받았다. 1965년 6월 원주 교구의 설립과 함께 초대 교구장으로 임명된 것이다. 김수환도 이듬해인 1966년 3월 주교 서품을 받고 마산 교구의 초대 교구장으로 임명되었다. 두 사람은 앞서거니 뒤서거니 하면서 함께 가고 있었다.

가톨릭의 혁명, 제2차 바티칸 공의회

1962~1965년에 걸쳐 총 4차 회기로 열린 제2차 바티칸공의회(1차 공의회는 1869~1870년)는 세계 가톨릭 역사에서 매우 중요한 사건이다. 교회가 전통에만 집착할 게 아니라 '현대 세계'의 변화에 맞춰 쇄신해야 한다는 것, 성직자 중심에서 벗어나 평신도 운동이 일어나야 한다는 것, 무엇보다 교회가 세상에 '참여'해야 한다는 것이 골자였다. 장구한 역사 동안 크게 변하지 않던 가톨릭으로서는 혁명적 테제였다. '교회 현대화'에는 미사 형식도 포함되었다. 미사에서 라틴어 외에 모국어 사용이 허용되면서, 한국에서도 1965년부터 사제가 신자들을 바라보며 한국어로 미사를 집전하게 되었다.

제2차 바티칸공의회에서 도출된 「현대 세계의 사목 헌장」은 한국 가톨릭에도 대단히 의미 있는 것이었다. 지학순과 김수환은 공의회 정신과 「사목 헌장」을 한국에서 실현하려 노력했던 대표적 인물들이었다. 두 사람은 공의회의 핵심 키워드인 '교회의 현대화'를 '사회 참여'로 이해했다.

교회가 사회참여를 해야 하는 것은 교회의 절대적인 의무이다. 오늘의 교회가 사회문제에 대하여 전연 외면하고 있다면 교회는 인류 앞에서 하나의 골동품이 되어버리고 말 것이다.[214]

그런데 김수환은 제2차 바티칸 공의회 이전에 이미 가톨릭 현대화와 관련한 공부를 하고 있었다. 한국에서 서강대 설립을 준비하던 게페르트 신부로부터 기독교 사회학 공부를 권유받은 김수환은 1956년 7월, 독일 뮌스터 대학에 유학해 요제프 회프너 교수에게서 기독교 사회학을 사사했다. 회프너 신부의 기독교 사회학 이론은 후일 제2차 바티칸공의회에 큰 영향을 끼친 것이었다.[215] 이때 공부한 기독교 사회학이 훗날 김수환의 사목에 주요 기반이 되었다.

회프너의 제자로 있던 김수환은 공의회의 정신을 정확히 이해할 수 있었고, 귀국 후 한국 가톨릭에 그 정신을 알리는 선구자 역할을 할 수 있었다. 후일 추기경으로서 김수환이 1970~1980년대 한국 민주화 운동에 참여한 것도 이런 맥락에 있었다.

김수환이 독일 유학을 끝내고 여덟 해 만에 귀국한 것은 공의회 기간 중인 1964년 5월이었다. 귀국 후 김수환은 신문사인 가톨릭시보사(대구 매일신문사와 같은 건물에 있었다.) 사장으로 취임했다. 바티칸공의회가 끝난 이듬해인 1966년, 김수환은 《가톨릭시보》에

제2차 바티칸공의회가 채택한 「사목 헌장」을 직접 번역 소개했다. 「사목 헌장」은 방대한 문서였다. 김수환은 1966년 상반기에 수차에 걸쳐 이 문서를 번역했다. 이후 「사목 헌장」은 1970년대 김수환 등 가톨릭 인사들의 민주화 운동 참여를 정당화하는 문헌이 된다.

1969년 4월, 마흔여덟 살의 나이로 김수환은 교황 바오로 6세에 의해 세계 최연소 추기경으로 서임되었다. 새 시대에 걸맞는 세대 교체의 일환이었다. 새로 서임된 추기경에는 인도, 필리핀, 한국, 콩고 등 제3세계 성직자가 열한 명이나 포함되었다. 가톨릭의 세계화이면서 동시에 제2차 바티칸공의회 정신의 실천이었다.[216] 아시아 아프리카에서 제3세계 민족주의 운동이 전개되고 서방에서는 68혁명의 바람이 불고 있을 때였다.

추기경 김수환, 한국 가톨릭을 바꾸다

김수환의 소신학교 시절에 얽힌 흥미로운 일화 하나가 있다. 1940년 혜화동 동성상업학교 소신학교 졸업반 당시 그는 수신(修身) 시험 답지에 "나는 황국신민이 아니다."라고 썼다가 교장인 장면에게 불려 가 뺨을 맞은 일이 있었다. 후일 제2공화국 총리가 된 장면이 이때 가톨릭계 동성 학교의 교장이었다. 많은 학병세대 인물들이 품었던, 선배 세대에 대한 불신이 김수환에게도 있었을지 모른다. 그렇지만 오랜 시간이 흐른 후 장면의 아들 장익 신부가 김수환의 비서 역할을 했다.

말하자면, 김수환은 조용하지만 옳고 그름에 대한 자기 확신이 강한 사람이었다. 추기경으로 서임되기 전 이미 김수환은 제2차 바티칸공의회의 정신을 구체적인 '운동'으로 풀어내기 시작했다. 1968년 2월 8일 주교 회의에서 한국 천주교 주교단 성명서가 발표되었는데, 김수환이 작성한 이 문서는 한국 가톨릭 주교 회의 최초의 사회 문제 성명서였다. '사회 정의와 노동자 권익 옹호를 위한 주교단 공동 성명서'라는 제목의 이 문건에서 김수환은, "주교단은 노동자들의 정당한 활동을 지지한다. 주교들은 부당한 노사 관계를 개선하는 데 적극 노력할 것이다."라고 썼다.[217] 이듬해인 1969년《동아일보》와 한 신년 인터뷰에서는, 저임금 노동자들을 희생시키는 방식의 산업화에 문제를 제기하기도 했다. "인간을 먼저 생각해 주기를 바란다."[218] 전태일 분신 사건이 있기 전이었다.

추기경으로 서임된 1969년, 김수환은 노동자 문제를 갖고 개신교 강원용 목사와 만났다. 김 추기경과 강 목사의 활동 사이에는 닮은 점이 있었다. 제2차 바티칸공의회가 열린 시점은 WCC에서도 제3세계 교회가 떠오르는 시점이었다. 비슷한 배경을 가지고 두 사람은 움직였던 셈이다. 1969년 10월 24일, 가톨릭과 개신교의 연합으로 노동자 인권을 주제로 강연회를 개최하고 공동 결의문을 발표했다. 「가톨릭과 개신교의 노동 문제 공동 결의문」에는 노동자 지위 향상, 노동운동 육성, 노동법 개정, 민주사회 건설 등의 내용이 담겼다.

1971년 12월 6일, '유신'을 예견케 하는 박정희 대통령의 '국가 비상사태' 선언이 있었다. 1970년대 전체를 통째 흔들 큰 싸움의 시작이었다. 비상사태 선언 직후인 1971년 12월 중순, 김수환은 천주교 주교단 정기 총회에서 1972년을 '정의 평화의 해'로 선포하고 사회정의 추진위원회를 구성한 후 위원장을 맡았다. 이해 연말, 훗날 사람들이 김수환을 기억할 때 먼저 떠올리는 아주 유명한 사건이 일어났다. 12월 24일 자정 KBS가 생중계하는 명동성당 성탄 자정미사에서 김수환 추기경은 언론사 배포 자료에 없던 원고지 10매 분량을 추가 강론했다. 그는 정부의 '국가 보위 특별조치법' 입법 예고를 비판하면서, "우리나라는 독재 아니면 폭력 혁명이라는 양자택일의 운명에 직면할지도" 모른다는 발언을 했다. 생방송을 보던 박정희의 방송 중단 지시가 있었다고 한다. 하지만 박정희는 '추기경'을 건드리지는 못했다.

1972년 남북이 야합한 '기만적인' 7 · 4 남북공동성명이 있었을 때, 장준하 등 비판적 지식인들조차 정부 '전략'에 현혹되어 있었다. 이때 김수환은 남북공동성명 직후인 8월 9일 발표한 광복절 메시지에서, "7 · 4 성명의 진의는 무엇인가? 이 성명은 남북한 집권자들의 정권 연장을 위한 권력 정치의 술수"라고 정확히 사태의 본질을 꿰뚫는 말을 했다. 이날 기자회견에서 그는 말했다. "저는 7 · 4 남북공동성명의 진의에 의구심을 갖고 있습니다. 7 · 4성명은 비상사태 선포 이유와 앞뒤가 맞지 않습니다."[219] 그는 이날, 정부는 '비상사태'를 철회하고 남북 대화에 앞서서 자유의 보장과 정

1971년 성탄 자정미사 강론서 '비상대권' 비판

추기경 **김수환** 이야기 〉28〈

내가 만난 박정희 대통령

박 대통령, 미사 중계 보다 화를 내며 방송 중지 명령
"장기 집권 욕심 버렸으면 존경 받았을텐데" 아쉬워

서울대교구장 재임 30년(1968년~
1998년) 동안 박정희 대통령부터 김대
중 대통령까지 여섯분의 대통령을 만
났다. 그 30년은 압도적이나 한국사의 격
동기였다.
이런 대통령과는 팽팽한 긴장 속에
서 마주앉아 담판을 짓고, 또 어떤 대
통령과는 그리저럭 편안한 관계를 유
지했다. 청와대에서 만나자는 전갈이
오면 "제발 날 그만 불렀으면…" 하는
마음부터 들게되는 대통령도 있었다.
박정희 대통령과는 1968년 6월7일
교구장 취임 인사차 처음 만났다. 첫
인상은 틀에 대로 소박하고 소탈했다.
뒤늦게 되어 앉은 집무실은 1965년 한
일 유적시협 비준에 따른 반발과, 러
5·16 군사정변을 지휘하는 사진을 통해 그

현실과 너무나 동떨어져 있었다. 또도
답답해서 대통령 측근 중에 내가 아는
분이 성탄 하루 전날 전방에서 위문공
간다고 하길래 같이 가자고 따라 나섰
다. 그에게 뭔가 하고 싶은 것이 있
었기 때문이다.
"비상대권 요구가 박 대통령 의지입
니까, 아니면 주변 사람들 의지입니
까?"
"글쎄요… 대통령 자신 본인의 의
지라고 보시면 됩니다."
전방부대에서 돌아와 하루 종일 고
민에 빠졌다. 그 고민에 대한 최종 답
을 얻은 시각은 성탄 자정미사를 한 시
간 남겨둔 밤 11시쯤이다. KBS TV로 전
국에 생중계되는 그날 자정미사 강론
에서 법문을 염았다.
"… 재와 어디서 무엇을 하고 있

김수환은 1971년 12월 24일 성탄 자정미사에서 예정에 없던 원고로 정권의 실체를
폭로했다. 유신 선포 다음해 김수환은 "인간의 근본적 자유와 권리의 본질적 내용을
침해할 때에는 그것은 이미 법이라 부를 수 없다"면서 자연법 사상에 근거해 유신헌
법을 강력하게 비판했다. 사진은 후일 《평화신문》에 실린 이 사건에 대한 회고 부분.

의의 실현부터 할 것을 주장했다.

　유신헌법이 등장했을 때 김수환은 '자연법' 사상을 근거로 이것
을 비판했다. 1973년의 다음 글을 보자.

　　법이라 이름을 붙이면 다 법이 될 수 있는 것은 아닙니다. 자연법과
　　도리에 맞아야 법다운 법이 됩니다. 인간의 근본적 자유와 권리의 본
　　질적 내용을 침해할 때는 그것은 이미 법이라 부를 수도 없으며, 인
　　간 본성과 자연법에 위배되는 악법이요, 그같은 법은 교황이 지적한
　　대로 법적 효력을 잃게 됩니다.[220]

'자연법'이란 신적 정의에 기초해 모든 실정법 위에 존재하는 원리이다. 이 자연법은 세계와 인간에 내재한 신의 본성에 기반을 둔다. 국가의 법이 이와 배치된다면 그것은 악법이며 따라서 '무효'라는 것이다. 물론 김수환은 유신헌법을 염두에 두었을 것이다. 이런 생각은 이듬해 민청학련 사건이 일어났을 때 지학순 '양심선언'의 기본 논리이기도 했다.

그런데 자연법으로 국가의 실정법을 비판하는 것은, 실은 국가와 법에 대한 가톨릭 교서에 근거를 둔 것이었다. 교황 요한 23세의 교서 「지상의 평화」 38조는 다음과 같다.

> 무릇 지배의 권한은 도덕적 질서에서 요구되고, 천주께로부터 전래하는 것이므로, 만일에 국가의 지배자들이 그러한 질서와 천주의 의사에 반대되게 입법하거나 혹은 명령하는 경우에는 그것은 입법도 아니고 국민들의 양심에 의무를 부과할 효력도 없다.[221]

국가가 신으로부터 부여받은 제 역할을 못하면 그 국가의 모든 공권력과 법제를 인정할 수 없다는 이런 생각은 교황청 회칙에 기초한 것이었다. 김수환은 철저히 로마 가톨릭에 충실하고자 했다. 어떤 의미에서 그는 원칙주의자였다.

김수환은 충실한 가톨릭 신자였고, 또 대부분의 그 세대 종교인이 그렇듯 '반공주의자'이기도 했다. 1971년 대통령 선거 직전 김수환이 발표한 성명서에는 강한 반공, 반북 의식이 나타난다.

우리는 물론 누구나 평화적 남북통일을 무엇보다도 소망하고 있다. 그러나 공산주의의 술책을 잘 아는 우리들로서는 중공의 정치 미소 뒤에 감추어진 평화 공세 흉계에 말려들지 말아야 하며 이럴 때일수록 북괴의 도발을 지극히 경계해야 한다. 특히 북괴는 위와 같은 국제 정세 변화에 편승하여 이를 그들의 적색 평화 통일의 호기로 보고, 대소의 무력 폭력을 써서 우리의 국가 안전, 사회 안전을 직접 위협함과 동시에 교묘한 선전전, 심리전, 사상전을 전개하여 대한민국의 분열을 노리고 있다.[222]

김수환은 공산주의에 대해 확고한 비판 의식을 품었다는 점에서 1970년대의 지학순과 다소 갈라진다. 김수환은 유신 말기에도 이런 생각을 견지하고 있었다. 다음의 글을 보자.

공산주의를 총칼로 격퇴할 수 있다고만 생각하면 큰 착오입니다. 오늘의 공산주의는 휴전선을 넘어서가 아니고 정신의 공백을 타고 옵니다. 그 공백에서 오는 진리, 정의, 자유에 대한 참된 가치관이 없는 틈을 타고 들어옵니다. 그런 가치관이 없음으로 해서 생기는 사회의 부정부패, 부조리, 빈부의 격차를 타고 옵니다.[223]

공산주의의 도발을 막기 위해서라도 자유와 정의의 사회를 만들어야 한다는 생각은, 어떤 면에서 1950년대《사상계》지식인들의 논리와 유사한 것이었다. 확실히 김수환은 물질보다 인간을 강조하는 순수한 의미의 인간주의자에 가까웠다. 이런 맥락에서 자본주의와 공산주의는 물질주의라는 점에서 함께 비판되었다.

> 먼저 인간이 있고 다음에 경제가 있습니다. 그러나 우리나라의 오늘날 상황은 어떠합니까? 이와는 정반대 현상을 목격하게 됩니다. 노동문제가 그 대표적인 사례입니다. (중략) 자본주의는 공산주의와 정반대의 상극관계에 서 있습니다. 그러나 인간을 물질 이하로 격하시키는 유물사상에 있어서는 양자 사이에 일맥상통하는 점이 있습니다. 인간이 없는 물질적 발전은 또 하나의 재앙일 뿐입니다.[224]

지학순, 원주를 한국 민주화 운동의 성지로 만들다

지학순은 직선적 성격에 무뚝뚝하고 심지어 '고약하다'는 소리까지 들을 정도의 사람이었다. "옳지 않다고 생각되면 참지 못하는 성미였다. 그의 정의감은 늘 참을성을 이기곤 했다."[225] 지나치게 비판적 성격이라는 주위 우려도 많았다. 하지만 오늘의 시점에서 지학순이 이루어 놓은 일들을 찬찬히 돌이켜보면, 그의 이런 기질을 반드시 부정적인 것으로 여겨야 할 것은 아님을 알 수 있다.

한국전쟁 시기, 거제 포로수용소 성당에서 윤공희와 함께 종군신부로 근무하던 지학순은, 휴전 후 1953년 11월부터 청주에서 보좌신부로 있다가 1956년 10월 로마 프로파간다 대학으로 유학을 갔다. 역시 윤공희와 함께였다. "그러나 지학순 신부는 본래 학자 타입이 아니었다. 로마에서 그는 공부보다 사람 사귀는 것을 더 좋아하였다."[226] 1959년에 귀국, 1960년 3월부터 서울 가톨릭신학대학 교회법 교수를 하다가 1962년 4월 부산 초장동 천주교회로 첫 본당 발령을 받았다.

제2차 바티칸공의회 과정인 1965년 3월, 한국 원주교구가 탄생하면서 초대 교구장으로 지학순이 임명되었다. 지학순 주교의 취임사는 이후 박정희 정권과의 갈등을 예고하는 듯하다. "윤리 도덕의 확립이 물질과 무력의 권위에 선행해야 합니다."[227] '윤리'의 의미, 내용을 두고 국가와의 싸움이 예견되는 장면이었다.

바티칸공의회 「사목 헌장」이 강조한 평신도 운동은 한국에서는 지학순의 원주에서 꽃을 피웠다. 지학순은 준비 과정을 거쳐 1970년 7월 원주 꾸르실료 운동을 시작했다. 평신도 지도자들을 양성하는 과정이었다. 지학순은 가톨릭 교회도 평신도 중심으로 가야 한다고 생각했다. 또한 그는 신앙은 생활 운동의 형태로 나타나야 한다고 보았다. 교구장 취임 이듬해인 1966년 11월, 지학순은 사목지침을 통해 원주 신용협동조합(이사장 장일순)을 조직했다. 신협에서는 소비조합 기능도 겸하면서 소비 물품을 공동 구매하고 생활 자금을 유통했다. 이 조합 운동이 오늘날 원주의 생활 협동조합 운동과 이제는 전국적으로 유명해진 '한살림' 운동의 모태가 되었다.

지학순이 원주에서 장일순을 만난 것은 두고두고 기억될 장면이

라 할 만하다. 두 사람의 만남은 지학순의 원주 부임 직후에 이루어
졌다. 지학순의 나이 마흔다섯 살, 장일순이 서른여덟 살 때였다.
둘은 금방 서로의 됨됨이를 알아보았던 듯하다. 지학순은 곧바로
장일순을 평신도 운동의 지도자로 내세웠다.

한국 현대사에서 원주라는 지역을 이야기할 때 장일순을 빼놓고
말하기란 불가능하다. 원주 토박이 장일순은 열세 살 때 세례를 받
은 천주교 신자였다. 서울대 미학과를 중퇴하고 도산 안창호의 뜻
을 계승하고자 대성학원을 설립하고 이사장이 되었다. 4·19 혁명
시기에는 중립화 통일론을 주장하다 5·16 쿠데타 이후 세 해 동안

지학순은 원주를 가톨릭 평신
도 운동의 성지로 만들었다. 신
앙을 생활 운동의 형태로 실현
하려 했던 그는 장일순과 힘을
합쳐 신용협동조합 운동을 전
개했으며, 이는 훗날 한살림 운
동으로 이어졌다. 그는 민청학
련 사건에 연루되어 구속될 때
'양심선언'을 남겼으며, 이는 민
주 투사들에게 하나의 전통이
되었다.

감옥살이를 하기도 했다. 장일순의 입장에서도, 지학순과 만남은 자신이 꿈꾸는 지역 운동의 큰 전기가 되었다. 지학순 주교가 원주 교구장으로 왔을 때 장일순은, 지학순의 강력한 후원을 배경으로 평신도 운동과 생활 운동을 전개했다. 그는 내내 지학순의 조언자로 있었으며, 서울대 미학과 후배 김지하를 지학순에게 매개하기도 했다.

지학순은 거침없는 사람이었고, 자신이 믿는 사람을 후원하는 일이나 옳다고 생각하는 방향으로 달리는 데에는 뒤돌아보지 않는 사람이었다. 박정희 정권의 1971년 '국가 비상사태 선언' 직후, 김수환이 서울에서 움직이던 1971년 연말에 지학순은 원주에서 성탄절 메시지를 겸해 다음과 같은 내용의 「1972년 사목 교서」를 발표했다.

> 교회의 사회적 책임을 수행하려, 불의에 대한 과감한 투쟁을 선포한다. (중략) 오늘의 한국 사회는 극도에 달한 불평등과 부자유, 억압과 빈곤으로 말미암아 전 민중이 무서운 절망 속에 빠져 있으며, 나는 오늘의 우리나라 사회의 위기의 원인이 국민에게 있는 것이 아니라 현 정권 자체에 있음을 엄숙히 지적하는 바이다. (중략) 현 정권은 구호 상으로는 한때 민족적 민주주의를 외쳤으나 실제로는 철저히 외세 의존적이었다. 사회정의 실현은 누가 거저 주는 것이 아니며 억압받고 있는 사람들이 싸워 찾는 수밖에 없는 것이다. 우리 민중의 앞길을 가로막을 자는 이 세상에 없다.[228]

1970년대 지학순은 시간이 흐를수록 급진화되었다. 원주 교구의「1973년 사목 교서」를 보면, 지학순이 이 무렵 라틴아메리카의 해방신학을 받아들였음을 알 수 있다. "올해 우리 교구의 활동 목표는 새로운 신학의 토대 위에서 사회 정의의 구체적 실천을 조직 전개하는 것이다."[229] 지학순은 사제들에게 라틴아메리카와 아프리카 교회에서 사목 경험을 배우도록 요구했다. 당시 라틴아메리카에서는 1968년 이후 해방신학이 공식 신학으로 인준된 상태였다.

이 즈음 한국 천주교회 역사에 커다란 전기가 된 사건이 일어났다. 1974년 4월 3일 민청학련(전국민주청년학생총연맹) 사건이 공안 기관에 의해 발표되면서 203명이 대량 구속되었는데, 지학순이 이 사건에 연루되어 구속된 것이다. 지학순은 김지하를 통해 민청학련 활동 자금을 제공한 혐의를 받았다. 김지하가 원주 학성동 주교관 뒤편에 살고 있을 때였다.

원주에서 중학교를 나온 김지하(본명 김영일)는 민청학련 사건 몇 년 전인 1970년 5월「오적」필화로 몇 달간 감옥살이를 했는데, 석방 직후인 1970년 10월부터 원주에서 지학순의 보살핌을 받고 있었다. 지학순은 김지하에게 교구청 소속 집을 얻어 주고 주교관 옆에 살도록 했다. 김지하는 지학순의 덕으로 원주교구청 직원 신분으로 월급도 받을 수 있었다.

이 사건으로 비상 군법회의 출두가 예정된 1974년 7월 23일, 지학순은 명동성당 옆 성모병원 현관에서 국내외 기자들 앞에서「양심 선언」을 낭독했다. 이 「양심 선언」은 내용에서나 그 결과에서나 큰 의미가 있다. 「양심 선언」 1항에서 유신헌법을 적시하면서 이 법이 '자연법'에 위배되므로 무효라고 했고, 3항에서는 긴급 조치야말로 가장 참혹한 '자연법 유린'의 예라고 했다.[230]

한국 역사상 '최초의' 양심선언이었다. 선언의 마지막 부분은 왜 이 선언의 제목이 「양심 선언」인지를 이해하게 한다.

> 이상 기록한 것이 나의 기본적 주장이며 생각이다. 이 외에는 어떠한 말이 나오더라도 나의 진정한 뜻에서 나오는 말이 아니라 타의에 의한 강박에서 나온 것임을 알아주기 바란다.[231]

지학순의 양심선언은 이후 구속을 앞둔 민주 인사들이 중앙정보부의 고문 조작에 대항하는 수단이 되었다. 수사 기관에 피검 전, 고문이나 강압에 의한 허위 진술 가능성을 스스로 차단하는 수단으로 '양심선언'이 사용된 것이다. 지학순의 양심선언 후 민주회복국민회의가 양심선언 운동을 제창했고, '양심선언'이라는 말도 일반에 널리 알려지게 되었다.

지학순의 양심선언과 구속이 있고 약 2개월 후인 1974년 9월 24일, 원주 교구에서 30~40대 사제들 중심으로 천주교 정의구현전국사제단이 결성되었다. 정의구현사제단의 결성은 교회의 공식적인 반정부 운동을 의미했다. 지학순의 구속과 수감은 한국 가톨릭과 민주화 운동의 역사에서 여러모로 의미 있는 일이었다.

1970년대 말 지학순은 좀 더 '왼쪽'으로 갔다. 유신 말기에 이르러 지학순은 노동자 농민의 계급의식을 강조했다. 지학순은 1978년 10월에 다음처럼 강하게 말했다. "올바르게 살려고 하면, 그 사람이 가야 할 곳은 감옥입니다."[232]

그런데 1980년대 들어 지학순의 활동에 다소 급작스러운 변화가 일어났다. 과격한 운동에서 멀어지면서 전두환과 '나쁘지 않은' 관계를 만들었던 것이다. 고위 장성이나 정부 관료와도 친분을 맺었다. 자연스레 지학순의 요청이 정부 기관에 통하는 경우가 많아졌다. 강원용 목사와 비슷한 행보였다. 1983년에는 사목국장 신현만 신부로부터 이런 말을 들을 정도였다. "주교님 변절입니까? 지난날 하신 일들이 잘못되었다는 이야기입니까?"

이 시기 지학순의 행보에 대해 훗날 사람들의 평은 이러했다. "1980년대 들어 지학순은 원주 교구 소속 신부들의 민주화 투쟁을 앞에서 이끌지는 못했다. 워낙에 미워하던 박정희가 죽고 나서는 많이 지쳐 있었다."[233] 그의 나이 환갑을 넘어설 때였다.

그렇지만 1980년대 지학순의 움직임을 다른 각도에서 해석할 여지는 있다. 지학순은 전두환에게 김지하의 석방을 요구했고, 1980년 9월 김지하는 민청학련 사건 이후 여섯 해 만에 석방되었다. 지학순은 이전과는 다른 역할을 하는 듯했다. 지학순의 원주는 사람들의 '도피처'가 되었다. 1980년대 초반, 많은 민주 노조 조합원들이 부당 해고되었을 때, "원주는 유일한 통로였다. 수배를 받아도 원주로 갔고, 사정이 어려워져도 일단 원주로 가곤 했다. 원주 교구

교육원은 그런 사람들이 몇 달이고 먹고 자고 하며 지낼 수 있는 유일한 공간이었다."[234]

이즈음 지학순은 '속정이 많은' 사람들이 흔히 그렇듯, 사람들을 뒤에서 챙기는 일을 했다. 시간이 지나면서 그는 점차 '약해졌다.' 급기야 향수병이 왔다. 말년의 지학순에 대한 증언이다.

지학순 주교의 말년은 향수병에 젖어 있었다. 1985년에 북한 방문을 한 것이 계기였다. 이 사건 이후 지학순 주교는 '눈물의 주교'가 되었다.[235]

1985년 5월 남북 적십자 회담으로 고향 방문단 교환이 합의된 후, 그해 9월 지학순은 방북하여 누이동생 등을 만났다. 이 방문 직후에 그는 현저히 건강이 나빠졌다. 정서적으로도 약해져서 어디서든지 북한에 대해 이야기하려면 먼저 눈물부터 흘리는 모습을 보였다고 한다. "지학순 주교가 일종의 우울증 비슷한 증상에 시달리기 시작한 것도 그때부터가 아닌가 싶다."[236] 이북 출신이 나이 들면서 흔히 보이는 전형에서 지학순도 비껴가지 못했다. "당시 지 주교는 항상 자동차에 기름을 가득 넣어 두라고 부탁하였다는데, 통일이 되면 바로 북한으로 올라갈 거라는 말을 하곤 했다."[237]

17
마지막 지사형 언론인 천관우

해방 후 한국 지성사에서 천관우의 존재는 매우 이례적이다. 이태진 전 국사편찬위원회 위원장은 천관우에 대해 이렇게 말했다. "언론계를 본 무대로 하면서 한국 사학을 하신 점부터 전례를 찾기 힘들다. 광복 후에는 오로지 천 선생 한 분뿐인 듯하다."[238] 천관우는 스스로를 '기자 반, 사학도 반'이라 규정한 적 있다. 기본적으로 천관우는 언론과 역사를 동일한 기능을 가진 것으로 인식했다. "신문은 오늘의 역사요 역사는 어제의 신문이다."

1925년 충북 제천 출생인 천관우는, 학교에 들어가기 전인 여섯 살부터 보통학교를 졸업하기까지 조부로부터 한문 교육을 받았고 이것이 후일 역사학자로서 큰 밑거름이 되었다고 한다. 어린 시절 한학 수학의 경험은 특히 자료 독파에 큰 힘을 발휘했다. "사료를 남들이 한 장 읽을 때 벌써 서너 장 넘길 정도"였다.[239]

1944년 4월, 경성제국대학 예과에 입학했으나 해방이 될 때까지 징병되지는 않았다. 선천적인 손가락 불구로 사격이 불가능했던 까닭에 병역을 면할 수 있었다. 해방 후 서울대 문리대 사학과에 진학, 졸업 후 전쟁 발발 전까지 약 한 해 동안 사학과 조수로 있었다.

대학생 시절의 천관우는 대개 젊은이가 그렇듯 포부가 컸다. 그는 스스로 천재라는 자부심이 있었다. 우익 학생의 지도급 인물로 활동하기도 했다. 이 시기에 천관우는 동학들의 자랑이기도 했던 듯하다. 해방 직후 천관우와 함께 예과에 재학하던 한운사는, 천관우가 지은 예과 「학생가」가 당시 학생들 사이에 널리 불렸다고 증언한다. "어깨동무를 하고 합창하면서 우리들 젊은 가슴은 들끓었다."[240]

학자의 삶을 살 것 같았던 천관우에게 인생의 전환이 찾아왔다. 계기는 '먹고사는' 문제였다. 전쟁이 난 이듬해인 1951년 1월, 생계 문제로 임시 수도 부산에서 대한통신 기자로 언론계에 발을 들인 후 직업 언론인의 삶을 산 것이다.

천관우는 외모나 성격, 습관도 특이했다. 그가 운명했을 때《조선일보》1991년 1월 17일자 「이규태 코너」는 다음과 같이 인물평을 했다.

고인은 무척 고집이 세었다. 은밀한 별칭이 천(千)고집이었고 경우에 따라 만(萬)고집 (중략) 신동이 났다 하여 신문에까지 났을 정도의 수재인데 수재답지 않게 거구였다. 식량도 비범하여 우족탕이면 3인분, 초밥이면 5인분을 먹었다. 주량도 대단하여 네 홉들이 막소

주 1병이 반주였다.[241]

《서울신문》주필과 노동부 장관을 지냈던 남재희의 증언도 있다. "낮에는 설렁탕에 소주 2병쯤, 저녁에는 소주 4~5병"이었다.[242] '대식가이자 호주가'인 천관우는 거물다운 외모로 180센티미터 키에 100킬로그램이 훌쩍 넘는 몸무게였고, 그에 걸맞게 호방한 성격의 인물이었다.

자유 언론의 전통을 세우다

언론인으로서 천관우는 젊은 나이에 두각을 나타냈다. 1954년 《한국일보》창간 때 그는 서른 살에 단번에 논설위원이 되었고, 두 해 후에는《조선일보》논설위원으로 갔다. 1958년 서른네 살 나이로《조선일보》편집국장이 되고, 1960년《민국일보》편집국장을 거쳐 1963년 마흔이 못 되어《동아일보》편집국장이 되었다. 손세일은 1963년《동아일보》의 천관우 영입을 이렇게 평했다. "동아일보가 '언론계의 기린아' 천관우 선생을 편집국장으로 맞아들인 것은 김성한, 박권상, 송건호 등 당대를 주름잡던 논객 영입 작업의 화룡점정이었다."[243]

《동아일보》가 1964년 9월《신동아》를 복간할 때, 천관우는 그 주간을 겸해 초기《신동아》가 자리 잡는 데 결정적 공헌을 하기도 했다. 1965년 말《동아일보》주필이 되었는데,《동아일보》편집국장 3년, 주필 3년의 시기는 언론인으로서 천관우의 전성기였다.

그런데 천관우가 해방 후 한국 언론사에 기여한 바는《조선일보》, 《동아일보》양대 일간지의 편집국장이라는 화려한 직함과 무관하다. 언론인으로서 그가 한국 사회에 기여한 가장 커다란 점은 자유 언론의 전통을 세웠다는 데 있다. '언론의 자유'라는 현대 언론의 가장 기본적이면서도 핵심적인 지점을 고집스럽게 지켜 내고자 했다는 점이다.

언론의 '윤리'는 언론 스스로 확립하는 것인가, 외부 권력에 규제되어야 하는 것인가. 이 문제에서 천관우는 언론 자율과 자유 수호를 가장 중요한 것으로 보았다. 1957년 4월 한국신문편집인협회 창립 당시 천관우는 발기인으로 참여해 협회가 채택한 한국신문 윤리강령을 기초했다. 그 골자는 언론의 자율 기능을 존중하고 수호한다는 것이었다.

1964년 공화당 정권 수립 후, 정권은 먼저 언론에 '손을 대고' 싶어 했다. 이로 인하여 그해 8월 소위 '언론 파동'이 있었다. 국회가 언론윤리위원회법을 통과시킨 것이다. 천관우는 이 사태가 언론과 권력의 관계라는, 언론 자유의 매우 핵심적 문제임을 직감했던 듯하다. 9월 1일《동아일보》,《조선일보》,《경향신문》,《대구매일신문》네 군데 신문사 편집국장 명의의 공동 성명서를 발표했고,(이 때《조선일보》편집국장 선우휘도 함께했다.) 법안이 폐기되는 방식으로 끝내 저지했다.

그러나 천관우는 결국 《동아일보》에서 나와야 했다. 1968년 11월에 발생한 《신동아》 필화 사건 때문이었다. 12월호에 정치부 김진배 기자와 경제부 박창래 기자가 공동 집필한, 250매 분량의 기사 「차관」으로 필화가 생겼다. 이 사건으로 주필 천관우, 《신동아》 주간 홍승면, 부장 손세일 3인이 《동아일보》에서 퇴사했다. 물론 중앙정보부의 압력 때문이었다. 이 사건의 충격은 컸다. 《동아일보》마저 무너졌다는 말이 나왔다. 언론 침묵 시대의 시작이었다.

마흔 살이 못 되어 《조선일보》와 《동아일보》의 편집국장을 역임한 천관우(사진 가운데)가 한국 언론에 끼쳤던 가장 큰 기여는 '언론의 자유'를 언론인 스스로의 힘으로 지켜 내는 전통을 수립한 것이었다. 그러나 신문 지면에서 경영주의 입김이 커지던 1960년대 말, 《신동아》 필화 사건을 계기로 사주가 중앙정보부의 압력에 굴복하면서 강제로 《동아일보》를 떠날 수밖에 없었다.

1968년 말《동아일보》주필 천관우의 퇴사 직후, 한국신문편집인협회 회장 최석채는 "신문은 편집인의 손에서 떠났다."라는 말을 했다. 신문사 내부의 위계화가 진행되어 지면이 경영주의 영향 아래 놓인 것을 빗댄 말이었다. 언론 사학자 정진석에 의하면, 1960년대 중반은 언론 기업의 대형화와 함께 경영이 편집의 우위에 서는 제작 관행이 성립되기 시작한 때였다. 1950년대만 하더라도 광고 시장은 열악한 조건에 있었고 신문 산업의 자본력도 낮은 상태여서 신문사 운영이 영리 지향적이라고 보기 힘들었다. 1950년대 신문 기업들은 신문을 정치 참여의 도구로 이해하는 경향이 있었다. 1960년대 중반 이후로 사정은 완전히 변했다. 특히 1965년 삼성을 배경으로《중앙일보》가 창간된 후부터는 언론계 전체의 경영 풍토가 크게 달라졌다. 엄청난 신문 자본의 증가가 이루어진 것이다.[244]

중앙 일간지의 자본 증가는 정부의 통제 방식 변화와 맞물려 있었다. 1960년대 중반 이후 정부의 언론 통제는 일선 기자들보다 경영진을 통하는 구조적 통제 방식으로 변하는데, 이는 신문사의 '기업 활동'을 지원하거나 규제하는 것과 궤를 같이하는 현상이었다. 천관우 개인이 어떻게 할 수 있는 상황이 아니었다.

천관우는 기질적으로 '당당한' 사람이었다. 언론인으로서 삶은 끝났지만 '무릎 꿇고' 물러나 있을 성격이 아니었다. '권력에 대한 비판과 감시의 기능'이라는 언론 기능에 대한 정통 입장을 확고히 품었던 천관우는, 언론인으로서 역할을 하는 것이 힘들어지자 민

주화 운동의 길로 들어섰다. 1971년 4월 19일 천관우는 민주수호
국민협의회가 창립될 때 3인 공동 대표위원으로 김재준, 이병린과
함께 선출되었다. 이 단체가 한국 민주화 운동사에서 갖는 의미는
매우 크다. 민주수호국민협의회는 재야 단체의 효시이자 재야 운
동의 시발이었다. 1974년 천관우는 유신 체제 아래의 최대 재야 기
구라 할 수 있는 민주회복국민회의 공동 대표위원으로 추대되기도
했다.

천재적 역사학자의 면모

한국 사학의 태두 이병도는 평소 "내가 가장 아끼는 제자들은 모
두 언론계에 빼앗겼다."며 애석해 했다고 한다. 한 사람은 천관우,
다른 한 사람은 김인호(후일 한솔제지 사장)였다. 역사학자 이기백
은 천관우 별세 직후 《한국일보》 1991년 1월 17일자에 실은 조사
를 통해 다음처럼 이야기했다. "은사이신 이병도 선생께서는 군계
일학이란 말로 천 형을 칭찬하셨다. 나이는 한 살 아래이지만 오히
려 형님과 같이 존경해 온 터였다."

천관우는 스스로를 역사학자보다 기자로 자처했지만, 평생을 역
사학 연구에 대한 향수 속에 살았다. 그는 분망한 신문사 생활 속에
서도 역사 연구와 논문 집필을 멈추지 않았다. 천관우의 역사학 연
구는 딜레탕트나 재야 사학으로 낮추어 평가할 수 없는 수준이었

다. 역사학자 한영우는 다음과 같이 말했다.

> 본업이 언론인이라는 점에서 그(천관우)의 연구 업적이 아마추어 수
> 준을 넘지 못했을 것으로 예단한다면 이는 매우 잘못된 판단이다. 조
> 선시대 연구자로서, 고대사 연구자로서 그분의 위상은 학계에 막강
> 한 영향력을 미친 거목이었다.[245]

이런 평가가 과장이 아님은, 훗날 천관우가 언론계를 떠난 후 사
학에 몰두하면서 낸 성과들이 증명한다. 1970년대 이후 대표 저서
만 하더라도 『한국사의 재발견』(1974), 『한국 상고사의 쟁점』(편저,
1975), 『근세 조선사 연구』(1979), 『인물로 본 한국 고대사』(1982),
『고조선사/삼한사 연구』(1989) 등이 있다.

천관우의 1949년 학부 졸업논문은 지금까지도 역사학계의 '전
설'로 남아 있다. 「반계 유형원 연구―실학 발생에서 본 이조 사회
의 일 단면」으로, 이 논문은 1952년 창립된 역사학회의 학회지《역
사학보》제2집(1952. 10.)과 제3집(1953. 1.)에 분재되었다. 200자
원고지 500매가 넘는 분량이었다.

천관우가 졸업논문의 주제를 '반계 유형원 연구'로 잡은 계기는,
일제 시기인 1930년대 조선학 연구자인 민세 안재홍과 인연 때문
이라고 한다. 이에 대해 천관우는 "해방 직전 대학 예과 시절, 우연
한 인연으로 안재홍 선생에게서 실학에 대한 단편적 귀동냥을 얻
어 둔 일이 있었기 때문이다."라고 썼다.[246] 이 진술에서 '우연한 인

연'이란 천관우의 친형과 민세 안재홍이 동서 사이였던 것과 관계
된다. 안재홍은 일제 시기 조선학에서 실학 연구 계보의 맨 앞자리
에 놓인 인물이었다. 요컨대 안재홍의 영향으로 실학이 연구 주제
가 된 것이었다.

천관우의 학부 졸업논문이 국학계에 끼친 영향은 유명하다. 실
학의 개념과 발전 과정을 최초로 이론화한 업적으로 평가된다. 이
종석의 다음과 같은 평이 있다.

> 일개 대학 졸업논문이 학계의 주목을 끌기는 아마도 선생이 전무후
> 무한 게 아닌가 생각되는데 (중략) 이 논문은 1952년 《역사학보》에
> 게재되어 해방 이후 우리 학계에서 붐을 이루게 된 실학 연구에 결
> 정적인 단초가 되었음은 세상이 다 아는 일이다.[247]

1930년대 조선학의 실학 연구를 이어받아 새로운 단계로 진전
시킨 이 논문은, 우리 역사에서 세계사적 근대의 맹아가 조선 말 외
래 자본주의의 유입으로 시작된다는 기존 학계 통념에 문제를 제
기했다. "조선의 '근세'를 형성하는 내재적 계기는, 실로 멀리 임진
왜란에서 시작되는 사회 자체의 자기 붕괴 및 그것을 반영하는 일
련의 시대정신에 엿볼 수 있는 것"이라고 하면서 근대 지향적 사상
으로서 실학 연구의 필요성을 주장했다.[248]

실학이 한국학 연구에서 주목된 것은 1930년대 조선학 운동부터
지만, 그것은 일제 식민사관 극복으로 연결되지는 못했다. 1950년

학계에 직업적으로 몸담지 않았지만 천
관우는 이미 학부 졸업 논문만으로 이름
을 날린 역사학계의 기린아이기도 했다.
실학을 근대의 맹아로 해석한 그의 입장
은 내재적 발전론을 통해 식민사관을 극
복하고 새로운 국가 건설에 이바지할 수
있는 역사의식의 토대를 마련했다. 이후
에 이는 아주 오랫동안 한국학의 주류로
남았다.

대 말부터 역사학 대회 등에서 실학을 논제로 설정하여 일제의 '정
체성' 사관 극복 문제로 적극화한 것은 천관우의 연구와 밀접하게
관련되었다. 요컨대 실학은 봉건에서 근대로 나아가는 과도기 사
상이며, 따라서 조선 내부에서 근대의 맹아가 시작되었다는, 훗날
아주 오랫동안 국학의 주류가 되는 역사 해석이 이 논문에서 비롯
한 것이다.

2011년 당시 국사편찬위원회 위원장 이태진은, 천관우의 학부
졸업논문을 1930년대 조선학 운동에서 민족주의 계열 국학자들의
실학 연구를 뒤잇는 것으로 평가하면서, 다음과 같이 새로운 의미
를 부여했다.

그의 한국 사학은 항일 독립운동기의 민족주의 사학에 닿아 있는 것이 분명하다. 다만 선생에게는 선배들과는 달리 광복 후 새로운 국가 건설의 기회를 가지게 된 것이 다른 점이다. 그는 언론인으로서 제대로 된 민족 국민국가 건설에 기여하고자 애썼다.[249]

이런 평가는, 천관우의 연구를 '순수 학문' 영역에 국한해 이해하는 것이 가진 한계를 지적하는 것이다. 해방 후 남북을 가릴 것 없이, 학문과 사상은 새 국가 건설과 이어지는 문제였던 것이다.

그렇지만 연구의 문제의식과 그 문제의식을 낳은 배경은, 시간이 흘러 시대적 과제가 변할 때 '한계'로 드러나기도 한다. 중세에서 근대로 나아가는 맹아를 우리 역사 내부에서 찾겠다는 생각은, 고대—중세—근대의 이행과 그 이행의 계기를 설명하는 틀이 서양사를 모델로 한다는 것, 다시 말해 서양사를 '보편의 틀'로 놓고 그속에서 한국사의 여러 현상들을 해석하는 방식이라고 비판받을 수있다.

천관우의 실학 이론은 오랫동안 정설로 있었으나 오늘날은 실학을 성리학 내부의 한 갈래로 보는 입장이 대세인 듯하다. 그럼에도이런 생각은 지금도 여전히 학계와 지성계에 영향력을 발휘하고있다. 다음 장에서 다시 살피겠지만, 이 문제는 역사학의 식민 잔재청산과 관련된 것으로 한국 사회 전체의 민족주의와도 깊이 결부돼 있다.

쓸쓸한 말년의 삶

1970년대 천관우는 언론인으로서나 학자로서나 후배들의 깊은 존경을 받았다. 자유 언론 운동에서 기자들의 역할 모델이 천관우였다. 단적인 일화가 있다. 1973년《동아일보》기자 이부영은 장준하의 국회의원 시절 비서인 손수향과 결혼한다.《동아일보》기자로 장준하의 국회의원 사무실에 드나들면서 손수향을 안 것이 인연이 되었다. 부부 두 사람은 모두 일찍 부친을 여읜 탓으로 장준하를 '아버지'로 모시는데, 이런 인연으로 따지면 장준하가 결혼의 주례를 서야 마땅했다. 그렇지만 굳이 이부영은 천관우에게 주례를 부탁했다. 이부영은 그때를 이렇게 회고했다. "언론계 후배와 후학들은 천관우 선생이 결혼식 주례를 서 주시기를 바랐다."[250] 대신 장준하는 두 사람 모두 아버지가 없어 결혼식의 대부가 되어 주었다. 이런 일화는 언론계 선후배 사이에서 천관우의 명망이 어떠했는지를 실감케 한다.

이랬던 천관우에게 후일 언론계 후배들이 일거에 등을 돌렸다. '민주화 운동의 변절자, 배반자'라는 비난과 함께였다. 전《한국일보》논설위원 최정호는 당시를 이렇게 표현했다. "광주의 피바다 속에서 집권한 전두환 대통령의 취임식 단상에 후석(천관우의 호)이 임석했다는 소식은 청천벽력이었다."[251] 1980년 신군부가 집권하면서 천관우는 갑자기 관변 단체의 주요 직책을 맡기 시작했다. 1981년 4월 민족통일 중앙협의회 초대 의장이 되었고, 1985년에는 국정자문위원을 맡기도 했다. 이에 대해 천관우 자신은 "구설이 잦은 것을 나도 짐작은 하고 있다"고 할 뿐이었다.[252] 쓸쓸하고 외로운 말년이었다.

천관우의 말년 행보에 대해서는 여러 구구한 해석이 있다. 분명한 것은 1970년대 내내 천관우에게 변변한 수입이 없었다는 사실이다.《신동아》필화 사건 후 퇴직했다가 1970년《동아일보》상근 이사로 복귀하는 듯했으나, 1971년 민주수호국민협의회 공동 대표 건으로 이 해 12월 국가 비상사태 선포와 함께 다시 퇴사해야 했다. 저술 활동에 전념했다고는 하나 연구가 수입이 될 수는 없었다. 1970년대 내내 빈곤에 시달렸으며 학회 회비를 내기도 힘들 정도였다는 증언이 있다.[253] 김정남은 1980년대 천관우의 변화 이유를 한마디로 이렇게 정리했다. "내가 생각하기로 그분은 그 무렵(1980년) 너무 지쳐 있었고, 그리고 자신을 지켜 나가기 힘들 만큼 가난에 쪼들리고 있었다."[254]

개인의 판단과 선택이 낳은 결과가 무엇이 되었든, 그리고 그에 대한 평가가 어떠하든, 한국 지성사의 맥락에서 볼 때 천관우는 '거목'임에 분명하다. 신채호, 박은식 등 구한말 위인들은 언론인이자 역사가이자 지사였다. 천관우는 해방 후 그 전통을 계승한 유일한 인물이었다. 정진석의 다음과 같은 평가는 그대로 천관우의 것이다. "천관우는 한말에서 일제강점기에 걸쳐 활동했던 지사풍 언론인의 맥과 전통을 이은 마지막 세대 언론인이었다."[255]

18

지식인들, 민족주의로 이동하다

'우리 역사에서 근대는 언제 시작되는가.' 이런 물음은 물론 역사학의 문제이다. '한국사의 시대 구분' 같은 '책 냄새 나는' 주제란 순수하게 학문적 영역의 문제일 것이라고 생각하기 쉽다. 큰 오해다. 역사 해석이 단지 '학문' 영역만의 문제였던 적은 한 번도 없다. 역사 해석은 언제나 현실에 대한 어떤 입장을 품고 있다. 1960년대의 국학계로 가 보자.

국문학계에서 고전과 현대를 아울러 한국 문학사를 서술한 책은 단 둘 뿐이다. 조동일의 『한국문학통사』(『통사』, 전6권)와 김윤식과 김현 공저의 『한국문학사』다. 각각 1980년대와 1973년에 발간된 이 두 책은 공통점이 있다. 저자들이 모두 1940년을 전후해 태어난 4·19 세대라는 점이 그 하나이고, 다른 하나는 두 책을 지배하는 공통된 패러다임이 있다는 것이다. 이 책들이 공히 1960년대 말에 착안되었다는 점은 두 책의 기본 틀을 결정짓게 된다. 한국사 시대 구분에서 근대의 기점 논의와 관련된다.

국학계의 한국사 시대 구분 논의

1982년 제1권이 나오기 시작해 1988년 제5권으로 일단락된 조동일의 『통사』에서는, 문학사의 시대 구분 문제, 다시 말해 '근대 문학의 기점' 문제가 가장 눈에 띄는 것이었다. 초점이 되는 것은 두 가지였다. 하나는 조동일이 "중세 문학에서 근대 문학으로의 이행기"를 중세, 근대와 동등한 범주로 두었다는 점이고, 또 하나는 근대 문학으로의 이행기가 시작되는 시점(임진왜란 후 17세기)을 근대 문학의 기점으로 보았다는 점이었다.

조동일이 17~19세기에 걸친 긴 시간을 '근대로의 이행기'로 설정한 이유는 무엇일까? 완간 당시 이 책에 대한 서평을 《창작과 비평》에 기고한 김흥규는 이에 대해 다음과 같이 말했다.

> 그것은 필시 우리 문학사에 있어서의 근대를 서구 문학의 이식, 영향으로써 설명하려는 타율적 문학사관으로부터 벗어나 조선 후기 이래의 내재적 발전 동력을 부각시키고자 한 서술 의도 때문일 것이다.[256]

김흥규는 이에 덧붙여, 『통사』 다섯 권 전체를 관통하는 서술 지

표를 문학사의 "내발적, 자생적 동력을 중시한다는 지표"라고 평했다.[257]

김흥규의 해석 초점은 '내재적 발전론'(내발론)에 있다. 내재적 발전론이란 무엇인가. 한국사의 근대가 구한말 외부의 충격으로 시작되었다는 '타율성론'과 그 이전까지 한국사는 진보하지 못하고 정체해 있었다는 '정체성론', 즉 일제 식민사관의 두 대표 논리를 부수고 한국사의 발전 동력은 자체 내에 있었으며 조선 후기에 그 맹아가 움틈으로써 한국사의 '자생적 근대'가 시작되었다는 이론이다. 말하자면 조동일에게는 한국 문학사의 발전 동력을 조선사 내부에서 찾을 필요가 있었고, 그 고민의 결과로 나온 시기 범주가 '이행기'였던 것이다.

그런데 조동일이 중세에서 근대로의 이행기를 중세, 근대와 동등한 역사 구분의 범주로 사용한 것은 독창적인 것이 아니었다. 조동일과 김윤식이 한국 문학사 서술을 착안하고 고민하던 바로 이 시기, 1960년대 중반은 이미 국사학계에서 내재적 발전론이 대두하면서 한국사의 시대 구분 문제가 뜨거워지기 시작한 때였다. 국사학계에서 사실상 처음으로 시대 구분 문제에 대한 정리를 시도한 것이 1967년이었다. 이 해 12월, 한국경제사학회 주최의 심포지엄('한국사의 시대 구분 문제')과 이듬해 3월 한 차례 대토론회가 있었다. 심포지엄과 토론에 참여한 학자들은 구체적인 근대 기점에 대해서 의견 차이를 보였음에도 공통되게, 개항(외세의 개입) 이전에 자본주의 맹아 혹은 자생적인 근대화의 움직임이 있었다고 인정했다.

이 심포지엄에서 천관우는 다음과 같이 새로운 시대 구분 방법
을 제안했다.

> 결론부터 제시한다면, 중세, 근대 사이에 과도기를 두어 그 수백 년
> 간을 시대 구분상의 일 시기(一時期)로 간주하되, 이 과도기의 시발
> 을 이르면 임진왜란 직후인 17세기 초(선조 말), 늦으면 18세기 후
> 반기(영조 후기~정조 대)로부터 잡고, 이 과도기의 종말을 일본 강
> 점의 종료와 민족 해방(1945), 아니면 3·1운동(1919)으로 잡는 것
> 을 내용으로 한다. (중략) 아무튼 '중세~근대 과도기'를 고대, 중세,
> 근대와 함께 우선 한국사의 한 시기로 설정해 둔다는 것이 골자이
> 다.[258]

요컨대 근대의 구체적인 '기점'을 정하는 문제에서, 천관우는 문
제를 정면 돌파하여 아예 '과도기(이행기)'를 고대, 중세, 근대와 같
이 '공인된' 시기로 둘 것을 제안한 것이다. 조동일은 천관우의 구
분법을 받아들여 훗날 『통사』의 시대 구분으로 삼았다. 중세 문학
에서 근대 문학으로의 '이행기'를 두고 그 시기를 조선 후기(임란
후)로부터 1919년 3·1운동에 이르는 기간으로 설정했던 것이다.

조동일은 생전의 천관우를 항상 높이 평가했다. 한국정신문화연
구원(현 한국학중앙연구원)『한국민족문화대백과사전』편찬부에서
근무한 바 있는 이재범의 증언에 따르면, 당시 편찬부장 조동일 교

수는 "우리나라에 선생이라고 한다면 과연 누굴까? 천관우 선생 정도는 되어야 하는 것 아닌가?"[259]라고 했다고 한다. 조동일에게 끼친 천관우의 학문적 영향을 짐작할 수 있는 대목이다.

또 다른 한 권의 문학사 서술인 김윤식과 김현의 『한국 문학사』도 내재적 발전론의 영향 아래 있었다. 이 책에서 저자들이 한국사 내부에서 근대를 보고자 하는 '강박'은 더 직접적이었다. 책의 맨 첫 장, 첫 절에서부터 '시대 구분론'을 다루었다. 이 절 '시대 구분론'의 하위 소제목들을 따로 뽑아 보면 다음과 같다.

1. 문학사는 실체가 아니라 형태이다.

2. 한국 문학은 주변 문학을 벗어나야 한다.

  (1) 구라파 문화를 완성된 모델로 생각해서는 안 된다.

  (2) 이식 문화론과 전통 단절론은 이론적으로 극복되어야 한다.

  (3) 문화 간의 영향 관계는 주종 관계에 의해서가 아니라 굴절이라는 현상으로 이해해야 한다.

  (4) 한국 문학은 그 나름의 신성한 것을 찾아내야 한다.

3. 한국 문학사의 시대 구분은 그러한 인식 밑에서 행해져야 한다.

'해야 한다'와 '해서는 안 된다'로 일관하는 이 제목들은 윤리적 강박의 끝을 보여 준다. 당위 명제들이 전제되어 있고, 문학사의 시대 구분은 마지막에 가서야 그 당위들로부터 연역된다. 한국 근대 문학의 역사를 기술한 이 책은 영정조 시대를 근대의 시작으로 삼

『한국문학사』와『한국문학통사』는 근대문학의 기점을 조선 후기로 끌어올렸다. 이는 새로운 민족사 서술에 강박을 가지고 있었던 이들 4·19세대가 국사학 쪽의 민족주의 사관을 수용한 결과였다.

왔다. 한국 근대 문학의 시작을 그 시기로 본 것이다.

조동일, 김윤식, 김현 등 4·19세대 문학사가들, 그리고 이들이 참고했던 윗세대 한국 사학자들은 확실히 새로운 민족사 서술에 강박을 지고 있었다. 이들이 고심 끝에 내놓았던 시대 구분법은 개인의 '독창적인 것'이 아니었다. 국문학이든 국사학이든 '국학', 말뜻 그대로 '국가와 민족의 학문' 수립에 강박적으로 몰두하던 이들이 서로를 참조하며 만들어 가던 것들, 그 가운데 하나였던 것이다. 바야흐로 새로운 민족주의의 시대가 온 것이었다.

'한국적인 것'을 찾아서

1960년대의 새로운 민족주의는 이전의 그것과 어떻게 다른 것일까. 확실히 1950년대 한국 민족주의란 아이러니하게도 서구(미국)를 모델로 하는 민족주의였다. 민족의 미래를 위해 과거를 버리자는, 1950년대 《사상계》 등으로 대표되는 지식인들의 시대정신은 서구 지향적인 것이었다. 서구적 가치는 곧 세계적 보편 가치를 가리키는 것으로 이해되었고, 따라서 우리도 어서 서구적 가치를 체화해 당당히 세계의 일원이 되자는 생각이었다. 민족의 앞날을 고민한다는 차원에서 겨우 '민족주의'라 할 수 있었다.

1960년대에 들어서자 분위기는 갑자기 변했다. 저널리즘과 대학 사회에서 '한국적인 것'에 대한 관심과 열풍이 일기 시작했다. 1963년, 한국 문화에 대한 이어령의 에세이집 『흙 속에 저 바람 속에』가 수십만 부씩 팔려 나갔다. 대학에서는 '한국 사상사' 같은 과목이 인기를 끌었고, 1960년대 중반이 되면 한국학과 한국 문화가 학계와 문화계 전반의 화두가 되었다. 사회 전반에서 민족 담론이 활성화되고 민족 정체성을 발견하려는 각종 움직임이 있었다.

1960년대 중반 이후 대학가의 '민족 붐'은 대단했다. 대학 문화에 오늘날까지 남아 있는 판소리, 사물놀이 동아리들이 처음 제 모습을 보인 것도 이때부터였다. 국학계의 내재적 발전론도 결국 민족주의적 맥락에서 등장한 논리였다.

그런데 새로운 민족주의의 대두는 1964년부터 본격화된 한일 회담에 대한 사회 전반의 반감과도 맞물려 있었다. 공화당 정권의 외국 자본 확보 과정에서 불거진 한일 회담 반대 데모는 1964년 6·3 사태 등 정권과 비판 진영 간 첨예한 대립을 낳는데, 한일 협정에 반대하는 진영의 주된 논리 역시 민족주의에 근거를 두었다. 오늘날까지도 많은 논란이 있지만, 한일 회담이 '전쟁에 대한 배상' 차원이 아니라 '원조 내지 차관' 형태로 진행된다는 점이 당시에도 심각하게 문제시되었다.

한일 회담의 진행에는 이미 1950년대 중반부터 그려진 미국의 아시아 구상이 배경에 있었다. 미국의 입장에서 한일 국교 정상화는, 일본을 아시아에서 미국의 재정적 부담을 덜어 줄 파트너로 기능하게 한다는 점에서 매우 중요한 문제였다. 더구나 한국전쟁 이후 급성장하는 중국을 견제하기 위해 미국—일본—한국의 강고한 '삼각 동맹'이 필요한 상황이었고, 1960년경 일본은 이런 역할을 할 수 있는 힘을 갖춘 상태였다. 이에 따라 한일 협정은 미국과 일본이 합작하는 새로운 동아시아 질서 재편이라는 차원에서 진행되었다.

서구적인 것, 세계적인 것을 지향했던 《사상계》 세대와는 달리, 1960년대에는 새로운 민족주의에 대한 지향이 폭발적으로 나타난다. 대학가에 민족 붐이 일면서 민족 담론을 활성화하고 판소리, 사물놀이 등이 재평가되면서 민족 정체성을 발견하려는 움직임이 나타난다. 그러나 같은 시기에 박정희 군사 정부 역시 '민족적 민주주의'를 주장하는 묘한 동조현상이 나타나면서, 민족주의는 양날의 칼로 작용한다.

미국이 압박하는 가운데, 한일 협정은 졸속으로 체결될 위험에 처해 있었다. 학계뿐 아니라 사회 전반에서 오랜 식민 통치의 잔재를 청산하고자 했던 새로운 민족주의의 흐름은, 이런 방식의 국교 정상화를 굴욕적인 것으로 받아들였고, 그로 인해 국가 정책과 마찰을 일으키는 형태로 나타났다.

민족주의, 아군과 적의 경계를 흩트리다

새로운 민족주의는, 묘하게도 통치자의 지배 논리이면서 동시에 그에 대항하는 세력의 저항 논리로 함께 기능했다. 사정은 1963년 박정희와 윤보선이 경합했던 대통령 선거 때로 소급된다. 군정 세력을 대표하는 박정희와 제2공화국 잔존 세력이던 윤보선 사이에 있었던 당시 대통령 선거의 대립 구도는 민족적 민주주의(박정희) 대 서구적 민주주의(윤보선)로 이해되었다. 1960년대 들어 일기 시작한 민족주의 붐은 선거 구도에서 박정희의 우위를 뒷받침하는 것이었다. 한일 회담 과정이 노출되기 전이었고, 지식인들은 민족주의가 정권에 악용될 위험성을 한편으로 경계하면서도 대세가 서구식 민주주의에서 민족주의로 넘어가고 있다고 생각했다.

미국은 군정 초기에 쿠데타 세력의 민족주의 성향에 대해 상당히 우려하는 시각을 보였다. 실제로 1963년 대통령 선거에서 박정희 후보가 내세우는 '민족적 민주주의'가 공산주의자의 용어라는 비판이 당대에도 있었다. 이집트 나세르 식의 제3세계 민족주의와 유사하다고 본 것이다.

그러나 결과적으로 이는 모두 기우에 불과했다. 박정희 정권의 민족주의 담론에서 중요한 것은, 자유주의와 공산주의가 모두 서구의 것이며 반민족적이라는 논리였다. 이러한 논리에 따라 서구식 민주주의는 부정되었으며 반공은 더 강력한 무기가 될 수 있었다. 더구나 전쟁의 책임이 북쪽에 있었으므로 민족을 분열시킨 공산주의는 민족주의의 가장 악한 적일 수밖에 없었다. 공산주의는 민족을 압살하는 '악마'였다. 따라서 정권에 비판적인 세력에 '용공'을 씌우기만 하면 문제를 깨끗이 해결할 수 있었다.

요컨대 박정희 정권은 민주주의적 가치를 억압하는 무기로 민족주의('한국적 가치')를 활용한 것이다. 또한 '사회 정화'와 '퇴폐 문화 일소'의 논리로 자유주의와 개인주의를 억압하기도 했다. 박정희 정권의 지배 논리는 민족주의와 공산주의를 대립시키고, 더불어 민족주의와 자유주의를 대립시켰다. 이에 따라서 '민족'을 위해 '자유'를 희생하는 논리의 구축이 이루어졌다.

1960년대 정치권과 학계, 사회문화 전반에서 벌어졌던, 민족주의를 둘러싼 복잡다단한 논의들을 어떻게 평가해야 할까. 분명 1960~1970년대 국학계의 연구 일반은 민족주의의 자기장 안에 놓여 있었다. 공화당 정권의 한일 회담에 반대하는 논리 역시 민족주의였다. 여기에 더해서 정권의 통치 논리도 민족주의였다. 한 가지 더 있다. 남쪽과 대립하는 북한의 국가 이데올로기도 역시 반미 '민족주의'였다.

한 가지 분명하게 말할 수 있는 사실은, 국학계에서 내재적 발전론이 확립되던 시기에 국민교육헌장의 공포(1968) 등 국가 통치 이데올로기도 함께 확립을 이루었다는 점이다. 달리 표현하자면 '민족 중흥의 역사적 사명'을 말하는 것과 한국사 안에서 자생적 근대화의 맹아를 찾는 작업이 그리 멀지 않은 거리를 두고 공존했다는 사실이다. 민족주의는 '양날의 칼'이었다.

19

조지훈 대 김수영, 한국 인문 정신의 두 원형

1968년 늦봄 무렵, 한 달을 사이에 두고 두 사람의 걸출한 문인이 작고했다. 5월 17일 조지훈이 지병인 기관지 천식으로 별세한 후, 한 달 뒤인 6월 16일 김수영이 교통사고로 사망한 것이다. 조지훈과 김수영은 태어난 해도 같았다. 학병세대에 속하는 1921년생으로 사망 당시 마흔여덟 살이었다. 한창 나이였다.

두 사람의 인연은 알려진 바가 거의 없다. 그런데 2015년 대학가의 대자보 논란과 함께 유명해진 김수영의 시 한 편에 조지훈이 언급되어 눈길을 끌었다. 2008년 김수영 40주기에 즈음해서 부인 김현경 여사가 보관하던 자료를 김명인이 발굴해 공개한 김수영의 미발표 유고로「김일성 만세」라는 도발적인 제목의 시이다.

　'김일성 만세'
　한국의 언론 자유의 출발은 이것을

인정하는 데 있는데

이것만 인정하면 되는데

이것을 인정하지 않는 것이 한국

언론의 자유라고 조지훈이란

시인이 우겨대니

나는 잠이 올 수밖에

　　　　　　　　　　　　— 김수영의 유고시 「김일성 만세」 중에서

　사려 깊은 독자라면 금방 눈치 채겠지만, 장면 정권 시기인 1960
년 10월 6일로 탈고 표시된 이 시는 김일성을 찬양하는 게 아니라
한국 언론 자유의 문제를 이야기한다. 그런데 왜 이 시는 많은 사람
가운데 하필 조지훈을 언급했을까.

　조지훈과 김수영이 언제 어디서 만나 어떤 대화를 했는지에 대
해서는 알기 어렵다. 작가 이호철에 따르면 한국전쟁이 나기 전 명
동 다방 '무궁원'에 드나들던 많은 문인들 중 조지훈과 김수영도 있
었다고 하며,[260] 한때 김수영과 함께 동인지 활동을 한 김규동의 회
고를 보면 1950년대 중반 명동 다방 '동방 살롱'에서 조지훈과 김
수영이 만났을 가능성도 있다.[261] 모두 확증할 수 없는 말들이다. 그
런데 최근에 염무웅 선생이 발굴한 김수영의 산문 한 편에 두 사람

의 만남과 대화를 보여 주는 대목이 나왔다.《경향신문》1960년 5월 20일 석간에 실린 「제2공화국의 문화 창조」라는 칼럼인데, 김수영이 "4·19 전 어느 날 조지훈 형과 술을 마시면서" 나눈 이야기 일부가 소개되어 있다. 물론 이조차 시 「김일성 만세」에 언급된 조지훈을 설명하지 못한다. 이 시에서 김수영이 조지훈을 언급한 것은 단순히 조지훈의 '글'을 읽은 김수영의 소감일 수도 있다.

조지훈과 김수영, 두 사람의 술버릇은 유명하다. 이들의 술버릇은 두 사람의 기질과 함께 이 동갑내기들이 통과해야 했던 역사의 '답답한' 상황을 그대로 보여 주는 일종의 '상징' 같은 것이었다. 두 사람은 '타협을 몰랐고', 그런 성격이 그대로 술버릇으로 나타났다.

결벽증 성격의 김수영은 화도 많은 사람이었다. 마음에 안 드는 사람과의 술자리에서는 술상을 뒤엎기 다반사였다. 그에 대한 평전을 쓴 최하림은 다음처럼 묘사하고 있다.

> 술자리에서 김수영은 그 무렵이면 침이 튀고 눈동자가 커지고, 욕을 퍼붓고, 끝내는 술상을 뒤엎는 주사로 발전하게 되고, 술상 위로 올라가 (중략) 그의 큰 키와, 술도 안주도 박살이 나 버린다. 싫어하는 사람에 대해서는 선후배를 가리지 않고 개놈의 새끼라고 욕설을 퍼부었다.[262]

조지훈 역시 내면에 분노가 많은 사람이었다. 조지훈의 화는 김수영에 비해 훨씬 '겁 없는' 형태로 나타났다. 명동 뒷골목 목로집에서 대낮부터 대취한 조지훈을 여러 번 보았다는, 다음과 같은 이호철의 증언이 있다.

> '정치성의 술주정'이었다. 천식이 있어 가랑가랑 숨찬 목소리로 도도한 기염을 토하고 하였다. 그렇게 술이 엉망으로 취하면, 명동 골목길에 네 활개를 펴고 누워 있기도 하였다. 나는 두어 번이나 직접 보았다. (중략) 정치권에 대고 욕설을 하고, 다방 앞길에서 큰소리로 고래고래 소리를 지르는 조지훈이었다. 명동 파출소에서 득달같이 와서 데려가곤 했다.[263]

조선 선비, 전통적 인문주의자 조지훈

1921년 1월 11일 경북 영양 출생인 조지훈은 영남 북부 유림 명가인 한양 조씨 호은 종택의 자손으로 태어났다. 명성처럼 기골이 대단한 집안이었다. 증조부 조승기는 구한말 의병 대장으로 항일 운동을 하다가 매천 황현처럼 한일 합병 직후 자결했다. 조부 조인석은 구한말 사헌부 대간을 지낸 선비로 한국전쟁 때 마을이 유린되자 역시 자결했다. 부친 조헌영은 일본 와세다대 영문학부를 다니던 도쿄 유학생 시절 재일 동경 유학생 학우회장이었고, 해방 후 한국민주당(한민당) 창당 멤버로 활동하면서 제헌 국회의원과 제2대 국회의원을 역임한 인물이었다.

이런 집안에서 조지훈은 서당 교육을 받으면서 자랐다. 혜화전문학교(동국대 전신)에 입학하기까지 보통학교에서 몇 년 수학한 것 외에는 정규 교육을 받지 않은 것으로 알려져 있으며, 검정고시 후 독학으로 혜화전문에 입학했다. 일본 유학은 당연히 없었으며 당시 명문가 출신으로는 이례적일 만큼 일제 교육을 받지 않은 셈이었다. 일본에 '빚진 바' 없음은 조지훈에게 어떤 '당당함'의 근거가 되었던 것으로 보인다. 훤칠한 키에 당당한 풍채의 조지훈은, 그러나 젊은 시절부터 건강에 문제가 있었다. 선천성 폐 침윤으로 '노무 감내 불능' 판정을 받고 징집에서 제외되었다. 학병세대임에도

경북 영양의 유림 명가에서 자라난 조지훈은 정규 교육을 받지 않고 자랐으며, 일제에 일절 빚진 바 없는 몸이었기에 항상 당당했다. 한국 고유의 전통을 탐구하고 민족 문화를 일으켜 세우려고 한 그는 '선비다운 우국경세의 붓'을 들어서 이승만과 박정희 정권을 신랄하게 비판했다.

징병과 징용을 피할 수 있었던 이유였다.

조지훈은 지적으로 매우 조숙한 사람이었다. "얇은 사 하이얀 고깔은 고이 접어서 나빌레라"로 시작하는 유명한 시 「승무」는 혜화전문에 다니던 열아홉 살 때 지은 작품이었다. 일찌감치 유학과 불교에 통달해 가던 조지훈은 혜화전문을 졸업한 1941년 4월, 오대산 월정사 불교 강원의 외전(外典) 강사로 갔다. 1942년 봄부터 조선어학회 『큰사전』 편찬원으로 있다가 조선어학회 사건으로 회원 전원이 검거될 때 경찰 조사를 받았으나 어린 나이임이 감안되어 형을 면하기도 했다. 해방 직후인 1945년에는 군정청 학무국(지금의 교육부에 해당)에서 위촉한 한글학회 『국어교본』과 진단학회 『국사교본』(중등 교과서에 해당)의 편찬원으로 일했다. 명륜전문학교(성균관대 전신)와 동국대학 강사를 거쳐 1948년 가을, 스물여덟 살 젊은 나이에 고려대 문과대학 교수로 부임했다.

조지훈에게 한국의 전통과 고전은 일종의 신앙과 같은 것이었다. 해방 후 우익의 논객으로 좌익과 논전한 것도 좌익들이 민족 문화와 전통을 부정한다고 보았던 때문이다. 조지훈이 졸업한 혜화전문이 일제 말 불교계의 유일한 고등 교육기관이었다는 점, 해방 직후 강사를 맡았던 명륜전문(성균관대 전신)이 유학 고등 교육기관이라는 점, 후일 고려대에서 민족문화 연구 기관을 설립한 점 등을 생각해 보면, 전통의 것이라면 모두 섭렵하려는 의욕을 그는 품었던 듯하다.

고려대 교수로 있던 1963년, 조지훈은 고려대 민족문화연구소(민연, 현 민족문화연구원)를 만들어 사망 때까지 다섯 해 동안 소장으로 재임하면서『한국문화사대계』를 기획하는 등 고전 한국학에도 중요한 기여를 했다. 1964년 11월에 제1권이 출간되고 조지훈이 별세한 후인 1972년 5월에 '증보 색인' 편까지 전체 7권으로 완간된『한국문화사대계』는 한국 전통 문화의 부문별 특수사로서, '민족 국가사', '정치 경제사', '과학 기술사', '풍속 예술사', '언어 문학사', '종교 철학사' 등으로 구분되어 "한국사에 대한 최초의 분류사적 연구 성과"로 평가된다.『대계』의 의미는 크다. 학문적으로 불모 상태였던 한국 문화사 연구를 개척한 점, 특히 풍속사나 구비 문학사가 문화사와 문학사에 포함된 것은 학계 최초였다.[264]

조지훈이 한국 전통 탐구에 품었던 집착은 순수하게 학구적 차원의 문제가 아니었다. 그는 격류하는 현대사를 민족 주체의 위기로 보았고 그 위기를 돌파하려면 민족 주체 의식 확립이 필수적이라고 보았다. 민족 주체 의식 확립은 어떻게 이루어질 수 있는가. 먼저 스스로를 알아야 한다는 생각이었고, 이에 따라 전통 탐구가 이어졌다. 말하자면 조지훈은, 민족 문화의 새로운 창조는 전통의 바탕 위에서만 가능하다고 생각한 전형적 전통주의자이자 문화적 보수주의자였다.

보수주의자의 현실 정치 비판

전통에 대한 이런 태도는 개인적 '처신'으로도 나타났다. 박목월은 다음과 같이 그를 평했다. "모든 처신에 의젓했고 세속적인 이해와 타협하기를 거부했으며 모든 일에 공명정대하기를 염원하며 대의명분이 서지 않는 일에는 움직이려 하지 않았다."[265] 용모에도 고전적 '귀태(貴態)'가 있었다.

> 누구든 선생을 한 번 뵈면 대뜸 그 비범한 기품에 눌렸다. 훤칠한 장신에다 장발도 그렇지만 티 한 점 없는 백석(白晳)의 얼굴빛과 검은 테 안경 너머 좀 수줍은 듯한 안광이 몹시 인상적이었다. 귀족적이면서도 소탈한 데가 있어 사람을 끌어당기기도 하나 도저히 버릇없이 굴게는 안 되었다.[266]

이 고전적 자태는 어린 시절에 이미 형성되었다. 박목월의 인상적 회고가 있다. 처음 만났을 때의 인상을 박목월은 다음처럼 서술했다. 조지훈의 나이 겨우 스무 살 때였다.

> 지훈을 처음 만나게 된 것은 1940년 이른 봄이었다. 그가 경주에 있는 나를 찾아온 것이다. (중략) 특히 그의 걸음걸이가 인상적인 것이었다. 전혀 그 시대의 청년답지 않은, 그리고 한가롭고 그야말로 '한만(閑漫)'하였다. 그 느리게 한가로운 걸음걸이……[267]

요컨대 조지훈은 '도의', '지조', '애족', '애민'을 좌우명으로 삼는 전형적인 조선 선비의 모습 그대로이고자 했다. 조지훈이 이승만 정권과 공화당 정권을 신랄하게 비판했던 일도 박노준의 표현대로 일종의 "선비다운 우국경세의 붓"을 든 것이라 할 수 있었다.[268] 3·15 부정선거 직전인 1960년 2월에 발표한 글 「지조론」은 마치 옛 선비의 글을 읽는 듯한 느낌을 준다.

> 지조를 지키기란 참으로 어려운 일이다. 자기의 신념에 어긋날 때면 목숨을 걸어 항거하여 타협하지 않고 부정과 불의한 권력 앞에는 최저의 생활, 최악의 곤욕을 무릅쓸 각오가 없으면 섣불리 지조를 입에 담아서는 안 된다.[269]

한국 지성사에서 명문으로 남아 있는 이 글 「지조론」에는 '변절자를 위하여'라는 부제가 붙어 있다, 몇몇 야당 의원이 아무 명분 없이 집권 자유당으로 당적을 옮기자 쓴 글이라 한다. 오늘날에도 소속 정당을 바꾸는 일에 대해 한국인들이 보이는 반응은 이와 유사하다. 말하자면, '지조'를 가진 '선비'의 자세를 기준 삼는 것이다.

조지훈은 전통적인 민족주의적 지사의 관점에서 과거 친일파가 해방기 친미파로 변신한 것에 혐오를 나타냈고, 나아가 1950년대 친일·친미주의자 중심의 자유당 정권을 '뒤집어엎고' 싶어 했다. 그는 이승만 정권 말기, 학생의 의분을 촉구하면서 대학생이 혁명의 선두에 서기를 요청하기도 했다.

오늘의 대학생은 무엇을 자임하는가? 학문에의 침잠을 방패삼아 이 참혹한 민족적 현실에 눈감으려는 경향은 없는가? (중략) 오늘의 대학생은 무엇을 자임하여야 할 것인가? 다시 한 번 우리는 민족의 지사, 구국의 투사로서 자임해야 할 시기가 왔다.[270]

1950년대 말 신문 잡지의 논설을 통해 줄곧 자유당 정권을 비판하던 조지훈은 학생과 시민이 들고 일어선 1960년 4월 25일, 4·19 혁명을 지지하는 교수들의 시국 선언문을 기초했다. 혁명 이듬해 5·16 쿠데타가 발생했을 때 대다수 사람들이 그랬듯 조지훈도 일단 '환영'의 뜻을 표시했지만, 몇 년 지나지 않아 박정희 정권이 굴욕적 한일 협정을 추진하자 이내 비판적 태도로 돌아섰다. 한일 협정의 국회 비준 직전인 1965년 7월 조지훈은 박두진, 신동엽 등과 문인들의 비준 반대 성명을 주도하기도 했다. 다음의 시 구절은 공화당 정권에 대한 조지훈의 배신감과 분노를 그대로 보여준다. "네벽 어디를 두드려 봐도/ 이것은 꽝꽝한 바윗속이다. (중략) 절망하지 말아라/ 이대로 바윗속에 끼어 화석이 될지라도/ 1960년대의 포악한 정치를 네가 역사 앞에 증거하리라."[271]

급진적 자유주의자 김수영

4·19 혁명과 5·16 쿠데타의 격동기에 김수영은 어떤 자세를

취했을까.『김수영 평전』을 쓴 최하림은 5 · 16 쿠데타가 일어났을 때 김수영의 행방을 다음과 같이 전한다. "5 · 16 직후 대엿새 동안 온 데 간 데 없었다. 김수영의 행방불명은 조지훈이 쿠데타군에 연행돼 간 직후에 일어난 일"이었다.[272] 김수영은 김이석의 집에 숨어 있었다. 어떤 면에서 김수영의 '소심함'은 김명인 교수가 다음과 같이 말한 그대로였다.

> 김수영의 현실 참여는 1965년 한일 협정 반대 서명에 뒤늦게 참여
> 하고 함석헌의 꼿꼿한 저항에 감동하는 것이 고작이었다. 자신이 의
> 용군 출신이라는 것에 기인한 뿌리 깊은 피해 의식이 섬약한 그에게
> 늘 족쇄로 작용했다.[273]

최하림은『김수영 평전』과는 또 다른 책에서 김수영의 콤플렉스를 이렇게 서술한 적이 있다. "포로수용소 출신의 이 시인에게 '반공'은 너무도 두려운 성이었다. 그는 술이 억수로 취해서도 파출소 앞을 지날 때면 자세를 바로 했다."[274]

여러 사람 회고를 종합할 때, 확실히 김수영은 '눈이 크고 겁이 많은' 사람이었다. 김수영은 1921년 11월 서울 종로에서 8남매의 장남으로 태어났다. 1941년 선린상업학교를 졸업하고 일본으로 유학을 갔지만, 학교는 다니지 않고 연극연구소에 출입하다 징병을 피해 1944년 2월 초 귀국했다. 서울 고모댁 다락방에 피신해 있던 김수영은 곧 어머니를 따라 만주 길림성으로 숨어 들어갔다.

해방 후 전쟁 때 서울에 남아 있다 의용군으로 강제 징집, 미군 포로가 돼 거제도에 수용되는 곤욕까지 치른 김수영은, 1955년 마포구 구수동에 정착해 양계를 하면서 틈틈이 번역을 병행하는 다소 '지질한' 삶을 살았다. 김수영은 맏이였지만, 출판사(현대문학사)에 다니던 첫째 여동생 김수명의 보살핌에 종종 의지했다. 김수영은 술값 때문에, 또는 그냥 돈이 없을 적에도 누이를 찾아갔다고 한다.[275]

성격, 기질, 출신 등 어느 모로나 조지훈과는 반대되는 김수영이었지만, 한국 현대 지성사에서 김수영의 위치는 중요성을 아무리 거듭 이야기해도 지나침이 없다. 그는 '자유 정신의 불모지' 한국에서 가장 급진적인 자유주의를 시와 글로 보여 준 인물이었다.

김수영은 정치 자유, 언론 자유가 곧 예술의 자유이며, 다른 모든 자유와 근본적으로 동일하다는 점을, 또한 역으로 미적·문화적 저항은 곧 정치적 저항이라는 사실을 직관적으로 꿰뚫어 보았다. 그가 그린 사회는 "혼란이 허용되는 사회"이며 "잠꼬대를 써도 용납해 주는 사회"였다(미발표 시 「김일성 만세」의 또 다른 제목이 '잠꼬대'였다).[276]

김수영은 철저한 자유주의자였다. 김수영에게 민족주의란, 진보적이든 아니든 간에, '위험한' 것이었다. 1960년대 정부에 비판적인 지식인들 거개가 민족주의로 달려갈 때, 김수영은 그 위험성을 불안하게 지켜보았다. 민족주의라는 범주 안에 남과 북은 동일하게 갇혀 있는 것으로 보였다. 북한 문화를 비판하는 김수영의 다음 표현은 이렇게 나왔다. "이북의 노래도 식민지의 노래에 지나지 않으

김수영은 자유정신의 불모지인 한국에서 가장 급진적인 자유주의를 시와 글로 보여준 인물이었다. 가장 진보적일 때조차도 민족주의란 자유를 제한하는 위험을 품고 있음을 그는 꿰뚫어보았고, 자유와 사랑과 혁명이 남북통일보다 우선한다고 주장했다. 그에게는 자유와 사랑은 동의어였고, 사랑이 없다면 진보도 없었다.

며, 그것은 너무나 '씩씩하고 건전한' 식민지의 노래다."[277)]

　김수영이 보기에 '통일'은, 1960년대 중반 진보적 민족주의자들이 말하듯이 '반미'를 통해서 이루어질 일은 아니었다. 월북한 친구에게 쓰는 편지 형식의 글에서 다음과 같이 말하기도 했다. 4 · 19 혁명 이후였다.

　이남은 '4월'을 계기로 해서 다시 태어났고 그는 아직까지도 작열하고 있소. (중략) 이북은 이 작열을 느껴야 하오. '작열'의 사실만을 알아 가지고는 부족하오. 반드시 이 작열을 느껴야 하오. 그렇지 않고

서는 통일은 안 되오.[278]

김수영은 적어도 이남이 이북보다 나은 점이 "4월의 작열"의 경험이라고 했다. 김수영에게 '민족'이란 '자유'와 '사랑'의 바탕 위에서만, 그래서 '혁명' 다음에야 놓일 수 있었다. 자유와 사랑과 혁명이 남북통일에 우선하는 것이었다. 김수영이 말하고 싶었던 것은 '김일성 만세'가 아니라 김일성 만세라고 '할 수 있는 자유'였다.

한국 인문 정신의 두 원형

조지훈은 학생들을 지지했고 혁명을 원했고 정권을 비판했지만, 그 기준은 언제나 '의(義)'의 문제, 올바른 '민족정신'의 문제였다. 그런데 사물을 판단하는 기준이 '의'에 있다면, 그 '옳고 그름'의 내용을 누가 어떤 각도에서 설정하느냐에 따라 억압이 발생할 수 있다. 조지훈은 장면 정부에서 대학생들이 보인 생각과 행동들을 '방종과 무질서'로 이해했다. 5·16 쿠데타에 대해 조지훈은 다음처럼 말했다. "이번 혁명은 우리에게 자율적으로 방종에 흘렀던 자유를 당분간 제한해야 한다는 자각을 촉구하고 있다."[279]

김수영은 조지훈 식의 논리에 숨은 문제를 통찰하고 있었다. 김수영에게 자유의 '제한'이란 자유의 '부재'를 의미했다. 김수영에게는, 자유는 사랑과 동의어였고 사랑이 없다면 진보도 없었다.

자유의 방종 여부를 판단하는 기준을 세우기란 대단히 어려운 일입니다. 우리들의 사회에서는 백이면 백이 거의 다, 사랑을 갖지 않은 사람들의 자유가, 사랑을 가진 사람들의 자유를 방종이라고 탓하고 있습니다. 이러한 사회에는 자유가 없습니다.[280]

조지훈 대 김수영, 이 구도는 현대 한국의 정신사에서 보수 대 전위, 전통 대 현대의 원형을 보여 준다. 그런 의미에서 '정통' 보수주의자 조지훈과 진보적 자유주의자 김수영은 다른 모든 지성을 대표한다.

두 사람의 사망 후에 나온, 기인이자 방랑객으로 살았던 '귀천(歸天)'의 시인 천상병의 시 한 편이 있다. 천상병이 1967년 동백림 사건 후 고문 후유증과 충격으로 실의와 기행의 삶을 살던 때 쓴,「편지」라는 제목의 시이다. 조지훈과 김수영의 인간적 면모, 서로 다른 방향이었지만 각자가 도달한 사유의 깊이, 한국 사회를 고민했던 정신의 치열성은 이 시 한 편으로 갈음된다.

1.
아버지 어머니, 어려서 간 내 다정한 조카 연준이도, 하늘 나무 아래서 평안하시겠지요. 그새 시인 세 분이 그 동네로 갔습니다. 수소문해 주십시오. 이름은 조지훈 김수영 최계락입니다. 만나서 못난 아들의 뜨거운 인사를 대신해 주십시오. 살아서 더없는 덕과 뜻을 저에게 주었습니다. 그리고 자주 사귀세요. 그 세 분만은 저를 욕하진 않을 겝니다. 내내 안녕하십시오.

2.

아침 햇빛보다

더 맑았고

전 세계보다 더 복잡했고

어둠보다

더 괴로웠던 사나이들,

그들은

이미 가고 없다.[281]

20
한국 우익의 기원

후일 고려대 총장을 지낸 김준엽은 이 책의 전체 주제를 관통하는 상징적 인물이다. 평안도 출신의 1920년생 김준엽은 일제 말 조선인 학병세대로 일본군을 최초로 탈출해 장준하를 이끌어 충칭 임시정부로 인도했고, 해방 직전 광복군 장교가 돼 이범석의 비서로 활동했으며, 전쟁을 치르고 국가를 재건하던 1950년대 후반《사상계》그룹의 핵심이 돼 4·19혁명의 격동기에《사상계》주간으로 여론을 주도했다. 요컨대 김준엽은 한국의 '정통' 우익을 대표한다.

한국의 정통 우익, 김준엽

김준엽의 평생 동지 장준하가 깔끔하고 조용한 성격에 다소 차가운 이미지였다면, 장준하와 달리 김준엽은 낙천적 성격에 사람들과 어울리기를 좋아하고 다변을 마다하지 않았다. "나에게는 평생 고치지 못하는 하나의 버릇이 있는데, 마음에 드는 사람들만 만나면 마음 놓고 술을 많이 마시고, 또 취하기만 하면 '애국론'을 펴기 시작한다."[282] 김준엽은 사교적 성격에 체질도 건강했던 것으로 보인다. 평생에 걸쳐 술 담배를 즐기고 음식도 가리지 않았다.

그러나 그에게는 어떤 면에서 장준하보다 더한 결벽증이 있었다. 민족 문제와 관련한 도덕적 결벽성이었다. 지명관은 김준엽을 이렇게 평한다.

이상하게도 굉장한 결벽성이라고 할까요? 그러니까 일제한테 야합한 사람에 대한 그 굉장한 결벽증이라고 할까? 무엇보다도 박정희가 만주 군관학교 출신이고, 일제하고 야합한 세력이다, 하는 거에 대한 그 결벽증이 굉장히 심해요. 그건 장준하 씨도 그랬지만, 더욱이 김준엽 씨가 심했던 거 같아요. 부인도 임정 요인의 딸 아니오? 일제한테 야합했던 세력에 대한 결벽증에 가까운 배타적인 감정이 있었어요.[283]

김준엽은 스스로도 정통 민족주의자라는 자부심이 있었다. 그가 봤을 때 해방 후 대한민국의 집권 세력은 온통 친일파 일색이었다. 그는 김영삼 정부가 출범한 해인 1993년 8월 《한국일보》와 했던 인터뷰에서 한국 현대사를 돌아보며 다음과 같이 말했다.

부끄러운 것은 광복 후 친일파들이 활개를 치며 살게 했다는 것입니다. 독립 운동가와 그 후손들은 가난에 허덕였으나, 친일파들은 일제하에서 쌓은 배경으로 계속 잘살았습니다. 이런 풍토에서 누가 역사를 두려워하고, 나라를 위해 자신을 희생하고, 정의와 도덕을 생의 지표로 삼겠습니까. 민족을 배반한 것이 죄가 안 되고 부끄럽지 않은 나라에서 다른 무엇이 죄가 되겠습니까.[284]

이런 김준엽의 언급은, 평생의 동지 장준하가 박정희와 대결할 때 줄곧 광복군 출신인 자신과 일본군 장교 출신의 박정희를 대조했던 이유를 이해하게 해 준다. 이 두 사람은 자신들이 민족의 '적통'이라고 줄곧 생각했다.

김준엽은 전형적인 유교 집안에서 4남 1녀의 막내로 태어났다. 평북 강계의 충주 김씨 지주 집안이었다. 해방 후 북에서 지주들이 으레 그러했듯, 이 집안도 월남했다. 집안의 월남은 1948년 5월로 늦은 편이었다. 김준엽이 자기 출신을 자부심으로 여기는 근거에는 사실 친가보다 처가의 힘이 컸다. 그의 장인은 임시정부 주석 김구의 판공실장(비서실장)을 지낸 민필호였다.

김준엽이 부인 민영주를 만난 것은 중국 시안의 광복군 제2지대에서였다. 이범석의 부관이던 김준엽이 이범석의 비서 민영주와 지대장실에서 함께 근무하면서 두 사람 사이에 애정이 싹텄다고 한다. 둘은 이범석 부대에 있을 때 일찍 결혼했다. 주례는 이범석이 보았다.

김준엽의 부인 민영주는 1923년 중국 상해에서 태어났다. 민영주의 집안은 항일 민족운동 이력으로 당시에도 유명했다. 친가 쪽으로는 부친 민필호가 단재 신채호의 외조카로 김구의 최측근이었다. 외가로는 조부가 신규식이었다. 무엇보다 민영주 스스로가 일제 말기 '한중 항일전 선전공작원'으로 항일전의 최전선에 있었다. 이런 까닭에 김준엽은 공식적으로 부인을 지칭할 때 '민영주 동지'라고 불렀다.

김준엽에게는 타고난 언어 습득 능력이 있었다. 장준하에 따르면, 김준엽은 학병 탈출 후 몇 달 만에 중국어 통역관이 되어 있었다고 한다. 뛰어난 중국어 실력에다 일제 말 중국에서 국민당과 공산당 간의 내전을 목격한 경험은 김준엽으로 하여금 일생 중국과 공산주의 연구에 몰두하게 한 계기가 되었다. 장준하와 달리 김준엽이 교육과 연구의 길로 자신의 삶을 정향한 것은 학병 탈출과 광복군 편입이 있었던 이때였던 것으로 보인다. 임시정부의 환국 때 김준엽은 돌아오지 않고 중국에 남았다. "나는 기어코 중국 전문가가 되리라." 김준엽은 그것이 조국 건설과 국가 발전에 이바지하는 길이라고 생각했다.[285]

김준엽이 주로 공부한 곳은 난징에 있는 국립중앙대학(현 둥난대학)이었다. 이곳의 사학과에서 그는 1946년 8월부터 1948년 12월까지 두 해 반 가량을 머물면서 중국 현대사를 공부했다. 중화인민공화국이 성립하기 전이었다. 1949년 1월 귀국했다가 부산 피란 생활 중이었던 1951년 5월, 이번에는 국민당 정부가 있는 대만으로 건너가서 대만대학 역사 연구소에서 네 해 동안 연구 생활을 한 후 1955년 초에 완전히 귀국했다.

김준엽이 전후 대한민국 사회에 가장 큰 기여를 한 것은 어쩌면 한중 관계에 이바지한 점일지도 모른다. '관시(關係)'를 중시하는 중국인들의 전통적인 정서를 고려하면, 김준엽은 중공군의 한국전 개입으로 극단적 배타 관계에 있던 한국과 중국 사이에 다리를 놓는 선구적 역할을 했다고 평가된다. 뿐만 아니라 오늘날 한국의 학계에서 중국 연구는 사실상 김준엽이 기초를 '모두' 놓았다고 해도 전혀 과장이 아니다.

중국 정부가 김준엽을 김구와 함께 '중국의 벗'으로 선정한 것은 중국학에서 김준엽의 비중을 잘 보여 준다. 중국 정부는 1999년 건국 50주년을 맞아 중국과의 문화 교류에 기여한 공로로 김준엽에게 문화훈장을 수여했다. 외국인으로는 태국 스링턴 공주에 이어서 두 번째였고, 물론 한국인으로는 최초였다.

이런 기여와 별도로, 김준엽이 일생에 걸쳐 가장 공을 들인 결과물은 고려대 아세아문제연구소(아연)였다. 그는 아연을 창립한 1957년부터 고려대 총장에 취임한 1982년까지 스물다섯 해 동안을 아연과 함께 했다. 특히 김준엽은 1962년 미국 포드 재단으로부터 당시로서는 엄청난 액수인 28만 5000달러의 지원을 성사시킴으로써 아연의 도약에 결정적 계기를 만들었다. 김준엽의 아연은 한국의 민간 연구소로는 처음으로 공산권에 관한 집단 연구를 시작했다. 아연을 설립한 이듬해인 1958년에 공산권 연구실을 정식 설치했고, 1966년 국내 최초로 공산주의를 주제로 국제 학술회의를 개최하기도 했다.

오늘날에는, 아세아문제연구소에 대한 포드 재단의 지원을 미국의 아시아 전략의 일환으로 보는 시각도 있다. 한국 학계에 대한 미국의 영향과 제어 차원에서 보는 것이다.[286] 하지만 한국 학계의 중국 연구, 중국과의 민간 교류에서 아연이 했던 역할은 결코 가볍게 평가할 수 없다. 어떤 의미에서 김준엽은, 아연을 통해 비록 학문 영역이나마 중국과 미국 사이에서 '절묘한' 균형을 잡고 있었던 것일지 모른다. 김준엽은 중국에 대해 애정과 진심을 다했고, 그러면서도 미국 중심의 전후 세계 질서 구축이라는 현실적 상황을 충분히 이해했다.

훗날 김준엽이 온갖 정당과 정부 기관의 유혹을 물리치고 오로지 대학에 남은 것에 대해 '상아탑 속에 갇혔다'고 표현할 이유는 없다. 그가 4·19 혁명의 격동기에 《사상계》 주간으로서 보여 준 모습은 사회 정치적인 감각에 있어서도 탁월한 시야와 관점을 내장했음을 증명한다. 무엇보다 그에게는 '역사가'다운 안목이 있었다.

김준엽의 그 '안목'으로 보았을 때, 군사 정권은 명백히 불의한 것으로 보였다. 전두환 정권에 대해 김준엽은 다음과 같이 분명히 말했다. "총칼로 정권을 장악하고 많은 사람을 괴롭힌 독재자에게 내 머리가 100개 있어도 숙일 수 없다."[287] 1982년 7월 고려대 제9대 총장으로 선임된 김준엽은, 「취임사」에서부터 대학의 자율성과 교권에 대한 수호를 선언했다. 전두환 정권 시기인 이때는 기관원이 대학에 상주하던 시절이었다. 재임 초기 그는 대학 본부에서 안기부, 경찰 소속의 기관원들을 축출했다. 1984년 학도호국단을 폐지하고 총학생회 부활을 추진했고, 더불어 교수 협의회 조직도 추진했다. 데모 주동 학생에 대한 정부의 제적 요구도 거부했다.

결국 그는 임기 4년을 채우지 못하고 취임 2년 8개월 만인 1985년 2월, 정권의 압력으로 총장직을 강제 사퇴해야 했다. 졸업식에서 그는 「퇴임사」를 통해 '진실과 정의의 실현', '역사의 심판'을 이야기했다. 총장의 퇴임식을 겸한 이 졸업식장에서 학생들이 '총장 사퇴 결사 반대'를 외친 일은 유명하다. 학생들(총학생회)은 식장에 뿌린 전단지에서 이렇게 썼다.

우리의 스승이고 고대를 대표하시던 김준엽 총장님은 졸업 축사를 끝으로 안암 동산을 떠나시도록 강요받고 있습니다. 일제하 민족 암흑기에 독립투사로서 돌베개를 베시며 중국 벌판에서 항일 구국 투쟁에 청춘을 불사르고, 고대에 몸담으신 이후에도 오직 진리와 정의를 구현하기 위해 이 땅의 참 지성을 대변해 오신 총장님께서 현 정권에 의하여 사퇴를 강요받게 된 것입니다. (중략) 우리 고대인은 결코 물러설 수 없습니다. 우리의 총장님은 우리가 지켜야 합니다.[288]

1987년 6월 항쟁으로 민주화 시대가 오고 9월에 헌법 개정이 이루어질 때, 김준엽은 개정 헌법 전문에 대한민국이 '임시정부 법통을 계승한다'는 문장을 명기할 것을 강력히 주장하여 관철시켰다.

제헌헌법에 있던 내용을 제3공화국 공화당 정권의 개헌에서 빼버린 것을 회복한 것이다. 김준엽이 보았을 때, 대한민국 정부는 임시정부의 법통에 있었다. '정통 우익'다운 역사 감각이었다.

친일로부터 자유로운, 그러나 제국이 키운 세대

김준엽은 해방 후에도 대한민국에 여전히 권력으로 남아 있는 친일 세력을 증오했다. 하지만 친일의 문제는 생각만큼 단순한 것이 아니었다. 우선 일제 시대를 통과한 사람들의 나이를 살펴보자.

일제강점기 사회 활동을 시작했던 지식인 엘리트 중에서 엄밀한 의미에서 '친일'로부터 완전히 자유로운 사람은 드물다. 일본군 장교같이 '특수한' 경우를 제외하면, '나이' 문제는 친일과 밀접히 관련된다. 연령대로 보았을 때 그 경계는 어디쯤일까. 개인마다 차이가 있겠지만, 해방이 되었을 때 채 서른이 안 된 1917년생 이후는 대개 일제 말기에도 사회에서 자리 잡기에는 이른 나이였다. 1917년생이라 하더라도 박정희와 같이 일본군 장교가 되거나 고등문관 시험을 통해 일찍 행정 관리가 된 이들은 오히려 예외에 속한다. 황산덕과 강원용 두 사람 모두 1917년생이지만 일제 말 고등문관시험을 거쳐 행정관이 된 황산덕과, 같은 시기 만주 용정에서 교회 전도사로 있었던 강원용은 이 기준으로 가름된다. 이 나이 정도에서 강원용 쪽이 일반적인 경우였음은 분명하다. 많은 청년 지식인이 학병으로 끌려갔다는 사실을 상기한다면, 이 세대에서 일제 시기 군 장교와 관리가 된 사람들은 확실히 소수에 속한다.

학병세대의 자기의식에서 세대 감각은 참으로 강조할 만하다. 친일로부터 자유로운가 여부는 그 이전과 이후를 가르는 큰 가름대가 된다. 이항녕의 경우를 보자. 이항녕이 오랜 훗날, 일제 말 자신의 친일을 여러 차례 공식석상에서 참회한 것은 유명하다.

김준엽보다 불과 다섯 해 위 연배인 1915년생 이항녕은 1940년 경성제대 법과를 졸업하기 전 고등 문관시험 행정과(행정고시의 전신)에 합격해 1941년부터 해방까지 경남 하동군수와 창녕군수를 지냈다. 고등 문관시험에 합격하면 곧바로 군수급 발령을 받을 수 있었기 때문이다. 그가 자신을 포함해 "일제 말기 군수 이상의 행정 관리는 모두 친일 행위자"라고 이야기한 것은 잘 알려져 있다. 이항녕은 "오늘의 우리나라에 진정한 학문이 없고 진정한 교육이 없는 것은 모두 나와 같은 파렴치한 때문"이라고까지 했다. 그는 국가 기반과 정통성 문제가 과거 청산 문제와 직결되어 있다는 것을 잘 알았다.

1954년 이후 고려대 법대 교수로 있다 1965년 9월 한일 협정 반대로 인해 '정치교수'로 몰려 해직되고, 같은 해 남정현의 『분지』 필화 사건 때에는 한승헌과 함께 변호인으로 법정에 서기도 했던 이 '양심적 지식인'은 이렇게 일제 말기 '기껏' 군수를 한 것만으로도 부끄러워했다. 이항녕은 자신보다 네 해 위인 1911년생 류달영의 삶에 대해 다음처럼 찬사한 바 있다. "많은 지식인이 입신출세를 위해 일제에 아부했는데 성천(류달영)은 끝끝내 지조를 지켜 민족의 스승이 되었다."[289]

이항녕이 품었던 스스로에 대한 부끄러움, 그리고 류달영에 대한 찬사는, 군수 정도가 비난의 대상이 될 만한 친일인가 하는 문제를 떠나서 뜻하는 바가 있다. 학병 윗세대의 '친일 콤플렉스'를 보여 주기 때문이다. 이 감각을 알아채는 것은 중요하다. 학병 윗세대 류달영이 존경 대상이 될 수 있었던 것은, 1911년생으로 학병세대보다 윗세대였던 까닭에 친일의 국면에 놓였음에도 "지조를 지켰다"는 데 있었다. 요컨대 '친일'은 학병 윗세대들에게는 원죄 같은 콤플렉스로 작용했고, 역으로 새 조국 건설에 기여하고자 했던 학병세대는 소수를 제외하면 친일의 죄의식으로부터 자유로운 첫 세대가 되었던 셈이다.

그런데 이들 학병세대가 어떤 토양에서 자랐는가를 살필 때 문제가 그리 단순치 않음을 안다. 1943년 일제의 학도지원병제가 공포될 때 전문학교 이상 교육기관에 재학했다는 것은, 이들이 모두 제국의 고등교육을 받은 사람들임을 의미한다. 제국 최고 수준의 교육을 받았다는 것은 해방 후 이들의 국가 건설의 밑바탕이 된 지식이 모두 일본으로부터 온 것임을 뜻한다.

학병 윗세대는 두말할 것도 없다. 건국 시기에 이미 대한민국 각 분야의 '태두'급 지식인은 모두 일본 교육의 강력한 수혜자였다. 박종홍이 일본 철학자들, 특히 국가주의 철학을 뒷받침한 교토 학파의 저작들에서 많은 영향을 받은 것은 잘 알려져 있다. 박종홍이 기초한 국민교육헌장(1968)과 일본 교육 칙어(1890)의 유사성에 대해서는 오래전부터 지적이 있어 왔다. 이런 정도는 일본 지식계의 영향을 보여 주는 '빙산의 일각'에 불과하다.

학병세대이자 '정통' 민족주의자인 김준엽은 어떨까. 김준엽이 유학한 일본 게이오대학의 설립자는 오늘날 일본의 기초를 놓은 후쿠자와 유키치(福澤諭吉)이다. 김준엽은 대학 시절 후쿠자와의 삶에 깊이 감명했음을 고백한 바 있다. 후쿠자와로부터 감명을 받은 것은, 후쿠자와가 "관의 유혹을 뿌리치고 학문과 언론 활동에만 전념"했기 때문이라고 한다. 후쿠자와가 학문과 교육, 언론을 통해 일본 근대화에 기여한 것처럼, 자신도 "우리 조국의 근대화를 위해 헌신할 것"이라고 다짐했다고 한다. 조선을 침략한 일본의 제국화를 역사적으로 거슬러 올라가면 후쿠자와에 이른다. 이 세대에서 지극히 예외적인 조지훈과 같은 경우를 제외하면 '모두'가 정신적으로든 기술적으로든 일본에 빚지고 있었다.

확실히 오늘날 대한민국을 설계한 이들과 그 생각들을 이야기할 때 일본을 지우고 가기란 힘들다. 이는 친일의 합리화와는 전혀 다른 차원의 문제다. '국가 대 국가'의 시각으로 접근하는 데에는 한계가 따른다는 것이다. 그 기원에서 일본으로부터 왔다는 것과 제국에 협력했다는 것을 혼동할 이유는 없다. 김교신과 우치무라 간조를 생각해 보더라도 그렇다.

새 나라의 설계, 일본에서 미국으로

일제 말기 광복군에서 김준엽이 장준하와 미군 OSS(CIA 전신) 훈련을 받은 것은 참으로 의미심장한 상징성이 있다. 두 사람이 훈련받은 중국 시안의 광복군 제2지대는 광복군 주력 부대로서 1945년 해방 직전 미 전략 정보기관 OSS와 합작하여 조선 반도 진입 작전을 준비 중이었다. 장준하와 김준엽이 OSS 훈련을 받은 것은 이 작전과 관련돼서였다. 중국 군복을 벗고 "미군 군복으로 갈아입었다."[290]

중국 군복은 잠시 입었던 것으로, 결과적으로 일본 군복에서 미군 군복으로 갈아입은 셈인데 이 장면은 참으로 인상적이다. 곧 있을 해방과 이후 한국의 앞날을 예고하는 듯해서다. 모두 알듯이, 일본의 패전은 한반도와 만주를 덮고 있던 일본의 우산이 걷히고 북위 38선 이남에 미국의 우산이 드리우는 것을 의미했다.

그런데 오늘날 학계에서는, 이미 해방 이전 일제 때부터, 더 이르게는 구한말부터 한반도에서 서북 지역을 중심으로 미국화가 진행 중이었다는 견해가 있다. 해방 전 미국화 과정에서 기독교 선교는 그 중심에 있었다. 교육과 의료를 앞세운 기독교는 근대화의 기본이자 첨병으로 인식되었다. 조선에서는 1885년 개신교 선교 이래 첫 다섯 해 동안의 성서 보급률이 중국의 50년 동안의 보급률보다 높았으며, 일본의 최초 열두 해 동안의 선교 성과를 단 두 해 만에 달성했다는 보고가 있다.[291]

일제 시기 한반도 서북의 미국화는, 해방 후 좌우 재편 과정에서 남으로 내려온 이북 출신 지식인들과 종교인들이 갖는 의미를 그대로 예고하는 것이다. 건국과 전후 국가 재건 과정에 미국이 끼친 절대적 영향력을 생각해 보면, 월남 지식인들이 대한민국 설계에서 갖는 비중을 충분히 짐작할 수 있다.

단적인 예로, 한국전쟁 후 한국의 근대화 플랜을 펼쳐 보였던 《사상계》 그룹의 편집위원 출신 분포를 보자. 1950년대 《사상계》 편집위원진은 장준하를 포함하여 전체 서른 명가량이었다. 이 가운데 3분의 2 이상이 이북 출신이며, 그것도 평안도 출신이 대부분이었다. 대다수가 기독교인이었다. 편집위원이 아니더라도 《사상계》 주요 필진이던 함석헌, 김재준, 백낙준, 김성식 등을 헤아리면 그 수는 더욱 늘어난다. 훗날 지명관은 이 상황을 다음과 같이 해석했다.

남쪽에 내려오니까 여기 그렇게 지식인이 많지 않은데, 중요한 지식인이 북행을 했고, 그러니까 하나의 지적 공백이 생기지 않겠어요? 리더의 공백이 생기고 (중략) 그 북쪽 사람들이 도미네이트(dominate)했고.[292]

종교인들, 이념의 숨통을 틔우다

대한민국 건국과 전후 재건에 결정적 영향을 끼친 '이북 출신' 지식인들이 모두 '친미 보수 우익'이란 한통으로만 묶일 수 없음은 다시 언급해 두어야겠다. 물론, 남북 간의 전쟁이 동족을 생래적 원한 관계로 갈라놓은 탓에 전쟁 후 한국사에서 중도 이념조차 발붙이기 어려웠던 것은 분명하다.

그런데 분단 이전, 원래 해방기 이념의 스펙트럼에서 극좌와 극우는 '한줌'에 불과했다. 1946년 여름 미 군정청에서 실시한 여론 조사에 따르면, '나라 만들기'의 과제와 관련하여 자본주의 체제를 원한다는 응답자가 전체의 14%(1,189명), 공산주의 체제 선호자가 7%(574명)였음에 비해 사회주의 체제를 바란다는 응답자가 전체의 70%에 이르는 6,237명이었다고 한다.[293] 이 시기의 대중은 '사회주의'를 자본주의와 공산주의 사이의 제3이념으로 이해했던 듯하다. 이러한 통계는 이 시기 보수 우익 정당인 한민당조차 사민주의적 정책을 일부 표방할 수밖에 없었던 이유를 설명해 준다.

1948년 대한민국 정부 수립 당시 제정된 제헌헌법은 이런 해방기의 이념적 분위기를 잘 반영한다. 박태균 교수는 제헌헌법의 성격을, 그 기초가 된 1940년 10월 임시정부의 대한민국 임시 헌법과 함께 다음처럼 분석했다.

> 대부분의 정치 세력들은 독립 이후 새롭게 건설해야 할 국가에서는 정부가 경제 질서에 대한 개입을 통해 효율적인 경제발전을 이루어야 한다는 점을 경제 목표로 제기하였다. 이는 민족주의 좌우파 세력이 참여하였던 대한민국 임시정부의 정책을 통해서 잘 나타난다.

1940년 10월 임정이 발표한 대한민국 임시 헌법을 보면 '계획 경제', '대규모 주요 공업의 국영', '토지 사유의 제한' 등의 조항이 있다. (중략) 해방 직후의 경향은 1948년 대한민국 정부 수립 시 헌법에도 그대로 반영되었다.[294]

학계에서는 이 제헌헌법을 재평가해 보려는 움직임도 있다. 박명림 교수는 1948년의 제헌헌법이 "대한민국의 정치와 경제의 체제 방향을 설정한 정초"로서 극좌와 극우를 넘어 "오늘날의 '제3의 길'에 버금가는 노선을 보여 주었다"고 적극적으로 평가한다.[295] 물론 제헌헌법은 하나의 '이상'일 뿐이었고 현실에서 그대로 실현되지는 않았다. 그렇지만 오늘의 시점에서 '역사적 의미'를 이야기하는 것은 별개의 문제이다. 박명림의 언급과 같이, 제헌헌법에서 "시장과 계획의 결합을 통해 균등 경제를 실현하려 시도했던 것은, 경제 민주주의 측면에서 커다란 역사적 의미를 갖는 것"으로 평가할 여지가 충분하다.[296]

제헌헌법을 가능케 했던, 해방기의 그 많던 중도파들은 다 어디로 갔는가. 정말 모두 궤멸되었을까. 해방과 전쟁을 거치면서 북을 선택하지 않은 '수많은' 중도파들의 존재는, 1950년대 진보당의 정치 세력화와 1960년 4·19 혁명 국면에서 혁신 세력의 등장 현상을 설명해 주기도 한다. 물론 이들은 모두 실패했다. 그렇지만 1960년대 중반부터 1970년대에 걸친 김재준과 한신계의 민주화 운동은 정치적으로 중도 노선의 입지가 완전히 사라지지 않았던 것으로 해석될 여지를 보여 준다. 말하자면 우익 편향의 한국 현대 정치사의 지평에서 일부 종교가 사회 진보를 위한 '숨통을 터주는' 역할을 했다는 뜻이다. 여기에는 류영모와 함석헌 등 국가주의에 반대하는 정신주의 계보도 한몫을 했다.

이들이 끼친 영향들, 그리고 오늘날 한국 사회에 펼쳐진 상황을 두루 살피면서 책을 마감하기로 한다. 해방 후 한국의 역사에서 좌익이 정권을 잡은 적은 없다. 1950년대 후반 한국 근대화의 플랜을 제시하고 1960년대 중반 이후 박정희 정권에 저항한 장준하와 김준엽 등 《사상계》 그룹의 성향은 명백히 우익 민족주의 계열이었다. 한신 정도가 그 기원에서 좌우 사이의 중도 성향을 보이긴 했지만, 실제 정치사에서 구체적인 정책을 제시한 적은 없으며, 다만 극우 독재에 저항했을 뿐이다. 해방 후 제도권 정치의 역사에서 중도 노선 정당조차 살아남은 적이 없다. 우익과 보수를 가장한 극우 정치 세력과, 그냥 우익들 간의 이합집산과 대립의 정치사였다.

그렇다면 지금 한국의 정치와 정책을 말하면서 보수 우익 일부에서 틀 지은 '좌우 프레임'에 사로잡힐 이유는 없을 듯하다. 이념의 스펙트럼은 넓고 우익도 마찬가지다. 해방 후 정부 수립 과정에서 친일 세력은 '우익'을 독점하려 했다. 그것이 자신들이 사는 길이었기 때문이다. 오늘날 대한민국에서 '좌우 프레임'으로 득을 얻는 이는 누구인지, 따져 보아야 할 이유도 이런 역사에 있다. 독자들이 이 책을 '한국 우익의 기원과 성격'에 대한 하나의 이야기로 읽었기를 바란다. 자신들 입장과 같은 극우적 국가주의가 아니면 모두 좌파로 내모는, 오늘날 우익을 사칭하는 사람들에게도 그러했기를 바란다.

주석

1) 김남천, 『1945년 8 · 15』(작가들, 2007), 115~116쪽.

2) 안경환, 『황용주—그와 박정희의 시대』(까치, 2013), 195, 199쪽.

3) 김준엽, 『장정 1—나의 광복군 시절(上)』(나남출판, 1989), 186쪽.

4) 장준하, 『장준하 전집 1—돌베개』(세계사, 1992), 422~423쪽.

5) 김준엽, 『장정 1—나의 광복군 시절(上)』, 200쪽.

6) 김준엽, 『장정 2—나의 광복군 시절(下)』(나남출판, 2003), 283쪽.

7) 장준하, 『장준하 전집 1—돌베개』, 326쪽.

8) 장준하, 위의 책, 328쪽.

9) 김준엽, 『장정 1—나의 광복군 시절(上)』, 272쪽.

10) 장준하, 『장준하 전집 1—돌베개』, 250쪽.

11) 장준하, 위의 책, 252~269쪽.

12) 김준엽, 『장정 2—나의 광복군 시절(下)』, 173~174쪽.

13) 김준엽, 『장정 5—다시 대륙으로』(나남출판, 2001), 168~170쪽.

14) 후지이 다케시, 『파시즘과 제3세계주의 사이에서』(역사비평사, 2012), 100~101쪽.

15) 후지이 다케시, 위의 책, 102쪽, 119~120쪽.

16) 서영훈, 『부름 받아 걸어온 길, 뜻을 따라가야 할 길』(백산서당, 2005), 42쪽.

17) 서영훈, 위의 책, 47쪽.

18) 후지이 다케시, 『파시즘과 제3세계주의 사이에서』, 161쪽.

19) 김준엽, 『장정 2—나의 광복군 시절(下)』, 423쪽.

20) 김준엽, 위의 책, 431쪽.

21) 강만길, 「장준하의 민주 · 민족운동」(20주기 심포지엄), 『광복 50년과 장준하』(장준하 선생20주기추모사업회, 1995), 584쪽.

22) 장준하, 『장준하 전집 3—민족주의자의 길』(세계사, 1992), 32쪽.

23) 장준하, 위의 책, 41쪽.

24) 장준하, 「권두언」, 《사상계》 1960년 12월호.

25) 장준하, 『장준하 전집 3—민족주의자의 길』, 123쪽.

26) 김도현, 「우리 앞에 지금도 계신 이」, 『광복 50년과 장준하』(장준하선생20주기추모사

업회, 1995), 387쪽.

27) 지명관, 「구국과 혁명의 언론」, 위의 책, 545쪽.

28) 함석헌, 『함석헌 전집 4』(한길사, 1983), 148~149쪽.

29) 김준엽, 『장정 1―나의 광복군 시절(上)』, 38쪽.

30) 김상태, 「평안도 기독교 세력과 친미 엘리트의 형성」, 《역사비평》(1998년 겨울호), 176쪽.

31) 정주아, 『한국 근대 서북 문인의 로컬리티와 보편 지향성 연구』(서울대 국문과 박사논문, 2011), 1쪽.

32) 하타노 세츠코, 『이광수, 일본을 만나다』(푸른역사, 2016), 208쪽.

33) 김상태, 「지역, 연고, 정실주의」, 《역사비평》(1999년 여름호), 366~367쪽.

34) 김상태 편역, 『윤치호 일기』(역사비평사, 2001), 305쪽, 618~627쪽.

35) 정주아, 『한국 근대 서북문인의 로컬리티와 보편지향성 연구』, 112쪽.

36) 함석헌, 「오산 80년사에 써 부치는 말」, 『오산팔십년사』(오산중고등학교, 1987), 47쪽.

37) 박경수, 『재야의 빛 장준하』(해돋이, 1995), 291~293쪽.

38) 홍석률, 「1960년대 지성계의 동향」, 한국정신문화연구원 편, 『1960년대 사회변화연구』(백산서당, 1999), 199쪽.

39) 서영훈, 「6・25 동란 중 부산에서 있었던 일」, 『광복 50년과 장준하』, 60쪽.

40) 서영훈, 『부름 받아 걸어온 길, 뜻을 따라가야 할 길』, 47쪽.

41) 장준하, 『장준하 전집 3―민족주의자의 길』, 246쪽.

42) 서영훈, 『부름 받아 걸어온 길, 뜻을 따라가야 할 길』, 48쪽.

43) 용재기념학술모임, 『백낙준 박사의 학문과 사상』(연세대 국학연구원, 1995), 83쪽.

44) 용재기념학술모임, 위의 책, 257쪽.

45) 용재기념학술모임, 위의 책, 300쪽.

46) 정진석, 「용재와 언론」, 용재기념학술모임, 『백낙준 박사의 학문과 사상』, 201쪽.

47) 서영훈, 『부름 받아 걸어온 길, 뜻을 따라가야 할 길』, 67쪽.

48) 오리 전택부 추모 문집 간행위원회 편, 『위대한 보통 사람 오리 전택부』(홍림, 2009), 75쪽.

49) 정명환, 「사상계와 나」, 《사상계》 1969년 12월호, 58쪽.

50) 「주간 좌담: 사상계 시절을 말한다」, 『광복 50년과 장준하』, 35쪽.

51) 국사편찬위원회 구술 자료, 「지명관 녹취록 2」(2012), 42쪽.

52) 지명관, 「우리가 바칠 레퀴엠이 무얼까」, 『광복 50년과 장준하』, 123쪽.

53) 안병욱, 「청(淸)과 의(義)와 용(勇)의 인(人), 장준하」, 『광복 50년과 장준하』, 79쪽.

54) 「사상계 헌장」,《사상계》1955년 8월호, 3쪽.

55) 「주간 좌담 :《사상계》시절을 말한다」,『광복 50년과 장준하』, 51쪽.

56) 국사편찬위원회, 「지명관 녹취록 3차」(2012), 9쪽.

57) E. 쉴즈, 「인텔리겐챠의 운명」,《세계》1961년 1월호(국제문화연구소), 85쪽.

58) 정일준, 「한국 사회과학 패러다임의 미국화」, 김덕호 · 원용진 편, 『아메리카나이제이션』(푸른역사, 2008), 338쪽.

59) 정일준, 위의 글, 360쪽.

60) 박태균, 『원형과 변용—한국 경제개발계획의 기원』(서울대학교출판부, 2007), 135쪽.

61) 국사편찬위원회 구술 자료, 「지명관 녹취록 2」, 48쪽.

62) 정일준, 「한국 사회과학 패러다임의 미국화」, 364쪽.

63) 박태균, 『원형과 변용』, 50쪽.

64) 국사편찬위원회 구술 자료, 「지명관 녹취록 3차」, 21쪽.

65) 안병욱, 「청(淸)과 의(義)와 용(勇)의 인(人), 장준하」, 『광복 50년과 장준하』, 79쪽.

66) 「주간 좌담 :《사상계》시절을 말한다」,『광복 50년과 장준하』, 17쪽.

67) 국사편찬위원회 구술 자료, 「지명관 녹취록 3」, 21쪽.

68) 박경수, 『재야의 빛 장준하』, 260~261쪽.

69) 박경수, 위의 책, 442쪽.

70)《사상계》1961년 3월호, 35쪽.

71) 이만갑, 「국토건설사업과 장준하 선생」,『광복 50년과 장준하』, 105쪽.

72) 유익형, 「자신에게 엄격했던 장준하 선생」,『광복 50년과 장준하』, 186쪽.

73) 유상수, 「제2공화국 시기 국토건설 추진 요원의 양성과 활동」,《한국민족운동사연구》78집(2014. 3.), 204쪽.

74) 박태균, 『원형과 변용』, 319쪽, 349~350쪽.

75) 김준엽, 『장정 5—다시 대륙으로』, 199쪽.

76) 서영훈, 『부름 받아 걸어온 길, 뜻을 따라가야 할 길』, 49쪽.

77) 안병욱, 「청(淸)과 의(義)와 용(勇)의 인(人), 장준하」,『광복 50년과 장준하』, 77쪽.

78) 「권두언」,《사상계》1961년 6월호, 34쪽.

79)「권두언」,《사상계》1961년 4월호, 35쪽.

80) 김준엽, 『장정 5—다시 대륙으로』, 93쪽.

81) 노영기, 「5 · 16 쿠데타 주체 세력 분석」,《역사비평》, 2001년 겨울호, 169쪽.

82)「주간 좌담 :《사상계》시절을 말한다」,『광복 50년과 장준하』, 32쪽.

83) 유경환, 「기둥 잘린 나무」,『광복 50년과 장준하』, 301쪽.

84)《사상계》1965년 11월호, 26쪽.

85) 박영준,「김 교수」,《사상계》1965년 10월호, 324쪽.

86) 중앙대 한국교육문제연구소,『문교사』(중앙대출판부, 1974), 420~421쪽.

87) 지명관,「선우휘 형을 떠나보내고」,《월간조선》1986년 8월호, 529쪽.

88) 선우휘,「지식인의 싸롱」《사상계》1969년 12월호, 69쪽.

89) 선우휘, 위의 책, 69쪽.

90) 한수영,「한국의 보수주의자 선우휘」,《역사비평》2001년 겨울호, 80쪽.

91) 선우휘,『노다지 2―해방』(동서문화사, 1986), 157쪽.

92) 선우휘, 위의 책, 237쪽.

93) 한수영,「한국의 보수주의자 선우휘」, 64쪽.

94) 조선일보사 사료 연구실,『조선일보 사람들―이후 편』(랜덤하우스중앙, 2004), 408쪽.

95) 선우휘,『노다지 2』, 106~107쪽.

96) 국사편찬위원회 구술 자료,「지명관 녹취록 2」, 38쪽.

97) 국사편찬위원회, 위의 자료, 39쪽.

98) 선우휘,「나의 언론 생활 40년 (3)」,《월간조선》1986년 7월호, 500쪽.

99) 황산덕,「야당 기질」,『자화상』(신아출판사, 1966), 256~257쪽.

100) 정일준,「한국 사회과학 패러다임의 미국화」, 343쪽.

101) 임방현,『근대화와 지식인―한국적 민주주의의 이념과 실천』(지식산업사, 1973), 215쪽, 236쪽.

102) 임방현, 위의 책, 231~233쪽.

103) 강만길,「장준하의 민주·민족 운동」, 564쪽.

104) 임방현,『근대화와 지식인』, 234쪽.

105) 임방현, 위의 책, 85쪽.

106) 임방현, 위의 책, 서문.

107) 임방현, 위의 책, 90쪽.

108) 임방현, 위의 책, 95쪽.

109) 임방현, 위의 책, 서문.

110) 강준만,『한국 현대사 산책 1970년대 편』제2권(인물과사상사, 2002), 228쪽.

111) 박태순·김동춘,『1960년대의 사회운동』(까치, 1991), 259쪽.

112) 손기정,「비범하셨던 스승님」, 노평구 엮음,『김교신 전집 별권―김교신을 말한다』(부키, 2001), 154쪽.

113) 함석헌,「'신앙과 인생' 서문」, 노평구 엮음,『김교신과 한국』(일심사, 1984), 17쪽.

114) 이시하라 호헤이(石原兵永), 「김 군의 추억」, 위의 책, 119쪽.

115) 주옥로, 「참 한국인」, 『김교신 전집 별권』, 253쪽.

116)《씨알의 소리》창간호(1970년 4월호), 『함석헌 전집 4』(한길사, 1983), 217쪽.

117) 니이호리 구니지(新堀邦司), 『김교신의 신앙과 저항』(익두스, 2012), 126쪽.

118) 우치무라 간조, 「전쟁폐지론」, 『우치무라 간조 전집』 제10권(크리스찬서적, 2001), 327쪽.

119) 우치무라 간조, 「최근의 느낌」, 위의 책, 336쪽.

120) 우치무라 간조, 「나의 애국심에 관하여」, 위의 책, 654쪽.

121) 장기려, 「존경하는 김교신 선생」, 『김교신과 한국』, 62쪽.

122) 김교신, 「조와(弔蛙)」, 『김교신 전집 1—인생론』(부키, 2001), 38쪽.

123) 김교신, 「나의 기독교」, 『김교신 전집 2—신앙론』(부키, 2001), 84쪽.

124) 김교신, 위의 책, 286쪽.

125) 류달영, 「김교신과 조선」, 『김교신 전집 별권』, 138쪽.

126)《성서조선》1932년 5월호, 김정환 엮음, 『성서조선 명논설집』(한국신학연구소, 2003), 35쪽.

127) 김교신, 「성서조선의 해(解)」, 『김교신 전집 1』, 22쪽.

128) 김교신, 「성서조선지 창간사」, 위의 책, 21쪽.

129) 김헌직, 「내 눈을 열어 주신 은사 김교신 선생」, 『김교신 전집 별권』, 379쪽.

130) 박상익, 「지사적 그리스도인 김교신」, 김교신선생기념사업회, 『김교신, 한국 사회의 길을 묻다』(홍성사, 2016), 125~126쪽에서 재인용.

131) 김헌직, 「내 눈을 열어 주신 은사 김교신 선생」, 382쪽.

132) 니이호리 구니지, 『김교신의 신앙과 저항』, 97쪽.

133) 박춘서, 「병상기 초(抄)」, 『김교신과 한국』, 104쪽.

134) 류달영, 『소중한 만남』(솔, 1998), 192쪽.

135) 류달영, 위의 책, 55쪽.

136) 류달영, 위의 책, 77쪽.

137) 류달영, 『최용신의 생애』(성천문화재단, 1998), 14쪽.

138) 류달영, 『소중한 만남』, 127쪽.

139) 『우치무라 간조 전집』 10권, 665쪽.

140) 류달영, 『소중한 만남』, 242쪽.

141) 류달영, 위의 책, 252~253쪽.

142) 이항녕, 「내가 본 성천 류달영 선생」, 위의 책, 368쪽.

143) 류달영, 위의 책, 255쪽.

144) 류달영, 「비극의 5 · 16이 준 이 나라 역사의 교훈」, 《동아일보》 1965년 5월 15일.

145) 송순재 외, 『위대한 평민을 기르는 덴마크 자유교육』(민들레, 2015), 20쪽.

146) 송순재 외, 위의 책, 27쪽, 31쪽.

147) 오연호, 『우리도 행복할 수 있을까』(오마이북, 2014), 119~120쪽.

148) 허은, 「5 · 16 군정기 재건국민운동의 성격」, 《역사문제연구》 11호(2003), 30쪽.

149) 《국회보》 1997. 10. 류달영, 『소중한 만남』, 352쪽에서 재인용.

150) 함석헌, 「남강 이승훈 선생의 생애」, 남강문화재단 엮음, 『남강 이승훈과 민족운동』
(남강문화재단출판부, 1988), 31~32쪽.

151) 박승협, 「오산에서 뵈온 스승」, 『김교신과 한국』, 97~98쪽.

152) 이기백, 『연사수록(硏史隨錄)』(일조각, 1997), 183쪽.

153) 이기백, 위의 책, 183쪽, 264쪽.

154) 이기백, 위의 책, 229쪽.

155) 이기백, 위의 책, 233-234쪽.

156) 이기백, 「역사를 보는 눈」, 위의 책, 61쪽.

157) 함석헌, 「한국 기독교는 무엇을 하고 있는가?」, 《사상계》 1956년 1월호, 136쪽.

158) 김조년, 『지역이 학교요, 학교가 지역이다』(내일을 여는 책, 1998), 33쪽.

159) 정해진, 「풀무학교의 근대 교육사적 의의」, 《한국교육학연구》 19권 3호(2013. 6.),
241쪽.

160) 이찬갑, 『산 믿음의 새 생활』(시골문화사, 1983), 53쪽.

161) 이찬갑, 위의 책, 3쪽.

162) 김조년, 『지역이 학교요, 학교가 지역이다』, 61쪽.

163) 이찬갑, 『산 믿음의 새 생활』, 44쪽.

164) 이찬갑, 위의 책, 16쪽.

165) 이찬갑, 위의 책, 45쪽.

166) 원혜덕, 「풀무학교와의 50년 인연을 돌아보며」, 《풀무》 219호(풀무농업고등기술학
교, 2016년 가을), 63쪽.

167) 정태시, 「선생님」, 『김교신과 한국』, 95쪽.

168) 홍순명, 『더불어 사는 평민을 기르는 풀무학교 이야기』(내일을 여는 책, 1998), 8~9쪽.

169) 홍순명, 위의 책, 137쪽.

170) 주옥로, 「참 한국인」, 『김교신 전집 별권』, 250쪽.

171) 김교신, 『김교신 전집 2』, 32쪽.

172) 함석헌, 「한국 기독교는 무엇을 하고 있는가?」, 《사상계》 1956년 1월호, 126쪽.

173) 장준하, 『장준하 전집 3』, 310쪽.

174) 함석헌, 『함석헌 전집 4』, 187~188쪽.

175) 서영훈, 『부름 받아 걸어온 길, 뜻을 따라가야 할 길』, 72쪽.

176) 노평구, 「내가 생각하는 김 선생」, 『김교신과 한국』, 80쪽.

177) 엄영식, 「오산학교에 대하여」, 『남강 이승훈과 민족운동』, 125쪽.

178) 박영호, 「다석은 내게 누구인가」, 《진리의 벗이 되어》 121호(성천문화재단, 2016. 3.), 34쪽.

179) 류달영, 『소중한 만남』, 148쪽.

180) 함석헌, 「우리가 내세우는 것」, 함석헌기념사업회 엮음, 『함석헌 사상을 찾아서』(삼인, 2001), 36쪽.

181) 김범부, 「동방사상강좌」, 『화랑외사(花郞外史)』 3판(이문출판사, 1981), 239쪽.

182) 김범부, 「방인(邦人)의 국가관과 화랑정신」, 최재목·정다운 편, 『범부 김정설 단편선』(선인, 2009), 63쪽.

183) 전호근, 『한국 철학사』(메멘토, 2015), 706쪽.

184) 전호근, 위의 책, 722쪽.

185) 1956년 11월 22일에 한 강의다. 다석학회 엮음, 『다석 강의』(현암사, 2006), 218~220쪽.

186) 안병무, 「씨울과 평화사상」, 『함석헌 사상을 찾아서』, 77쪽.

187) 함석헌, 『함석헌 전집 1—뜻으로 본 한국 역사』(한길사, 1983), 281쪽.

188) 함석헌, 『함석헌 전집 4』, 354~356쪽.

189) 민경배, 「안병무 시대」, 심원안병무선생기념사업위원회 엮음, 『갈릴래아의 예수와 안병무』(한국신학연구소, 1998), 142쪽.

190) 김재준, 「기독교의 건국이념」, 『김재준 전집 1』(한신대출판부, 1992), 163쪽.

191) 박명림, 「한국의 초기 헌정 체제와 민주주의」, 《한국정치학회보》 37집(2003. 5.), 117쪽.

192) 송우혜, 『윤동주 평전』(서정시학, 2014), 302쪽.

193) 문익환, 「한국인의 '소슬한 종교'—기독교 토착화의 새로운 제창」, 《사상계》 1964년 7월호, 192~199쪽.

194) 박형규, 「심원 안병무의 진한 동지애」, 『갈릴래아의 예수와 안병무』, 60쪽.

195) 홍근수, 「고 안병무 교수의 삶과 유산」, 위의 책, 436쪽.

196) 이삼열, 「그리스도인의 바일슈타인 선언」, 위의 책, 204~205쪽.

197) 김경재,「'몸의 신학'을 가르쳐 준 정열과 지성의 신학자」, 위의 책, 259~260쪽.

198) 김경재, 위의 글, 260쪽.

199) 안병무,「삶에서 형성된 학문 과정」,《철학과 현실》무크 3호(철학과현실사, 1989), 235~238쪽.

200) 국사편찬위원회 구술 자료,「지명관 녹취록 4」(2012), 12쪽.

201) 김경재,「여해 강원용 목사와 한국 사회 속의 교회」, 한신대 신학대학원 목요 강좌 강연집,『여해 강원용 그는 누구인가』(대화문화아카데미, 2013), 22~24쪽.

202) 여해에큐메니컬포럼 편,『VOICES』(대한기독교서회, 2013), 228쪽.

203) 김경재,「강원용 목사와 에큐메니컬 운동」, 위의 책, 229쪽.

204) 강원용,「아시아의 혁명과 크리스천의 응답」, 위의 책, 136쪽.

205) 위의 책, 177쪽, 272쪽.

206) 신인령,「현실 참여와 크리스찬아카데미 운동 경험」,『여해 강원용 그는 누구인가』, 187~188쪽.

207) 법륜,「여해 강원용 목사와 종교 간의 대화」, 위의 책, 98쪽.

208) 강원용,『역사의 언덕에서』제2권(한길사, 2003), 288쪽, 298쪽.

209) 여해에큐메니컬포럼 엮음,『VOICES』, 110쪽.

210) 위의 책, 177쪽.

211) 국사편찬위원회 구술자료,「지명관 녹취록 4」, 25쪽.

212) 국사편찬위원회, 위의 자료, 23쪽.

213) 이충렬,『아, 김수환 추기경』(김영사, 2016), 105쪽.

214) 지학순,「교회와 정치」,『빛이 되어라』(지학순주교기념사업회, 1995), 44~45쪽.

215) 이충렬,『아, 김수환 추기경』, 241쪽.

216) 이충렬, 위의 책, 347쪽.

217) 이충렬, 위의 책, 306쪽.

218) 이충렬, 위의 책, 340쪽.

219) 이충렬, 위의 책, 404쪽, 407쪽.

220) 김수환,「국가 공권력과 국민과의 관계」(1973. 3. 24.),『김수환 추기경 전집 13—국가 권력과 교회』(김수환추기경전집편찬위원회, 2001), 23쪽.

221) 지학순,「교회의 사명과 쇄신」,『빛이 되어라』, 34~35쪽.

222) 김수환,「사회안정, 공명선거」(1971. 4. 21.),『김수환 추기경 전집 13』, 111쪽.

223) 김수환,「침묵의 공화국」(1977년 메모), 위의 책, 46쪽.

224) 김수환,「경제가 먼저인가 인간이 먼저인가」(1972년 메모), 위의 책, 241~243쪽.

225) 지학순정의평화기금, 『그이는 나무를 심었다』(공동선, 2000), 22쪽.

226) 지학순정의평화기금, 위의 책, 67쪽.

227) 지학순정의평화기금, 위의 책, 72쪽.

228) 지학순정의평화기금, 위의 책, 110~113쪽.

229) 지학순정의평화기금, 위의 책, 138쪽.

230) 지학순, 「양심선언」, 『빛이 되어라』, 13쪽.

231) 지학순, 위의 글, 14쪽.

232) 지학순, 「노동자와 농민 문제는 하나다」, 『빛이 되어라』, 56쪽.

233) 지학순정의평화기금, 『그이는 나무를 심었다』, 276쪽.

234) 지학순정의평화기금, 위의 책, 243쪽.

235) 지학순정의평화기금, 위의 책, 301쪽.

236) 지학순정의평화기금, 위의 책, 308~310쪽.

237) 지학순정의평화기금, 위의 책, 315쪽.

238) 이태진, 「좌우파를 뛰어넘는 넓고 깊은 뜻」, 천관우 선생 추모문집간행위원회, 『거인 천관우』(일조각, 2011), 432쪽.

239) 정만조, 「글을 통해 얻은 배움의 은혜」, 위의 책, 443쪽.

240) 한운사, 『구름의 역사』(민음사, 2006), 47쪽.

241) 「이규태 코너—천관우」, 《조선일보》1991년 1월 17일.

242) 천관우 선생 추모문집간행위원회, 『거인 천관우』, 123쪽.

243) 손세일, 「그 기질에, 그 자존심에」, 위의 책, 183쪽.

244) 정진석, 『한국 현대언론사론』(전예원, 1985), 434쪽.

245) 한영우, 「사학에 대한 열정과 천재성」, 『거인 천관우』, 410쪽.

246) 천관우, 「육십자서」, 위의 책, 667쪽. 본래 『천관우선생 환갑기념 한국사학논총』(정음문화사, 1985)에 실렸다.

247) 이종석, 「한국 언론 100년사의 마지막 거목」, 『거인 천관우』, 256쪽.

248) 《역사학보》2집(역사학회, 1952년 10월), 10쪽.

249) 이태진, 「좌우파를 뛰어넘는 넓고 깊은 뜻」, 『거인 천관우』, 433쪽.

250) 위의 책, 22쪽.

251) 최정호, 「우리 시대의 '언관 사관'」, 위의 책, 106쪽.

252) 천관우, 「육십자서」, 위의 책, 683쪽.

253) 위의 책, 414쪽.

254) 김정남, 「되새기는 잊혀진 거목」, 위의 책, 512쪽.

255) 정진석,「언론인, 사학자, 민주화 투쟁의 거목」, 위의 책, 93쪽.

256) 김흥규,「비평적 연대기와 역사 인식의 사이」,《창작과 비평》(1988년 가을호), 227쪽.

257) 김흥규, 위의 글, 229쪽.

258) 천관우,「한국사상(韓國史上)의 중세 근대의 계선(界線)」, 한국경제사학회 편,『한국 사 시대 구분론』(을유문화사, 1970), 106~107쪽.

259) 이재범,「호쾌한 대세적 판단의 역사 강의」,『거인 천관우』, 392쪽.

260) 이호철,『문단골 사람들』(프리미엄북스, 1997), 189쪽.

261) 김규동,「소설 김수영」, 김명인 엮음,『살아 있는 김수영』(창비, 2005), 256쪽.

262) 최하림,『김수영 평전』(실천문학사, 2001), 260~262쪽.

263) 이호철,『문단골 사람들』, 196쪽.

264) 인권환,「전통문화와 민속학의 연구」,『조지훈 연구』(고려대출판부, 1978), 389쪽.

265) 박목월,「지훈 회상 이제(二題)」, 위의 책, 413쪽.

266) 박희진,「지훈 선생의 이모저모」, 위의 책, 473쪽.

267) 박목월,「지훈 회상 이제(二題)」, 위의 책, 415쪽.

268) 박노준,「논객 조지훈의 면모」, 위의 책, 454쪽.

269) 조지훈,「지조론─변절자를 위하여」,『조지훈 전집 5』(나남출판, 1996), 95쪽.

270) 조지훈,「오늘의 대학생은 무엇을 자임하는가」,『조지훈 전집 5』, 140쪽. 전집에 발표 시기 기재 오류가 있다. 박노준에 의하면, 이 글은 4·19혁명 직전 무렵 발표되었다. 박노준,「논객 조지훈의 면모」,『조지훈 연구』, 460쪽.

271) 조지훈,「터져 오르는 함성」, 일부. 윤석성,『조지훈』(건국대출판부, 1997), 109쪽.

272) 최하림,『김수영 평전』, 307쪽.

273) 김명인,『김수영, 근대를 향한 모험』(소명출판, 2002), 74~75쪽.

274) 최하림,『시인을 찾아서』(프레스 21, 1999), 48쪽.

275) 최하림,『김수영 평전』, 260쪽.

276) 김수영,『김수영 전집 2』(민음사, 1981), 188쪽, 253쪽.

277) 김수영,『김수영 전집 2』, 186쪽.

278) 김수영,「저 하늘 열릴 때」,《세계의 문학》(1993년 여름호), 213~214쪽, 김명인,『김 수영, 근대를 향한 모험』, 180쪽에서 재인용.

279) 조지훈,「나라를 다시 세우는 길─재건국민운동 요강」,『조지훈 전집 5』, 227쪽.

280) 김수영,『김수영 전집 2』, 35쪽.

281) 천상병,「편지」,『천상병 전집─시』(평민사, 1996), 102쪽.

282) 김준엽,『장정 5』, 261쪽.

283) 국사편찬위원회 구술 자료, 「지명관 녹취록 3」, 14쪽.

284) 김준엽, 『장정 5』, 249쪽.

285) 김준엽, 『장정 2』, 284쪽.

286) 김정현, 「60년대 근대화 노선, 미국의 문화제국주의와 한국 지식인」, 《역사비평》 (1991년 여름호), 185쪽.

287) 김준엽, 『장정 5』, 263쪽, 273쪽.

288) 김준엽, 『장정 3—나의 대학 총장 시절』(나남, 1990), 300~302쪽.

289) 이항녕, 「내가 본 성천 류달영 선생」, 류달영, 『소중한 만남』, 369쪽.

290) 김준엽, 『장정 2』, 191~194쪽.

291) 유선영, 「대한제국 그리고 일제 식민 지배 시기 미국화」, 김덕호 · 원용진 엮음, 『아메리카나이제이션』, 70쪽.

292) 국사편찬위원회 구술 자료, 「지명관 녹취록 4」(2012), 47쪽.

293) 서중석, 『조봉암과 1950년대(상)』(역사비평사, 1999), 337쪽.

294) 박태균, 『원형과 변용』, 28쪽.

295) 박명림, 「한국의 초기 헌정 체제와 민주주의」, 《한국정치학회보》 37집(2003. 5.), 113~114쪽.

296) 박명림, 위의 논문, 122쪽.

인명 찾아보기

저자 후기

2012년 여름 어느 사석에서 장은수 전 민음사 대표의 권유로 이 책은 시작되었다. 장은수 전 대표의 얘기는 한국 우익들에 대해 책을 한번 써 보라는 것이었다. 필자의 오래전 박사논문을 잘 알고 있던 장 대표가 박사논문에 등장하는 '사람들'에 주목하고 내민 제안이었다.

필자의 박사논문은 잡지 《사상계》와 그 시대 문학에 대한 것이다.(『사상계와 1950년대 문학』, 소명출판, 2003) 그런데 이번 작업을 구상하면서 새롭게 눈에 들어온 사실이 있었다. 초기 《사상계》가 체계를 잡고 뿌리를 내리던 1950년대 중후반기, 핵심 멤버였던 장준하와 1~3대 주간(김성한, 안병욱, 김준엽) 네 사람 모두 이북 출신에다 학병으로 태평양전쟁에 끌려갔다 온 사람들이라는, 매우 흥미로운 사실이었다.

이 사람들이 '학병세대'로 묶일 수 있다는 것을 알아차리는 데에는 더 시간이 걸렸다. 학병이란 어떤 존재이며 이 사람들은 누구이고 또 무엇을 했는가, 캐면 캘수록 연관 없을 것 같던 사실들이 고구마 줄기처럼 흙 밖으로 모습을 드러냈다. 한 장의 커다란 퍼즐 판을 앞에 둔 기분이었다.

작업은 처음 예상보다 훨씬 오래 걸렸다. 필자의 게으름 운운으로 변명하고 싶지 않다. 할 수 있는 한 일차 자료를 확보했다. 가급적 해당 인물의 원 저작을 검토하려고 했다. 특히 회고나 구술 기록이 갖는 신빙성 문제를 고려해 관련 자료를 여러 각도에서 엮어 퍼즐을 맞춰 나갔다. 시간이 걸린 이유다.

독자들이 이 책을 한국 지성사의 계보론으로 읽을 수도 있고, 또는 세대론으로 읽을 수도 있다. 확신하기는 조금 어렵지만, '세대에 대한 평전'은 이전에 없었던 것으로 안다. 그런 뜻에서 이 책은 방법적으로 새로운 시도이다. 또 새로운 해석이 있고 더러는 새로운 자료도 있다. 요컨대 이것은 '연구'의 결과물이다.

이 책은 2015년 하반기에《주간동아》에 연재한 원고를 저본으로 삼았다.《주간동아》의 김현미 부장과 함께 한 당시 작업은 매우 소중하고 즐거운 경험이었다. 김현미 부장께 감사드린다. 앞머리에서도 말했지만, 장은수 대표가 아니었다면 책을 쓸 생각을 안 냈을 것이다. 장 대표께 감사드린다. 필자가 아는 한 그는 대한민국 최고의 출판편집인 중 한 사람이다.

왜 국문학자가 '역사책'을 썼는가 의아하게 생각하는 독자가 있을지 모르겠다. 한마디만 덧붙이고 싶다. 문학은 일반의 통념보다 훨씬 범위가 넓다. 특히 지성사는 문학 연구와 매우 가까운 거리에 있다. 더구나 오늘날 학문 영역의 경계는 새롭게 그어지고 있다. 누군가가 필자에게 전공이 무엇인가 물어오면, 이렇게 대답할 것이다.

"한국학입니다. 현대 한국학을 연구하고 있습니다."

2017년 봄

김건우

김건우(金建佑)

1968년 대구에서 태어났다. 서울대 국어국문학과를 졸업하고 같은 대학원에서 박사

학위를 받았다. 현재 대전대학교 문학역사학부 국어국문창작학과 교수로 재직하고

있다. 한국문학을 한국학이라는 더 넓은 지평에서 바라보면서, 해방 후 지성사와 문

학사를 연구하고 있다. 지은 책으로 『사상계와 1950년대 문학』, 『혁명과 웃음』(공저)

등이 있다.

대한민국의 설계자들

학병세대와 한국 우익의 기원

1판 1쇄 펴낸날 2017년 3월 31일
1판 6쇄 펴낸날 2021년 3월 10일

지은이 김건우
펴낸이 장은성
편집인 장은수
펴낸곳 느티나무책방

출판등록일 2001.5.29(제10-2156호)
주소 (350-811) 충남 홍성군 홍동면 운월리 368번지
전화 041-631-3914
전송 041-631-3924
전자우편 network7@naver.com
누리집 cafe.naver.com/gmulko

느티나무책방은 도서출판 그물코의 문학, 인문학 임프린트입니다.